文革文學大系

（一）

小說卷一

王　　堯主編

現代文學研究叢刊

文史哲出版社印行

國家圖書館出版品預行編目資料

文革文學大系 1-12/王堯主編. --初版. --臺北市：
文史哲，民 96.12
面：公分 -- (現代文學研究叢刊；30)
ISBN 978-957-549-759-0(平裝)

1.中國文學 – 歷史 – 現代（1966–1977）

820.908   96024126

現代文學研究叢刊   30

文革文學大系（全十二冊）

主 編 者：王   堯
出 版 者：文 史 哲 出 版 社
http://www.lapen.com.tw
登記證字號：行政院新聞局版臺業字五三三七號
發 行 人：彭   正   雄
發 行 所：文 史 哲 出 版 社
印 刷 者：文 史 哲 出 版 社
臺北市羅斯福路一段七十二巷四號
郵政劃撥帳號：一六一八○一七五
電話 886-2-23511028 · 傳真 886-2-23965656

十二冊定價新臺幣五○○○元

中華民國九十六年（2007）十二月初版
中華民國九十八年（2009）二月初版訂正

"文革文學"大系

總 目 錄

文革文學大系（七）

散文報告文學卷二

文革文學大系（八）
詩歌卷一

文革文學大系(七)

散文報告文學卷二

文革文學大系(九)　詩歌卷二

文革文學大系（十）　　戲劇電影卷一

文革文學大系（十一）　　戲劇電影卷二

大系（十二）　史料卷

導　言

王　堯

《小說卷》爲《"文革文學"大系》之一種，分五卷。

如何論述中國當代文學史的問題逐漸引起關注，顯示了學界對一個學科成熟的期待。就整體性的學術背景而言，我們已經越過了非常態的學術史狀態，曾經在相當長的時期內，學界的注意力集中在學術上的"撥亂反正"和"打破禁區"、"填補空白"方面，這是一個令人興奮而且充滿了"戰鬥"激情的時期，但是許多真正的問題也常常被疏忽。在今天，當我們有可能討論建立當代文學的學科話語，並且把這種討論建立在中國當代文學與思想文化發展的勃勃生機中時，我們不僅需要轉換知識體系，轉換文學史觀念，轉化思維方式，而且需要有清晰地發現問題的意識，因爲漠視被遮蔽了的真問題的危害遠遠大於僞問題干擾我們的學術研究。

我們注意到，曾經在很長的時期內，當代文學史的敍述是殘缺不全的，突出的問題是"文革文學"被擱置，當代文學史的敍述在進入到60年代中期後突然中斷了。這一現象可以稱爲文學史敍述的"斷裂"問題。當初對這一現象的解釋是"文革"無文學，或曰"一片空白"，無疑，這一解釋在學理上是不能成立的。現在，學界已經無須就是否有必要研究"文革文學"再作爭論。把"文革文學"納入到當代文學史的敍述，就當代文學史寫作而言其主要意義不在填補空白，而在於它不僅改變了我們寫作當代文學史的知識背景,改變了當代文學史著作的習慣內容,而且更為重要的是它有可能在文學史哲學的層面上糾正"非歷史的觀點",在中斷的縫隙中發現"歷史聯繫",進而獲得重新敍述當代文學史的可能。如果不能改變"簡單中斷"的觀點,當代文學史寫作中的"整體性"構架是無法實現的。

"文革文學",是與 20 世紀中國的重大事件"無產階級文化大革命"(簡稱"文化大革命"和"文革")相關聯的。1966年 5 月中國爆發了持續十年的"文革"。對這場給當代中國帶來深重災難的"文化大革命",中共十一屆六中全會通過的《關於建國以來黨的若干歷史問題的決議》作了徹底的否定,《決議》認為:"實踐證明,'文化大革命'不是也不可能是任何意義上的革命或社會進步。""歷史已經判明,'文化大革命'是一場由領導者錯誤發動,被反革命集團利用,給黨、國家和各族人民帶來嚴重災難的內亂。"《決議》對"文革"的評價是研究"文革文學"的政治原則,並且包含了某些方法論上的啟示。

為了能夠更深入地把握"文革"與"文革文學"的關係,我們有必要瞭解"文革"時期的經典文獻對"文革"的釋義。1966年 5 月 16 日《中國共產黨中央委員會通知》中說:"我們必須遵照毛澤東同志的指示,高舉無產階級文化大革命的大旗,徹底揭露那批反黨反社會主義的所謂'學術權威'的資產階級反動立場,徹底批判學術界、教育界、新聞界、文藝界、出版界的資產階級反動思想,奪取在這些文化領域中的領導權。而要做到這一點,必須同時批判混進黨裡、政府裡、軍隊裡和文化領域的各界裡的資產階級代表人物,清洗這些人,有些則要調動他們的工作。"1966 年 8 月 8 日通過中國共產黨中央委員會《關於無產階級文化大革命的決定》進一步說:"當前開展的無產階級文化大革命,是一場觸及人們靈魂的大革命,是我國社會主義革命發展的一個更深入、更廣闊的新階段。""資產階級雖然已經被推翻,但是，他們企圖用剝削階級的舊思想，舊文化，舊風俗，舊習慣，來腐蝕群眾，征服人心，力求達到他們復辟的目的。無產階級恰恰相反，必須迎頭痛擊資產階級在意識形態領域裡的一切挑戰，用無產階級自己的新思想，新文化，新風俗，新習慣，來改變整個社會的精神面貌。在當前、我們的目的是鬥垮走資本主義道路的當權派，批判資產階級的反動學術‘權威’，批判資產階級和一切剝削階級的意識形態，改革教育，改革文藝，改革一切不適應社會主義經濟基礎的上層建築，以利於鞏固和發展社會主義制度。”後來毛澤東又把這場革命看作是“無產階級反對資產階級和一切剝削階級的政治大革命，是中國共產黨及其領導下的廣大革命群眾和國民黨反動派長期鬥爭的繼續，是無產階級和資產階級鬥爭的繼續。”這些論點被概括成所謂“無產階級專政下繼續革命的理論”，它的核心意義是：在無產階級取得了政權並建立了社會主義制度的條件下，還要進行一個階級推翻一個階級的政治大革命，“文化大革命”就是這種“繼續革命”的最重要的方式。“在上層建築其中包括在文化領域中對資產階級實行全面的專政”則是“繼續革命”的重要組成部分。

我國五十年代末期提出“文化革命”的問題，當時所講的文化革命的內容，主要是社會主義的文化、教育事業，指提高人民的文化水準和健康水準，建設工人階級的知識份子隊伍，改變我國教育、科學、文化的落後狀態，這正是列寧在十月革命之後提出的文化革命的本來意義。而“文化大革命”不是馬克思主義經典作家所講的原來意義上的文化革命。“按照科學意義上的革命，‘文化大革命’不能在任何意義上稱為一個革命。它不是用一種什麼先進的生產關係去代替一種落後的生產關係，也不是用一種先進的政治力量來取代一種反動的政治力量。”[1]冠以“文

---

1 胡喬木：《談〈關於建國以來黨的若干歷史問題的決議〉對“文化大革命”

化"二字的這場"革命"是由文化領域的"批判"開始的。《五一六通知》說:"我國正面臨著一個偉大的無產階級文化大革命的高潮。這個高潮有力地衝擊著資產階級和封建殘餘還保存的一切腐朽的思想陣地和文化陣地。"在"文革"當局和爲主流意識形態支配的輿論中,都明確無誤地把"文藝革命"看作"文化大革命"的"開端"。1967年《人民日報》《紅旗》雜誌元旦社論《把無產階級文化大革命進行到底》中說:"一九六三年,在毛主席親自領導下,我國進行的以戲劇改革爲主要標誌的文藝革命,實際上是無產階級文化大革命的開端。"中央文革小組組長陳伯達,在中央直屬文藝系統聯說:"文藝界的革命是我國無產階級文化大革命的開端。"由文藝而及政治,這正是當代中國大陸政治在相當長一段時期內的運作特點。

"文革文學"就在這樣的歷史語境中產生和發展。文學與政治的關係成爲最基本的問題,並在根本上規定了"文革文學"的性質和它的品貌,即在整體上"文革文學"是"無產階級在上層建築其中包括文化領域對資產階級實行全面專政"的組成部分。關於"兩個階級、兩條道路、兩條路線鬥爭"的"基本路線"成爲"文革文學"的出發點;"塑造無產階級英雄典型形象"是社會主義文藝代替"根本任務";"三突出"是"創作原則";"革命的浪漫主義和革命的現實主義相結合"是創作方法;"革命樣板戲"的話語霸權則貫穿"文革文學"始終。這些構成了"文革文學"的基本方面。在文學淪爲主流意識形態話語的過程中,文學的理想、精神、審美屬性、語言等發生了災難性的變化,幾乎所有的問題到了這時都被推到了極端。

"文革文學"不是一個孤立的存在。在討論這一問題時,我覺得恩格斯關於中世紀不是歐洲歷史簡單中斷的思想是研究的理

的幾個論斷》,《學習》1993年第1期。

論支點。恩格斯在談到"十八世紀的唯物主義"（主要是機械唯物主義）的局限性時說："它不能把世界理解爲一種過程，理解爲一種處在不斷的歷史發展中的物質。""這種非歷史的觀點也表現在歷史領域中。在這裡，反對中世紀殘餘的鬥爭限制了人們的視野。中世紀被看作是由千年來普遍野蠻狀態所引起的歷史的簡單中斷；中世紀的巨大進步 —— 歐洲文化領域的擴大，在那裡一個挨著一個形成的富有生命力的大民族，以及十四和十五世紀的巨大的技術進步，這一切都沒有被人看到。這樣一來，對偉大歷史聯繫的合理看法就不可能產生，而歷史至多不過是一部供哲學家使用的例證和插圖的彙集罷了。"我們也不能把"文革"和"文革文學"看成是歷史的"簡單中斷"，應當注意到歷史階段之間的相互聯繫以及歷史的整體性。關於"文革文學"由 1966 至 1976 年的時間設定，依據的是已經爲一般人所認可的"文革"的起（發動）迄（結束）時間，上限以《五·一六通知》爲標誌，下限以"粉碎'四人幫'"爲標誌；"文革文學"不僅是個時間概念，更爲重要的，是個歷史概念。無論之於"文革文學"的實際，還是從文學研究的學術要求來看，我們都必須理清"文革文學"的來龍去脈與"文革文學"的內在理路。因此不是孤立的，而是將"文革文學"置於一個更爲宏闊的時空中加以研究，發現"文革文學"的歷史因素，並同時揭示"文革文學"作爲一種背景與新時期的文學的關係，這樣就爲理解"文革文學"構築了一個由"歷史'與"現實"組合而成的"平臺"。在發現歷史因素時，我們可以追溯到 1942 年毛澤東《在延安文藝座談會上的講話》發表之後的解放區文學，也可追溯到二三十年代的左翼文藝甚至追溯到"五四"新文化運動；但是，"文革文學"最直接的背景是人們通常所說的"十七年文學"，因而"文革前"的概念不是大而無當的，它主要指稱"十七年文學"。研究愈深入就愈發現，"十七年文學"中某些因素的惡性發展最終產生了"文革文學",而不是像有的研究者所認為的"文革文學"是偏離"十七年文學"的結果。文學的"文革"與"文革前"之關係是複雜的。我們都知道,"文革"的發動是以否定"十七年"為前提的,作為"文革文學"的官方綱領《林彪同志委託江青同志召開的部隊文藝工作座談會紀要》同樣是以全盤否定"十七年文學"為前提的;也許由於這樣一個政治原因,新時期之初人們為了否定"文革文學",又幾乎是全盤肯定了"十七年文學"。在肯定/否定的二元對立的思維中,事物之間的內在的邏輯被忽略。當我們在學術的視野中把"文革文學"與"十七年文學"作為一個整體加以研究時,就不能不對"十七年文學"作部分的否定。有意義的是,無論是在當時還是在今天,無論是那時的"文革"當局還是現在的一些研究者,都注意到了文學的"文革"與"文革前"的關聯,只是解釋的角度不同而已,這樣不同的角度顯示了歷史的巨大差異。姚文元在《評反革命兩面派周揚》中說:"當我們回顧解放以來文藝鬥爭的歷史時,可以清楚地看到兩條路線的尖銳鬥爭:一條是毛澤東文藝路線,是紅線,是毛澤東同志親自領導了歷次重大的鬥爭,把文化革命一步步推向前進,作了長時間的準備,直到發動了轟轟烈烈的、向資產階級全面進攻的、億萬人民參加的無產階級文化大革命,一直挖進周揚一夥的老巢。"在"文革後",對姚文元所說的這些重大鬥爭的性質、意義我們已經作了完全不同的價值判斷與闡釋,此之謂"撥亂反正"。但無論從什麼角度來理解,有一點是明確的:這些"歷次重大的鬥爭"一步步推動了"文化大革命"。

在 1972 年之前,除了"革命樣板戲"外,創作基本處於無序狀態。我們通常所說的"八個樣板戲",多數作品在"文革"前便已創作,凝聚了一些藝術家、文學家的心血。在"京劇革命"的旗幟下,這些劇碼被重新改變,在內容和形式上都深刻地打上了"文化革命"的烙印,被奉為"樣板戲",由此總結出來的"三突出"原則成爲清規戒律。1972 年新創作的《虹南作戰史》、《牛田洋》、《金光大道》等小說的出版，"文革文學"的話語建設進入了積極而有序的狀態。新創刊的和恢復出版的文學期刊爲主流文學的發展創造了條件。以"革命樣板戲"的創作經驗爲指導，按照主流意識形態的設計，"文革"開始形成自己的文學話語系統並且側重表現兩個方面：作爲歷史的"社會主義改造"和作爲現實的"無產階級文化大革命"，兩者都是寫兩個階級、兩條道路、兩條路線的鬥爭，後者逐漸發展爲側重寫與"走資派"的鬥爭。這樣，主流意識形態話語的一部分就成爲"陰謀文藝"。《初春的早晨》、《金鐘長鳴》、《典型發言》、《只要主義真》等這方面的代表作，因此受到主流文學評論的重視。《虹南作戰史》、《牛田洋》與《初春的早晨》、《金鐘長鳴》等是"文革"主流意識形態話語的兩極，介於這兩者中間的作品是"文革文學"的基本方面。

　　知識份子重新獲得了寫作的權力，但是個人話語、知識份子話語並沒有獲得合法性；也就是說，知識份子的重新寫作，並不是由他們的"知識份子性"所決定的，而是他們在"同工農兵結合，爲工農兵服務"中被賦予了"階級性"。在主流文學話語的形成過程中創作者選擇了不同的創作姿態。

　　從發動"文革"到"四人幫"被粉碎，黨內外都有不同的聲音，反對和抵制"文革"極左思潮的聲音和力量一直在艱難生長著，黨的文藝政策也在 1975 年前後有過調整。這些作爲一種健康的力量，在局部多多少少改變了文化專制主義的面貌。當代作家思想之再生，儘管是那樣的艱難，但它開始孕育於作家與現實的衝突之中，孕育於作家的思想矛盾之中。巴金後來在《隨想錄》的寫作中曾經詳細敍述了他們這一代知識份子在"林彪事件"後思想覺醒的歷程。各種"地下沙龍"的出現是青年知識份子成爲思想者的民間形式。在這種相對自由的空間中，青年詩人們有了感情交流的機會，也有了聆聽心靈傾訴的可能。由《中國知青詩抄》可知散落在民間的詩人似乎更多。"黃皮書"和"灰皮書"這些異文化文本,不僅帶給他們全新的語言感覺,而且更爲重要的是有了可以依傍的思想文化資源。這樣,體制之外的寫作就出現了。思想之再生的不同方式決定了"文革"後期文學的不同走向。

值得注意的是,在有限的縫隙中出現了相對疏離主流意識形態的作品,"理念"與"生活"的衝突是這些作品的基本矛盾。我們必須強調這種疏離只是相對的。70年代初期批判極左思潮和70年代中期文藝政策調整所帶來的空間是有限的,對極左思潮的批判不久便夭折,文藝政策的調整也不是否定"文革",文學創作者不可能在更廣泛的範圍內和更本質的問題上清算極左思潮對創作的影響,因此,那些相對疏離政治中心的話語也顯示出被主流意識形態話語鉗制的無可奈何。儘管這種疏離是相對的,但十分重要。

隨著知識份子思想的覺醒,和"文革"主流話語相對立、並且在不同程度上反對主流話語的民間話語(包括"地下文學")開始出現。在相對自由的隨想空間中,由於文化背景和精神歷程的差異,民間話語的分層特徵是明顯的。在"地下文學"中,郭小川、穆旦、曾卓、牛漢、流沙河等人的詩歌,豐子愷的散文,食指、北島等青年詩人的詩作,以及在民間流傳的一些"手抄本",都值得我們注意。當時公映的一些電影戲曲如《創業》、《海霞》、《三上桃峰》和《園丁之歌》等幾經挫折或在演出後再遭遇批判,顯示了文藝政策調整階段的特殊狀況。其中處於"潛流"狀態的一些創作(如"地下詩歌")和思潮在浮出地表後,成了新時期文學的主潮之一。在"四五運動"中產生的"天安門詩歌"也在由"文革"到"新時期"的過渡中起到了特別的作用。

編選《"文革文學"大系》包含了我們對"文革文學"的這些基本認識。大系共五卷十二冊:《小說卷》,《詩歌卷》,《散文報

告文學卷》,《戲劇電影卷》及《史料卷》。以下是有關編選的幾點
說明：

　　一、入選作品分爲公開發表出版與未公開發表出版兩類。凡
公開發表出版的原則上以初版爲準。當時未公開發表出版的，一
類是有影響的手抄本，進行甄別後入選那些爲文學界認可的、確
定創作於"文革"時期的作品；一類是確證創作於當時但未傳
抄，直到新時期公開發表出版的，如穆旦等人的詩，豐子愷的散
文等。考慮到"文革文學"的特殊性，有代表性的"陰謀文藝"
也應入選而不應作爲附錄處理。

　　二、作品的編排不以作品的內容分類，一律以作品發表出版
的時間先後爲序，同一作者如入選多篇作品，則集中歸於同一名
下，也以發表出版的時間先後爲序；當時未公開發表出版，但確
證是"文革"期間的作品，收錄時也一律按創作時間的先後排序。

　　三、入選作品篇末均注明最初發表的報刊或出版的單位、時
間，不能確定的則注明選自何處。原文有寫作時間的也照錄。

　　四、爲方便讀者瞭解相關背景，對部分作品以"編者按"的
形式加了題解式的注釋。

　　五、按照"文革"時期的習慣，凡"語錄"均仍然以黑體排
出；入選作品中的政治批判性文字以及涉及到的一些具體人名均
不作技術處理。

　　六、長篇小說作存目處理。

　　作爲一個有深刻社會主義信仰的青年知識份子，我從 1990
年代初期開始關注"文革文學"及"文革"時期的思想文化，並
在很長一段時間裡以此爲研究工作的重點。最初的想法在 1998
年完成的博士論文《"文革文學"研究》中有比較充分的表達，
其後我自己對這個時期文學及思想文化的認識也有若干重要變
化。重視文獻的收集與整理是我在一開始研究時就注意到的，學
界一些朋友甚至認爲這是我的研究特色之一。但這樣的工作，於

整個研究界都是剛剛起步。我一方面意識到中國當代文學學科的成熟與文獻的收集、整理和認識有關,一方面又感到當代文獻整理的困難。

大概從 1990 年代中期開始,我便著手"文革文學"的史料收集工作,和當時在《文匯報》筆會工作的蕭關鴻先生曾經有過多次討論,並形成書面計畫,但最終未能落實出版。到了 1999 年年底,突然接到中國社會科學院文學研究所陳駿濤教授的電話,約我編選 1966～1976 年史料輯之《文學作品集》,作為《中國新文藝大系》之一種。陳先生是我非常尊敬的學者,多年對我提攜有加,能有這樣合作的機會我當然珍惜,而且此事與我的學術理想吻合。我只是詢問有無出版的可能,陳先生告訴我已和中國文聯出版社簽約。此後我開始了緊張的編選工作,因為有前面的基礎,依據手上的索引,重新翻閱了 1966～1976 年間的文學期刊、重要作品集、報紙副刊以及"文革"後出版的相關書籍,仔細篩選了大約三百萬字的作品。當時跟我讀研究生的谷鵬,幾乎承擔了全部的複印工作,並坐了火車把一大包稿子北上送到北京。——這套書最終還是沒有出版。因為研究和教學的需要,前年我不得不向出版社要回稿子,幾經周折,拿回了一份排版後的列印稿。今年五月,我去臺灣參加作為東吳大學中文系建系五十周年活動,文史哲出版社的彭正雄先生和政治大學中文系的張堂錡博士特地到住所看我,相談甚歡。說到他們不久前幫我出版的論文集《"文革"對"五四"及"現代文藝"的敍述與闡釋》,我又提及我曾經做過的"文革文學"作品的收集與整理工作,兩位先生認為這是件有價值的工作,文史哲出版社可以出版。我回大陸後,即開始工作,在原有的基礎上,刪去了一部分作品而成小說、詩歌和散文報告文學卷,增加了戲曲電影及史料各一卷。隨我讀學位的博士生、碩士生利用暑假的時間幫我把書面文本轉成了電子文檔。

　　大系的編選是一項複雜而艱巨的工作，由於編者水準有限，又受資料限制，不免有失當之處，尚祈方家與讀者指正。如前所述，這項工作得到不少朋友的支援和幫助，在這套書即將付梓時，我要向陳駿濤先生，向關心和付出勞動的朋友們致謝，向彭正雄先生和張堂錡博士致謝。

　　　　　　　　　　　2006 年 11 月於蘇州三槐堂

"文革文學"大系

小　說　卷

總　目　錄

小說卷一

小說卷五

附錄

"文革文學" 大系
小說卷一

目 錄

區委副書記

姚　克　明

一

深秋天氣，秋陽明麗，高遠的天空，飄著幾朵淡雲。涼風沙沙地吹拂著路邊的樹葉。

兩輛自行車快速地在寬闊平坦的馬路上行駛著。區委副書記苗俊敏，用白毛巾擦擦臉上的汗水，抬手看看錶，加力蹬著車子，回頭對另一輛車上的小張說：「加油，還有十分鐘，不能遲到！」

她是一個三十來歲的女同志，中等身材，短髮齊耳。一張略顯清瘦的臉上，挺拔端正的鼻樑，棱角分明的嘴唇，烏黑發亮的眼睛，閃射著青春的光澤。上身穿一件整潔的藍布衣，肩挎一隻褪色的黃帆布包，煥發著一股朝氣。

現在他們是到青松新村去參加一個約定的群眾座談會。今天上午，苗俊敏到市裡開會，趕回機關晚了，辦公室工作人員小張一遇到她，就問：「時間緊，下午座談會是否通知改期？」苗俊敏吃著剛從食堂裡買來的饅頭，回答：「不改。我們是為人民服務的，哪能隨隨便便叫群眾跟著我們機關轉呢？」小張一看錶：哎喲，時間多緊，到青松新村可有好長一段路呢！他拿起桌上的電話，正準備喊總機接汽車司機組，但苗俊敏立刻按住小張拿電話的手說：「坐小汽車？不用了！當普通一兵嘛！」說完，她背起帆布包，對小張說："出發！"就一步跨出辦公室，到車棚裡推出自行車。

"當普通一兵"，是苗俊敏常說的一句話。事實也是如此。當四年以前，這位紡織廠的工人，經過"一月革命"風暴的鍛煉，作為群眾代表擔任了區革委會負責人時，人們便發現她身上有著一種特殊的性格。比如說，她第一次來到辦公室 —— 這裡原來是舊區委的一個辦公室，她望著屋子裡的擺設，就對其他幾個幹部說："不要讓沙發埋沒了手腳！我們要走一條新的路，我們應該多使用那個設在群眾中的流動辦公室。"她笑笑，指著隨身背的那只黃帆布包。如果基層群眾有事到機關裡找她談話，她總是熱情相待；那種談話方式也是挺有意思的：或者靠在大樓邊，湊近了，不拘一格地扯起來；或者站在扶梯邊，親切地拉呱上幾十分鐘；甚至在大門口相遇了，握一握手，漫步漫步就談開了。

給人以深刻印象的是，她還常在朝陽初升的早晨，給栽在區委大門走道兩旁的兩排青松，澆灑澆灑清水……

這一切給人的感覺是那麼新鮮，時間的推延並沒有改變苗俊敏的作風，隨著她又當選了區委副書記，這就使人對她的印象更深刻了。

就說眼前這件事吧。前幾天，小張在處理人民來信時發現一封簡單的、字跡歪歪斜斜的信：

"請轉告區委、區革委會負責同志苗俊敏：

希望她有空到青松新村走走，這幾天為什麼找她幾次找不到呢？"

信是青松新村街道黨委轉來的，還順帶說明這是在一次會議上收到的一位群眾遞的條子。

小張一看，曾打算同苗俊敏打個招呼算了，不知怎的又夾在卷宗裡了。說實在的，最近一段時期，區委書記不在家，裡裡外外工作很多，苗俊敏經常忙到深夜。小張看在眼裡，急在心裡，真想助把力,多做掉一些事務工作。因此有些事能處理的就處理了,儘量不去打擾她。他想:"文化大革命搞了幾年了,新秩序建立了,工作也應該走上正軌了!一個區裡的負責人,要緊的是原則領導嘛,群眾工作哪來得及親自動手啊。"沒想到苗俊敏偏偏喜歡在繁忙的工作中,閱看一大疊一大疊人民來信。這一天又是如此,只見她拿著這封信,沉默了半晌。

"一張普通的條子……"小張湊上來說。

"不,應該說是一個尖銳的批評,這往往是會議桌上聽不到,文件報告裡看不到的。"苗俊敏回答。

"全區人人都要找到書記,書記要設幾個呢?"小張反問了一句。

"群眾要找我們是好事。"

"可是你工作忙……這是一般……"

"越忙,越要頭腦清醒。凡事要提到路線上來思考。"苗俊敏說完就沉思起來。青松新村是一個工人新村,文化大革命初期,為了批判資產階級反動路線,苗俊敏和許多工人同志曾經到那裡發動群眾,點革命之火。那裡有一個退休工人宣傳隊,和苗俊敏他們並肩戰鬥過。現在,這封信為什麼來自那裡?它又是誰寫的呢?她思忖著。

"最近我們不是在總結政權建設方面的經驗教訓嗎?既然青松新村的革命群眾有意見,那我們就該去聽一聽!"她拿著這信走到小張面前說。

於是她和那裡的街道黨委通了電話,約定了去開座談會的日期。……

此刻,苗俊敏又用毛巾擦擦汗,看看手錶對小張說:"再加把油,只有幾分鐘了。遲到了,是對革命群眾的態度問題!"

抬頭看,那一幢幢紅牆青瓦,鋸齒般排列的三層樓房,掩映在一片青松的拱衛中。青松新村在望了。

二

座談會開了一個時辰。屋子裡洋溢著熱烈融洽的氣氛。

苗俊敏呷口茶水，掃視四座，提高嗓子說："剛才大家的稱讚，是對我們的鼓勵，我們一定當作今後工作的動力！"又微笑著說："毛主席教導我們，對事物要一分為二。對我們的工作也應該如此嘛，俗話說，嚴是愛，鬆是害。大家對區委、區革委會，特別是對我本人應該嚴格要求。歡迎大家給我當當'醫生'，把我身上的毛病治一治，幫助我把面孔上的灰塵揩一揩……"

人們帶著滿意的笑容望著她。

突然屋子東邊響起一個聲音："說錯了別見怪，那我就來開一炮！"眾人一看，是退休工人董媽媽。她原來是退休工人宣傳隊的骨幹分子。六十歲光景，頭上雖是銀絲縷縷，身板卻很硬朗，紅光滿面。

"前幾天我找你幾次都沒有找到。什麼又是'重要任務'啊，又是忙得'一般不接見'啊。我說，是不是官架子大了，把群眾忘了？"

苗俊敏驀地一呆！前幾天並沒遇見過董媽媽，更沒說過那些話！奇怪，這是怎麼一回事呢？屋子裡突然寂靜。苗俊敏覺得幾十對眼睛的視線都集中在自己的臉上，氣氛有些嚴肅。要是在六七年前，遇上這樣的場合，她準會馬上站出來解釋幾句。但是，此刻她卻對自己說："冷靜下來，冷靜下來！群眾肯對我提意見，是對我的愛護。既然來聽意見，就要真心誠意地聽。這是考驗我對群眾路線的態度問題！應該瞭解清楚為什麼會產生這個意見？"

她用心在筆記本上記下了董媽媽的話，用謙虛懇摯的眼光望著董媽媽說："你再說下去呀，找我有事嗎？"

苗俊敏這態度使董媽媽很高興，她繼續說：“其實，我也是有重要事情才去找你的。唔，我們青松新村退休工人，爲了批判劉少奇一類騙子妄圖復辟資本主義的罪行，最近組織起來，用親身經歷講回憶對比，在街道里弄開展思想和政治路線教育活動。記得你對我說過，青松新村有什麽活動多和你通通氣，所以我想找你談談，也請你關心關心。唔，那位同志也是知道的呀！”她指指坐在苗俊敏旁邊的小張。

其實小張早已坐立不安了。他正在想：糟糕，苗俊敏同志吃了冤枉批評！

原來，前幾天董媽媽打過電話給苗俊敏，苗俊敏不在。小張在電話裡問：“有什麽重要事情嗎？”董媽媽說：“我們青松新村退休工人最近有些政治活動，想找她談談……”小張一聽，想：難道基層群衆活動也有必要找區委領導參加嗎？他就回答：“最近區委書記不在家，苗俊敏同志忙於重要任務，很少有空啊！”婉言推託了。過了一天，董媽媽親自找到區裡，湊巧在大門口遇到小張，小張知道了來意，又婉轉地說：“這幾天她有重要任務，一般不接見。你還是去找街道黨委的同志談談吧。”……

這時，苗俊敏已覺察了小張慌亂的神色，轉臉向他示意，彷彿說：“冷靜些，耐心聽聽群衆的意見，對我們是有益處的。”

於是，苗俊敏又轉過臉來說：“董媽媽，你的意見我接受。由於我作風不深入，沒有瞭解到群衆中的許多先進事物。你主動提供情況，這種革命積極性，值得我向你學習。”

彷彿吹進了一陣春風，座談會上發言頓時熱烈了。你一言，我一語，紛紛補充著青松新村退休工人在當前批修整風中的好人好事。苗俊敏迅速記著這些生動、豐富的材料。啊，這個會，既是聽意見的會，又是調查會。苗俊敏抑制不住內心的喜悅：“人民，只有人民，才是創造世界歷史的動力。”“群衆是真正的英雄，而我們自己則往往是幼稚可笑的……”偉大領袖毛主席所揭示的真理，在這裡又得到了證實。

會議結束後，苗俊敏本想再找董媽媽聊聊，但是街道黨委的老王找她匯報青松新村的情況，只好留待下次再說了。

在回去的路上，苗俊敏想：一個我過去熟悉的群眾，為什麼現在幾次要想找我找不到呢？這裡提出了一個什麼問題呢？

時近黃昏，夕陽燒紅天邊的流雲。微風拂動苗俊敏的頭髮。她回頭遙望青松新村，但見一片青松籠罩在胭紅的色彩之中，她語意深長地對小張說："形勢越來越好，革命對我們的要求也越來越高。我們雖然都是來自群眾的新幹部，但是要警惕沾染過去那種舊機關的作風，更要防止脫離群眾。你看那一棵棵青松，要是脫離了土壤，將會怎麼樣呢？"

小張"嗯"了一聲，不禁深思起來……

三

幾天以後的一個早晨。矗立在江邊的區委機關大樓，抹上了一層金光。大樓門前走道兩旁，兩排一人高的青松，蒼翠莊重，生氣勃勃地站在晨光裡。

董媽媽又上區裡來了。那次座談會開過後，董媽媽和青松新村的退休工人，看到苗俊敏對大家的政治活動這樣關心，深受鼓舞，就連夜趕寫了一份小結。今天一早她給苗俊敏送來，順便再向她匯報一些工作。但是走近區委，她又不免有些不安，這次會不會撲空呢？

"你好！董媽媽。"有人叫了她一聲。原來是小張上班走過傳達室："真抱歉！董媽媽，上兩次使你……使你……"小張有些結巴，但仍鼓起勇氣說："苗俊敏同志對我進行了幫助，使我認識到自己在群眾觀點上存在不少問題……"

董媽媽爽朗地說："改了就是好同志，對嗎？"接著又道：

"我今天又來找苗俊敏，她……"董媽媽仍還顯得不安地說。

"她在，她在。今天她正好在群眾來信來訪接待室值班。"

"啥？"董媽媽一下子沒能理解。

"苗俊敏同志上次到你們那裡開會回來，馬上把情況帶到區委常委會討論。她說你的意見很好，提出了在當前大好形勢下，國家機關改革、幹部密切聯繫群眾的大問題。因此她建議，區委、區革委會領導班子成員要輪流到群眾來信來訪接待室值班，直接傾聽群眾的意見。"小張笑笑，又接著說："你的意見提得好啊！"

董媽媽的臉上浮出滿意的笑容。

"你知道嗎？苗俊敏同志上次到青松新村開座談會，正是因為收到街道黨委轉來了你的條子呀！"

"因為我的條子？"董媽媽越發高興了。然而當她一想起座談會上自己提的意見時，又深感不安起來。

"那快去找找她。"董媽媽焦急地說。

"好，好。"小張一面應著，一面領著她轉了個彎，來到接待室。一看，屋子裡沒人，回頭一望，忽見大門口有個女同志拎著鐵桶，正在給松樹澆水。

"俊敏！俊敏同志！"董媽媽三步並作兩步跨過去。

"董媽媽，是你。"苗俊敏驚喜地放下鐵桶，用手帕擦乾手。"剛才我還掛了個電話找你呢！沒想到你這麼早就上這兒來了。"

"我……都明白了。你做得對！上次提的意見，哎，怪我欠調查研究，你當它沒那回事吧！"董媽媽疼愛地拉拉她的手，輕輕撫摩著。

"哪能這樣說！是大家教育了我！董媽媽，你也教育了我。"苗俊敏真誠地說。

"我怎麼教育了你？"董媽媽眯起笑眼，不解似的問道。

苗俊敏沉吟了一下說："董媽媽，你忘了，你看看那兩排青松……"

這一說，董媽媽腦海裡記憶的閘門猛地打開，清晰地湧現了幾年前難忘的一幕：

歡樂的鑼鼓、口號聲震盪長空，彩旗迎風飛舞……區革命委員會成立的慶祝會開完後，人們排著長長的佇列，簇擁著區革委會"三結合"代表來到機關大樓門前。董媽媽和青松新村的退休工人，給區革委會送來了禮物 ── 幾十棵他們自己栽培的小松樹。董媽媽一步走到苗俊敏身邊，語重心長地指著青松說："今天是個大喜日子，我們心裡有多少話想說啊！想來想去，還是這青松最能表達我們的心意。俊敏同志啊，今天你作為群眾代表進了機關，可不能把你和人民群眾的心隔開，一定要堅決執行毛主席的革命路線，為無產階級掌好權啊。我們希望群眾代表永遠不脫離群眾，像青松一樣成長，我們希望新生的紅色政權，像青松一樣萬年常青！"

說完，董媽媽他們就把小松樹栽在機關大門的走道兩旁。……

現在苗俊敏一提到這青松，董媽媽怎能忘記！她聲音有些激動地說："你當真還記得？"

"這是永遠也不能忘記的事。我不會忘記教育了我，培養了我的黨和人民群眾。"苗俊敏說著感情也有些激動，稍過了一會兒，又說："董媽媽，現在你到接待室坐一會兒吧。關於青松新村退休工人的先進事蹟，我們已向區委常委會匯報了，決定由我同你們一起總結群眾的經驗。以後，常委會的同志們，還打算到你們那裡開個現場學習會，向大家學習。我剛才打電話找你，正是商量這事。"

"真的？"董媽媽激奮得瞪大眼睛，面泛紅光，從懷中掏出了那份小結遞給了苗俊敏。苗俊敏接過小結後，她又把鐵桶裡的餘水灑向青松。水，滋滋滋地潤濕了青松下的土壤。董媽媽凝望著兩排長高了的青松。青松沾著晶瑩的水珠，披著一身霞光，深深紮根在土壤之中。它的枝幹是那樣蒼勁、挺拔，它的針葉是那樣茂密、茁壯……

（選自《號聲嘹亮》，人民文學出版社 1972 年 6 月第 1 版）

路　標

崔　合　美

　　一個個白色的路標，像一支支羽箭，射過村寨，穿越叢山，把野營部隊引向鳳凰山主峰下的野刺溝。

　　副師長曾在野刺溝負過一次傷。因爲戰地重遊，他顯得比往常更加精神抖擻，興致勃勃。他讓警衛員馬光華牽著他的棗紅色戰馬，領著參謀胡懷中，甩開大步，趕到野營隊伍的最前面，別看四十多歲的人了，走在崎嶇不平的羊腸小徑上，可氣也不喘。

　　一拐進野刺溝，副師長不由得又驚又喜地喊了起來："啊，變了，一切全變了！"他緊趕幾步，躍上溝口的一座石壁，一邊脫去軍帽，揩著滿頭滿臉撲簌簌直往下滾的汗珠，一邊揮手招呼還在石壁下直喘粗氣的胡參謀和小馬："小夥子，快來看看這野刺溝吧！"

　　胡懷中和馬光華登上石壁，立刻被眼前的景象吸引住了。小馬尖著嗓子直嚷："這哪是什麼野刺溝，分明是一條橘子溝哩！"是的，眼前的確是一條橘子溝。一行行橘子樹，長滿了這條足有幾里路長的山溝，長上兩旁的山坡。眼下正是橘子成熟的季節，一只金黃的大蜜橘，馱彎了樹的枝丫，一眼看去，像滿天繁星。成熟的橘子，散發著沁人心脾的氣息。橘林裡一面面紅旗在飄動，一陣陣鑼鼓在迴響，聲聲笑語從林中飛出。這是公社社員在歡慶豐收吧。

　　"是不是尖兵班弄錯了地方？"胡參謀不放心，忙在行軍圖囊裡取地圖。

副師長和藹地笑著打趣道："胡參謀，別翻老黃曆啦，還是把地圖上的'野刺溝改成'橘子溝'吧！"

警衛員小馬向來喜歡尋根究柢，這會纏住副師長問開了："首長，這麼個好地方，怎麼取名野刺溝？"

"這個名字是舊社會留給它的！"副師長愛撫地扳著小馬肩頭，眯著眼瞭望山谷裡的大壩說："那時候，山洪把這裡的田土沖毀了，地主山霸又吸乾了窮人的血汗，大家只好離開這裡去逃荒。人煙漸漸絕了，土地慢慢荒了，野刺藤從亂石堆中冒出來了，越長越盛，鋪滿了整條山溝，'野刺溝'也就成了它的名字。說實話，野刺雖然有侵佔耕地的'罪惡'，卻又幫助我們打遊擊立過功勞。張牙舞爪的狼牙刺，百折不斷的長藤條，常常把敵人搞得狼狽不堪。我和一個戰友，就是用藤條做絆馬索，橫在小道上，絆倒敵人一匹戰馬，抓了敵人的一個營長。這一條幾里長的野刺溝也是我們的天然掩蔽部，遇上敵人'圍剿'，我們往比人還高的刺窩樹叢裡一藏，叫敵人連影子也看不見，我們卻可以神出鬼沒地伏擊敵人。野刺溝簡直成了我們遊擊隊員的家了。

"那時，出沒山溝鑽刺窩，絆腳絆手不說，它還咬皮咬肉呢！在戰鬥間隙裡，我們常圍在野刺藤蔓纏成的天然帳篷裡，一邊啃乾糧，吃野果，一邊笑談革命勝利後怎樣建設野刺溝。我們都想，要在這裡修一個大水庫，還要把溝裡千年百代的野刺連根刨掉，種上果樹。我還記得，有個老遊擊隊員，摸著被野刺劃得血珠滾滾的臉頰，豪邁地說：'今天，我們為了人民鑽刺叢，鮮血灑在野刺溝；勝利以後，我願意回到這裡，為了人民挖刺叢，用汗水澆肥野刺溝！'

"你們看吧，現在的一切，都像是按照當年我們設想的藍圖建設的，指揮這個工程建設的，說不定是同我們一道鑽過刺窩的老遊擊隊員哩！山洪終於被大壩鎖住了，野刺硬是被挖出來了，而且結出了豐碩果實，野刺溝的群眾真是改天換地的英雄，我們要很好地向他們學習呵！"

"首長，您以前不是說在這裡負過一次傷嗎？"小馬開始尋根究柢了。

"你這小鬼，倒是記得挺牢的。"副師長正準備往下說，突然兩道濃眉鎖成一個結，兩隻手不斷地反覆搓摩，按得手指關節咯咯作響。這是首長的老習慣了：遇上不滿意的事情，他常是這麼個神態。

剛才還是豪情滿懷，喜氣洋洋，怎麼突然不高興了？胡參謀和小馬順著副師長的視線望去：石壁前的一棵枝粗葉茂、果實纍纍的大橘子樹下，壓著一個路標，箭頭指向通往橘林深處的一條尺來寬的小道，路標旁邊，擺著四個熟透的大橘子。

副師長躍下石壁，走到路標旁邊，見橘子下邊壓著一張紙條，他拾起來，胡參謀和小馬擠過頭去，只見紙條上寫著：

社員同志：

　　對不起！我們野營經過橘林時，不小心碰落了四個橘子，損害了群眾利益，特向同志們做個檢討，同時留下五角錢作為賠償，請收下。

××××部隊五連尖兵班

副師長看了看紙條，又看了看四個碰傷了皮的蜜橘，心疼地自語道："這橘子來得多不容易呀，它是烈士的熱血、社員群眾的汗水培育的。碰壞了，真是太可惜了！"

"是很可惜。"胡參謀知道首長是因為尖兵班碰落了橘子才不滿意，便勸道，"不過，他們做了檢討，又賠償了損失，處理得還算不錯。"

"不錯？"副師長回過頭來，份外嚴肅地反問，"不碰落橘子，不是更好嗎？再說，這野刺溝裡長出的橘子，只是幾毛錢的意義嗎？同志，咱們遵守毛主席親自制訂的三大紀律八項注意，可得有個高標準才行！只有時時處處保護好群眾利益，絲毫不損害群眾利益，才是真正的不錯！”

“您批評得對！”雖然副師長“克”得厲害，胡參謀卻樂意聽，因爲首長的批評，常使自己對問題看得更準，想的更深。不是麼，剛才副師長的批評就使他想到了一個問題，便說：“首長，尖兵班是步兵，因爲林密路窄，碰落了橘子；要是後邊的騾馬分隊上來了，就更容易碰掉橘子。我想，爲了人民群眾利益不受絲毫損失，我們是不是可以修改一下行軍路線，繞道過去？”

“這個‘謀’‘參’得好！”副師長贊許地說。

“繞道？”馬光華滴溜溜地轉動一雙大眼睛，“就從那條公路走吧，又寬又平，步兵、騾馬，都能安全通過！”

“小鬼，想問題可得避免片面性，咱們野營進山來，是來練走山路的，是要練出在山嶽叢林地帶的殺敵本領。咱們的行軍路線，既要是愛護群眾利益的路線，又要是鍛煉部隊的路線！”副師長神情嚴肅地說。

“首長！”正在查找地圖的胡參謀問，“您的意思是不是繞道從鳳凰山主峰過？”小馬仰頭望瞭望聳入雲天的鳳凰山主峰，伸了伸舌頭，不相信似的問：“這行嗎？”

副師長沒有回答，只低頭去看地圖，邊看邊問：“部隊下一個宿營點是楓林坳吧？”

“對！按原訂路線，離這還有十二里。”

“在戰爭年代裡，爲了人民，有許多遊擊隊員血灑野刺溝；全國解放後，爲了人民，有許多公社社員汗澆野刺溝；今天，爲了人民，咱們繞道橘子溝！”副師長意味深長地笑了笑，然後斬釘截鐵地說：“我們從鳳凰山主峰過！”

“這地圖上沒有從鳳凰山頂通楓林坳的路呢。”小馬俯在地圖上說。

“地圖上沒有的路也可以走嘛，我們再走一趟過去送情報的路！"副師長回答道。

"不過，"小馬望瞭望陡峭的山峰，又望瞭望身後的棗紅馬，"馬恐怕上不了這麼陡的山。"

"馬？也得讓它鍛煉鍛煉，不能老是拉輕車走平路，盡幹輕快活。"副師長的話語使兩個年輕人笑了起來。

"小馬，你別擔心，遇上陡坡，你在前面拉，我在後面推，就是抬，也要把馬抬上山去！"胡參謀給小馬鼓了一把勁，又轉身向副師長請求道，"首長，帶咱上山，給部隊開路吧！"

"別急，你們各有任務。"副師長像在戰場上下達作戰命令一樣，音調鏗鏘地說，"胡參謀，你在這裡當活'路標'，指示部隊按修改的行軍路線走，同時，把這野刺溝的歷史和尖兵班碰落蜜橘的事向各連連長、指導員通通氣，利用活教材，對部隊進行一次教育。明白了嗎？"

"明白了！"

"小馬！你立即從橘林小道跑步追上尖兵班，告訴他們：一，為了苦練殺敵本領專挑小道走，這做得好；二，碰落橘子，能自覺檢查，主動賠償，這做得對；三，執行毛主席親手制訂的三大紀律八項注意得有個高標準，如在上級標的行軍路線上再遇有老鄉的果園、菜地、莊稼，又有可能損壞時，應想法繞道；四，沿路的宣傳鼓動口號，要加上一條：珍惜人民群眾點滴血汗，愛護人民群眾勞動果實！"

"是！"馬光華胸脯一挺，敬了個禮，轉身要走，忽然瞅見身後的馬，"這馬……"

"馬交給我！"副師長敏捷地接過韁繩，回頭對胡參謀說，"現在，咱就兵分三路吧！"

胡參謀知道副師長腿上受過傷，爬山不方便，便請求首長把馬留下讓他來牽。

"這不行。"副師長說，"剛才你不是說後頭還有騾馬分隊嗎？我探路，也得給他們著想才行。不帶馬去，就難斷定騍馬該走哪條路。"

"您年紀大，腿又負過傷，拉馬上山太費力了。"

"年紀大？"副師長笑了起來，"'人到四十五，好比出山虎'，筋骨硬著呢！"說完，牽著棗紅馬，邁開矯健的步子，向鳳凰山主峰走去。胡參謀目不轉睛地望著副師長高大的身影，激動的淚花在他眼眶裡閃爍。……

"胡參謀，你站在這裡，是當活路標嗎？"尖兵連連長帶著部隊上來了，一見胡參謀的神態，便開起玩笑來。

"不！"胡懷中一本正經地回答，"副師長才真是我們的路標！"他按副師長指示向戰士們說罷野刺溝的歷史後，又伸開左手，把全連同志的眼光引向鳳凰山主峰 ── 那裡，飄動著飛雲流霞，兀立著峭崖陡壁，但見副師長牽著棗紅色戰馬，像一個紅色路標，印在半山腰青翠的松林間，印在紫褐色的岩石上，直指被雲霧割成三截的鳳凰山主峰。

這時，橘林裡的紅旗飄過來了，鑼鼓聲、歡笑聲近了。原來是溝裡的公社社員抬著一筐筐大蜜橘來了。他們見尖兵班過去，知道大部隊要經過這裡，特地摘了橘子，趕到溝口來迎接解放軍進村的。一見戰士們，他們就親熱地擁上來，不容分說，把個個大橘子塞進胡參謀、尖兵連連長和戰士們的手裡。

戰士們剛聽完胡參謀講述野刺溝的今昔，現在看著社員們這種熱情的舉動，個個心情都十分激動。他們和社員們推讓了好半天，好不容易才把橘子放回了筐內。這時連長帶頭高呼起口號來：

"向貧下中農學習！"

"向貧下中農致敬！"

在震撼山嶽的口號聲中，胡參謀跳上石壁，大聲說道："同志們！讓我們感謝社員同志們的深厚情誼。剛才已經講了，這些大蜜橘來之不易，它是遊擊隊員們用鮮血培育的，它是社員群眾用汗水澆灌的，爲了遵守三大紀律八項注意，不使人民群衆的勞動果實有絲毫受損，首長決定繞道從鳳凰山主峰過。現在，大家繼續前進！"

"咦！你怎麼知道我們這裡有過遊擊隊？"一個上了年紀的老貧農拉住胡參謀問。

"是咱們副師長告訴我的，他過去就在這打過遊擊。"

"副師長在這打過遊擊？！他叫什麼名字？"

"江海波。"

"啊，老江，是他呀！"老貧農驚喜地問，"他現在在哪？"

"您認識他？"胡參謀也驚喜地說，一邊遙指著鳳凰山主峰，"他正牽著馬在給部隊帶路呢！"

老貧農望著正牽著棗紅色戰馬，一步一步向鳳凰山主峰攀登的老江自語道："老江啊，你遵照黨和毛主席的教導，過去咱們一道在野刺溝打遊擊，爲了掩護群衆，你負了重傷，還鼓勵我'爲了人民，堅決頂住敵人！'鮮血灑在野刺溝；二十幾年後，野刺溝按照我們當初想的那樣長出了蜜橘，你卻繞道而過，嘗也沒嘗一口，這怎麼能叫我們過意得去？"他越說越激動，順手從身邊提起一大筐蜜橘，遞給胡參謀，"同志，請你把這點橘子捎給副師長，就說是野刺溝的貧下中農忘不了曾經在這裡流過血的戰士，請他嘗一嘗！"

"大爹！"胡參謀婉言謝絕道，"毛主席教導我們：'不拿群衆一針一線'，再說，我們野營，需要輕裝。啊，對了，我們尖兵班在路過橘林時，不小心碰落了四個橘子，這是他們留下的檢討信和賠償費，副師長讓我交給你們！"

老貧農望著胡參謀雙手捧著的信、錢和四個蜜橘，激動得半晌說不出話來。好久好久，才使勁抹了抹眼中的熱淚，果斷地說："好！錢和信我們收下，放進大隊展覽室，當做活教材，教育社員群衆，永遠學習解放軍！"

'對！"胡參謀受了啓發，說，"大爹，這四個橘子，我們也收下，教育部隊永遠學習人民群眾！"

"向人民群眾學習！"

"向解放軍學習！"

口號聲裡，戰士們重又踏著整齊的步伐，朝著鳳凰山主峰的紅色"路標"行進。

（選自《號聲嘹亮》，人民文學出版社 1972 年 6 月第 1 版）

延安的種子

華　彤

一

　　縣委召開的春耕生產會議整整開了三天。真夠緊張了，忙得連報紙都來不及細看。晚飯後，我順手打開一張前天的縣報，一條醒目的標題映入了眼簾：《貧下中農的好後代》。我細看這篇報導，上面寫道：

　　嚴冬清晨，朝霞滿天。紅旗公社春風峪生產隊劈山開渠的戰鬥正在緊張地進行。只見一個身材矯健的姑娘在和小夥子們一起掄錘打釺。她兩頰緋紅，滿臉是汗，鐵錘一下一下準確地落到鋼釺上，打得石屑飛迸，火星四濺，幹得正起勁。忽聽得有人大喊一聲："危險！快躲開！"姑娘抬頭看時，只見她斜上方的山坡上，兩個小夥子錘裂的一塊大石眼看就要滾落下來，而她前邊不遠處，貧農社員王石柱正蹲在那裡拾掇打壞的鋼釺。這姑娘急忙飛跑過去把他推向一旁，而在這一剎那，大石塊翻落下來，從姑娘的身上滾過……

　　貧農社員脫險了，姑娘卻負了重傷。這位捨己救人的姑娘，就是來到這北方山村插隊落戶的上海知識青年，她的名字叫紀延風。……

　　"紀延風！"看到這個名字，我不禁輕輕地叫了起來。這不是我的老戰友紀正明政委的女兒嗎！我打開抽屜，重讀上個月他的來信：

「鄭民，我的親密戰友和同志：好傢伙，二十年了，我最近到北京開會，才從一位老同事那裡知道你的情況。聽說你最近新調到一個縣裡工作，巧得很哩！我告訴你，我女兒延風 —— 就是那在淮海戰役的炮聲中出生的南南呀！ —— 她在三年前就到你新去的那個縣裡插隊落戶了。臨走時，我送她一份禮物，這禮物也是你十分熟悉的。我希望她也能像當年我們離開延安時一樣，克服一切困難，沿著毛主席指引的方向前進。好長時間，她沒有給我來信了。如果你見到她，替我好好檢查一下她接受再教育的情況。……」

對，不會錯，這個紀延風一定是老紀的女兒。為了調查確實，我又從電話裡向紅旗公社黨委書記詢問了一下。

「對對，紀延風是我們公社的。你看到報上關於她的事蹟了吧！」電話中，聽對方的口氣，是很為自己公社有這樣的青年而驕傲的。

「唔，她現在傷勢怎麼樣？」我關心地問。

「她還在縣醫院。我去看過她一次，主要是傷了腰，基本好了，聽說最近可以出院了。」

「好啊，你們應該抓住這個典型，在下鄉青年中開展教育啊！」

「對，我們已有個打算，準備報縣委。鄭書記，你最近不是要到我們公社來檢查備耕工作嗎？」

「對對，我明後天就去。」我掛上了電話。

完全證實了，報導中這個危險關頭挺身而出的姑娘，正是當年炮火中馱在馬背上籮筐裡的南南。

我又拿起報紙，想把這篇報導看下去。可是思想卻飛馳起來，眼前一行行鉛字變得模糊不清，化作了一片煙雲。當年淮海戰場的炮聲，又在耳畔轟鳴起來，我彷彿又回到了南南出生時那戰火紛飛的革命戰爭歲月……

一九四八年秋天，我們縱隊奉命參加淮海戰役，從皖南開到了蘇北前線。團政委紀正明的愛人方薇同志，因爲懷著孩子，不能隨部隊轉移，留在皖南堅持鬥爭。部隊開到蘇北不久，就聽說方薇在一個村子裡做群眾工作時，被國民黨地主武裝包圍了。我把這消息告訴了老紀，那時他正俯在一張地圖上考慮作戰方案。聽到這消息，他“喔”了一聲，雙眉聳動了一下，慢慢站起身來，望著窗外說：“是啊！這是不難預料的。革命總會有犧牲啊！”他又埋下頭去考慮作戰方案了。

淮海戰役整整進行了兩個月。在偉大領袖毛主席的親自部署和指揮下，獲得了震驚中外的大捷。青龍集地區最後一仗結束後，我陪著老紀從還未打掃完的戰場上趕回團部。一路上，老紀嘴裡輕聲地哼著歌子，抑制不住勝利的喜悅和激動。可是走著走著，他發現了什麼，突然停了下來。

我向右前方一看，只見師部通訊員小劉陪著一個穿便衣的女同志走來，手裡還拉著一匹馬。馬背上，一邊馱著行李，一邊馱著一個籮筐。

我細看那女同志，不禁驚訝地喊起來：“哎！這不是方薇同志嗎？”

顯然，老紀已比我先認出了對方，他緊抿著的嘴角有些顫動。

“老紀！老鄭！”對方先喊了起來，這正是方薇。只見她又黑又瘦，但臉上流露著興奮。

到了前面，老紀緊緊握著方薇的手，意味深長地說了一句：“那麼說，你還沒有革命到底？”

“是皖南根據地的鄉親們掩護了我啊！……”方薇激動得也只說了一句。她的眼裡閃動著淚花。

“紀政委！”小劉敬了個禮說，“師首長四天前得到方薇同志的消息，讓我把方薇同志接回來了。”

“謝謝你，辛苦了！”老紀又指著馬背上的籮筐問：“這是什麼？”

“那是你女兒呀！”方薇不無驕傲地說。

我們走近前一看，籮筐裡鋪墊著一床棉被，裡面睡著一個嬰孩。臉兒黃黃的，卻睡得正甜。

老紀看著新生的女兒，眼睛裡有些濕潤。

“多大了？”

“三個月。”

“起名字了嗎？”

“我給起了個小名叫南南。”

“爲什麼叫南南呀？”老紀問。

“那次我被包圍，鄉親們掩護我衝出村子後，就把我隱藏在咱部隊駐過的山溝溝裡。過不幾天，就生了她。我當時身體很不好，沒多久就斷了奶。鄉親們送來的山芋和部隊走時留下的南瓜，就成了我們娘兒倆的主要食糧。我想她剛剛出生不久就嘗到南瓜味兒了，就取名叫南南吧！”方薇說著，又從衣袋裡掏出個紙包，“喏，我又帶回了一包南瓜子！”

老紀接過紙包，看著那一粒粒很大的南瓜子，問我：“老鄭，記得嗎？這是延安的種子啊！”

“怎麼會忘得了，延安的一切對我們來說，是刻在心頭啦！”我看著籮筐裡孩子的小臉說，“這也是一顆延安的種子啊！”

“對，說得對。她是延安的種子，應該把延安的革命精神繼承下來！”……

我想，這大概就是以後延風這個名字的由來。

現在，二十多年過去了。從老一輩的經歷，到新一代的出生，從當年馬背籮筐裡的印象，到今天報紙上的描述，這顆種子的結成、發芽和生長，要經過多麼辛勤的灌溉和培育呀！

我決定明天早晨抽時間到縣醫院去看一看她。

二

次日早晨，我到了縣醫院，來到延風住的四號病房外，剛要推門進去，就見病房門口走廊裡坐著的一位六十多歲老大爺在向我招手。我走過去，他問：

"你是來看延風的嗎？"

"你老人家怎麼知道？"我不禁有些奇怪。

"你是記者吧？"

"你老人家怎麼知道我是記者啊？"

"我在這兒碰到過好幾個了，有縣裡報社的，有縣廣播站的。"老大爺一邊裝煙袋，一邊說。

"唔，那你看我也像？"我很感興趣地問。"我猜差不多，就是看上去年紀大一點兒。"

我不禁笑了起來，一面摘下帽子，搔著我已經夾有不少白髮的頭說："那麼說，我是個老記者嘍！"

"延風還在睡著，她最近瘦多了，讓她再休息一會兒吧！"老人的語調中充滿了疼愛。

"那好，聽你老人家的。"我也在長凳上坐了下來。我打量著這位老人。他披著羊皮襖，兩鬢斑白，滿面紅光。這是一張飽經風霜的勞動農民的臉。他在一口一口地吸著煙，身旁還戳著一桿車鞭。

"老人家，你是……"

"我姓田，是延風一個隊的。她今天下午要出院，我來接她。"

"田大爺，你說我是記者，那我就向你採訪一下吧！"我想趁這工夫跟這位老人聊聊。

　　老人笑了一下，吸著煙說：“我肚裡這些話，都讓你們給‘採訪’光了。前些日子，我來看延風，正遇到一個戴眼鏡的記者，不知是不是你一塊的，也是來訪延風，延風不肯講，他又纏著要我講。我說，你不要光寫她救人的事。你要到咱春風峪多訪幾個人。要寫她怎樣學習毛主席著作，信咱貧下中農的話，怎樣往心裡鑽，往勁兒上使。俗話說，‘松高百丈，並非一天長成。’延風這棵苗，是在咱春風峪的土壤上長起來的嘞！”

　　“田大爺，你說得好哇！”我感到他頗不簡單。

　　這時，病房門忽地推開了。一個圓臉短辮子的姑娘跑了出來。

　　“大爺！”她歡快地叫了一聲，撲向田大爺。

　　“孩子，你這身子骨好俐落了嗎？”

　　“大爺，你看！”姑娘把腰一彎，臂一掄，“我還能一口氣打三十錘哩！”

　　“別逞能，這回說什麼也不讓你去打釺啦！”

　　“那怎麼行！大爺，你不是常跟我說，好刀要不怕磨，好把式要不怕跌嗎？我讓石頭碰一下就軟下來，那還有咱貧下中農的骨氣嗎！”

　　“你這丫頭啊，淨拿話堵我。”田大爺拿煙袋指點著姑娘說。

　　聽著這一老一少的對話，我就知道她正是延風，也就是當年的南南。那雙眼睛多像她的爸爸啊！

　　她一轉頭，看到我，愣了一下。

　　“認識我嗎？延風！”我笑著問。

　　“哎呀！”她大叫一聲，“你不是鄭叔叔嘛！”

　　沒等我回答，她轉身跑進病房，拿出一個褪了色的軍用挎包，從裡面掏出一個紅布包，打開來，是一本油印的毛主席著作《關於重慶談判》。見到這本小冊子，我心頭頓時一熱。只見她翻開小冊子，拿出夾在裡面的一張發黃的照片。

　　“看！”她把照片遞到我面前。

照片上，是幾個戴著八路軍臂章的軍人在延安寶塔山前的合影，其中有她的爸爸、媽媽和我。這還是一九四五年，我同她爸爸、媽媽一起隨軍南下，離開延安前，解放日報社的一個記者給拍的。

"二十五六年嘍！那時我們也像你這樣年輕啊！現在還像嗎？"

"像！若不，我一下子就認出來啦！？叔叔，我爸爸、媽媽常講你呀，就是不知你在什麼地方。"延風興奮地說。她又把我介紹給田大爺。

我握著田大爺的手說："我們已經認識啦！"

"嘿嘿！"田大爺笑了。

我從延風手裡拿過那本油印的毛主席著作，撫摸著那熟悉的封面、磨損的頁角，思緒翻騰。

"鄭叔叔，這是爸爸在我下鄉前送我的禮物，我一直把它帶在身邊。"說著她又翻動幾頁，取出夾在中間的一個扁扁的紅紙包，打了開來。"你看！"

—— 裡面是兩顆南瓜子。

"爸爸把它保存二十多年了！"延風坐在我和田大爺中間，講起了這珍貴禮物的由來。

可是這一切，對我來說，是不言而喻的。想起來，多麼使人懷念哪！那是一段閃閃發光的生活，那是一段永生難忘的經歷……

一九四二年，那抗日戰爭最艱苦的歲月裡，我和延風的爸爸、媽媽都在延安，在偉大領袖毛主席身邊。那時候，為了克服重重困難，戰勝敵人的圍困封鎖，毛主席號召我們自己動手，發展生產。解放區掀起了熱火朝天的大生產運動。毛主席為著挽救中華民族於危亡之中，經常夜以繼日地工作。可是毛主席那麼繁忙，還親自進行生產勞動。當時我們的部隊駐在中央警衛團附近。

一九四三年秋天，警衛團的同志送給我們一包南瓜子，並告訴我們這是毛主席親手種的南瓜結下的。第二年春天，我們把這些南瓜子種在山坡上，同志們懷著特殊的感情精心侍弄這片南瓜，到秋天結了好多，又圓又大。又過一年，我們這支部隊都吃上這些不尋常的南瓜了！

一九四五年，我和延風的爸爸、媽媽準備隨軍南下了。毛主席在《關於重慶談判》的報告中特別對我們南下的幹部作了動員。毛主席說：「我們共產黨人好比種子，人民好比土地。我們到了一個地方，就要同那裡的人民結合起來，在人民中間生根、開花。」毛主席還說：「艱苦的工作就像擔子，擺在我們的面前，看我們敢不敢承擔。」後來，紀正明總是把毛主席這篇講話油印本放在挎包裡帶在身邊。我們不知在一起學過多少遍。

當時我們要離開延安了，非常戀戀不捨，大家都想帶一點紀念品。老紀包起一包南瓜子說：「毛主席教導我們，要像種子一樣在人民中間生根、開花。我就帶一包毛主席親手培育過的延安的種子吧！」

以後，我們到皖南一帶打遊擊，又把這種子種到了山裡。一九四八年秋，種下的南瓜還未收穫，部隊就去參加淮海戰役。後來，這南瓜就成了延風媽媽的食糧。……

望著這本油印的毛主席著作、這種子和照片，我深深體會到老戰友教育後代的一番心意。

「延風，你爸爸送給你的禮物寓意深長啊！」我把小冊子、照片、南瓜子包起來，對延風說。

「是啊！爸爸希望我做一顆革命的種子！」延風語氣深沉地回答。

「延風這孩子，沒有辜負老一輩的期望，鍛煉得不錯。上個月支部大會一致通過吸收她入黨。我這介紹人也跟著高興啊！」田大爺朗聲對我說。

望著延風那因為住院而略顯白皙的面龐，不知為什麼，我的腦海中又現出了當年馬背上籮筐裡那發黃的小臉⋯⋯時間多快呀！

三

清脆的鞭聲在原野上空震響。兩騾一馬的膠皮軲轆大車在由縣城到紅旗公社的大道上奔馳著。

當天下午，田大爺趕車接延風回春風峪。我決定搭車順路到紅旗公社去，路上還可以跟延風再談一談。

"鄭書記，坐我的車可顛簸得慌啊！"田大爺一面揚鞭，一面笑著對我說。

"顛一顛好，一天到晚坐板凳把骨頭都坐軟啦！你快馬加鞭吧，我管保坐得穩。"我大聲說。

陽光下，延風的臉色紅潤起來。看著老戰友的孩子成長了，我心裡感到由衷地高興。

"延風，講講你這幾年到農村最深的體會是什麼？"我問。

"最深的？一下子說不出來。"她望著田大爺的背影說，"我對田大爺的體會就很深呀！你只知道我救人，還不知道田大爺救人的事蹟呢！⋯⋯"

馬蹄"得得"地敲著石子路面，大車輕微地顛動著。延風眼睛看著前方，沉入回憶中去了：

三年前，當爸爸贈給我珍貴禮物的時候，我就認為，我是一顆延安的種子，一定能開出革命的花朵。我興高采烈地和幾個紅衛兵戰友來到了春風峪。當天晚上，我就給戰友們和房東田大爺講了爸爸送我的禮物。平時幹活，我搶著幹髒活兒、累活兒，表現也比別人突出。可是過不多久，我的勁頭兒就消沉下去了。一個是因為累，每天晚上腰酸腿疼，躺到炕上就不想動了；一個是感到剛來時這裡一切都新鮮，可現在看，每天太陽從東山嘴上升出來，到西山頭上落下去，進院是草房土炕，出村是大地石山，生活好像很單調。特別是村裡回來一個由外地遣返的姓杜的傢伙，他專愛接近青年，口裡喊"知識青年下鄉就是好"，可他背後卻對我們表示"關心"地說"你們下鄉好是好，可讀的那十幾年書不能白費呀！你們要是一輩子在這兒刨土坷垃那太可惜啦！"聽了他的話，勾起了我一些想法：在學校裡，我的學習成績是最好的。在這裡卻用不上，淨是鋤頭鐮刀，連個拖拉機也沒有。就這樣，我的情緒越來越低落，這當然瞞不過田大爺的眼睛。

一天晚上，我跟大爺在燈下選苞米種。大爺拿起一粒很飽滿的種子問我：

"延風，你說這顆種子怎麼樣？"

我說："這顆種子真好，一定能長出好苗。"

大爺說："那可不一定呀！種子好是很要緊的一條，可是，你若把它種在花盆裡暖窖裡，就長不好。再說一根苗出土，要防蟲、鋤草、澆水、施肥，還要經得起風吹、雨淋，不然的話，這苗就長不成棵，開不好花，結不好果。這裡頭要經過多少勞動和鬥爭啊！"大爺深深地看了我一眼，把"鬥爭"兩個字說得重重的。我仔細體味著大爺說的這番話，覺得裡面包含著很深的道理。

大爺見我沒吱聲，又問："你來了兩個月，覺得我們這小村子怎麼樣？"

"我都熟了，村周圍有幾個山頭都記得住。"我說。

"是啊，地方小，東西少，幾天就不新鮮了。我在這山溝裡呆了六十多年，連哪個山頭幾棵樹我都知道。可我覺得咱春風峪現在還怪可心的哩！"大爺停了一下，又看了我一眼。我低著頭，一粒一粒地選著種子。

"延風，你覺得我這個黨員怎樣？"大爺問我。

"大爺的黨齡比我年齡都大，為革命幾十年如一日，村子裡誰不尊重大爺，這還用問嗎？"

"不，我這個黨員沒當好，對國家沒啥貢獻呀！"大爺故意長長地歎了口氣。

"怎麼？"我不解地問。

"我沒讀書，不識字，除了種地啥也不會。"

"種地，爲國家生產糧食，這不是對國家的貢獻嗎？農業是基礎，沒有農民怎麼行？"我認真地說。

"可人家說跟土坷垃打一輩子交道，沒啥出息！"

"這是剝削階級思想！"我說。

"唔！那麼說這種思想要不得嘍？"大爺反問我，"你想，我一輩子在山溝裡種地，在過去給地主扛活的時候，只是爲了飽肚子。作爲一個黨員，我要想想拿什麼支援社會主義革命和建設？拿什麼獻給世界人民？怎樣爲共產主義奮鬥哇？你這一說呀，我心裡就踏實了。我這把老骨頭，不管還能活幾年，得在這山溝裡爲實現共產主義啦！在我們這窮山溝裡爲共產主義奮鬥，要出更大的力才行啊！"

這時，我才明白，大爺這一番話，完全是爲著教育我。我不由得熱淚盈眶。

"大爺！"我抬起頭來激動地叫了一聲。

大爺語重心長地說："孩子，大爺看你近來的情緒不大對頭啊！你剛來時不是給我講過你爸爸送你的禮物嗎！可不能辜負革命老一輩的心哪！你把延安的革命精神繼承下來沒有？你不是常看你爸爸送你的毛主席的那篇文章，常學毛主席的那段'我們共產黨人好比種子'的教導嗎？你這顆種子在咱春風峪紮根沒有？延風，我看那個姓杜的傢伙，總接近你們，他就沒安好心。你是不是照毛主席的教導用階級和階級鬥爭的觀點去分析了？千萬不能忘記階級鬥爭啊！"

田大爺的話，句句震動著我的心弦。我的眼淚奪眶而出："大爺，我錯啦！……"

　　我把自己的所有想法和那個姓杜的說的話，都向田大爺傾倒出來。第二天，田大爺向黨支部匯報了姓杜的情況，經過公社調查，那傢伙原來是個歷史反革命、壞分子。在批鬥他的大會上，我無比憤怒地帶頭發了言。過後，田大爺對我說："延風，你現在和咱貧下中農才真正想到一塊，說到一塊啦！"

　　從那時開始，我才決心一輩子戰鬥在這山村裡。

　　漸漸地，村子裡對我的讚揚聲多了。我口裡說"做得還很不夠"，心裡卻覺得"差不多"了。就在這時候，田大爺又用他的行動給了我難忘的教育。

　　那是前年冬天，田大爺帶著我和張小霞幾個青年在後山窪挖土脫坯。那天，幹了一上午，挖了十幾車土了。山坡上的洞越掏越深。我和小霞埋頭只顧挖。田大爺提醒我們說："注意塌頂，別往裡掏了！"話還未落，我見小霞頭上的土裂開一道大縫，正向下沉。我"啊"地驚叫了一聲，呆在那裡。可田大爺一步撲過去，把小霞推開，用背頂住下沉的土塊，高喊："快！快出去！"說話間那塊土已壓了下來。幸虧土層不算太厚，但田大爺卻傷了腰。

　　這一驚心動魄的場面，過後在我腦中閃現了好久。我和田大爺那一步之間相差有多麼大的距離呀！這不是一般的距離，這是世界觀上的距離……

　　"鄭叔叔，你看，三年來這段戰鬥的里程，是田大爺領著我走過來的，真是一步一個腳印啊！"

　　"不，你總結的不夠全面。"一直沉默著的田大爺回過頭來，打斷延風的話。"我看你進步的根本原因，是你在咱春風峪，對毛主席的書，不但認真看，而且認真做，對咱貧下中農不但從心裡親，而且從心裡學。至於我這老頭子，頂多不過是在你這顆發芽的種子上澆了一碗水吧！"

延風的回顧和田大爺的補充使我想到了很多問題。我想延風的成長過程是一份多麼好的教材……

田大爺揮鞭作響，膠輪車急馳向前。延風坐在車上眺望著遠山，身上披著早春的燦爛陽光……

（選自〈金洲華之歌〉上海人民出版社 1972 年 9 月第 1 版）

高高的山上

艾　蕪

　　金小良一出電站，就朝山下一望，但山下只是一片白茫茫的霧，往天可以望見的開闊的青色田野，一些擁著竹樹的農家小屋，以及遠處微露一角的金色江流，現在都隱藏著了。就是近邊蒼翠的山巒，濃綠的松林，也抹上了淡淡的煙靄。平時他望一下就算了，不起什麼感觸，不發什麼議論。今天卻忍不住高興地罵了一句："你藏不倒的！"他在這個高山水電站工作一年多了，除了一個學徒工而外，很少遇見別的人，常常自言自語用"你"來稱呼遇見的東西。比如爬上嶺子看見水衝開堤坎，流到別一條小澗去了，就會罵一句："你娘的，你朝哪裡跑嘛！"然後拿鋤頭把堤坎修好，讓山溪水回到水電站去。山溪水對他好像一個朋友似的，非常親切。今天他所說的"你"，比較廣泛一點，是指他要下去的原野，是指他要回去的村莊，更是指他父親住的三四間小屋，那是青翠竹樹圍繞的農家小院子。他一年前是在山腳下一個半山坡裡搞水電工作，那裡成天打米磨麵。不是小夥子背一夾背麥子闖進門來大聲地說："咋個這麼慢呀，還有這麼多人！小良，你這趕老牛的，真不上勁！"就是姑娘們站在打米機旁邊，笑著嘲弄："小良，你本事哪裡去了？你能再加點馬力，我就說你狠！"大家都曉得金小良逞能好強，故意說些話來氣他。儘管這樣，但日子卻過得很熱鬧，充滿了活潑的生氣。金小良是個肯動腦筋的人，對發電機，水的衝力，都作過仔細的研究，知道只有到高山上找尋更大的流水的落差，才能滿足人們對電力的需要。
再加別個鄉的社員也要求接上電線，得到晚間照明的好處，這樣，
對水力的需要就更加迫切了。於是，他親自攀登高山，越過危岩，
查看水源；又勸說幹部，發動社員，在高山上頭，另外修一個電
站，安上更大的發電機，給下面輸送更多的電力。社員湊錢買了
發電機，用人力抬上高山，有的岩上無路可走，便用鋤頭開出路
來；有的岩邊無處搭腳，便拿人的肩膀當踏腳的地方。真是千辛
萬苦才把發電機搬上危岩險峰，發出電來。金小良看見自己的理
想實現了，比任何人都要高興，簡直樂得跳起來。可是，就在這
個時候，出現了一個嚴重的問題，誰肯在渺無人跡的高山上面管
理電站，開動發電機？

　　當初到縣裡去學習電工，就只有金小良和一個跛腳的顧得
清。顧得清爬山困難不說了，他還死去了老婆，有時得回家照顧
小孩。另外培養的兩個青年電工，單獨作業，還沒有什麼把握。
這個重要的任務，只有落在金小良的肩上。他自己也喜歡擔當艱
苦的任務，又何況這個工作正是自己一心提倡又親手參加搞的
呢？他是懷著非常欣喜的心情，自願長期住在高高的山上的。但
是鄉裡的領導，卻決定他們半年輪換一次，不讓金小良和另一個
年青人（一個應該繼續培養的學徒工）終年留在山上。半年過去
了，金小良不忍心顧得清艱難地爬上高山，便只把他的夥伴換下
山去，自己繼續住在山上。然而，金小良也和一般青年人一樣性
子熱烈，喜歡同年青人一道工作，熱熱鬧鬧的過日子。電影隊到
山下放電影，生產隊的籃球隊員在曬谷坪上蹦蹦跳跳，書店裡到
了新書，這些事情不能使他一下子丟在腦後，在寂靜極了的山路
上，難免有點兒鬱鬱不樂。起初是輕微的，甚至是不自覺的，後
來就有點吹不起口弦了。只是緊閉嘴唇，埋著頭走路，臉孔像太
陽落山後的黃昏景色，越來越陰沉。

　　他逐漸感到高山上太寂寞了。高山的一些斜坡上，也有村裡

人上來砍柴，種上洋芋、養子，但都在山峰的那面上來下去，山這邊太陡險了，從來不走這裡。他多麼想看見一個從山下上來的人啊！就是陌生人也好。有時會狠狠地罵一句："那些死女子，找柴火都不到這裡來哪！"雖然這樣，他卻沒有想過要離開這裡，他甚至想，如果到第二次該輪換的時候，下邊水電站還抽不出入替換自己，他還可以留在這裡堅持工作。他覺得年輕人應有克服艱苦不怕困難的勇氣。"越是困難的地方越是要去，這才是好同志。"

偉大領袖毛主席的這些教導，像深夜藍空的北斗星一樣，常常在他心頭升起。於是，當他閑著的時候，便用樹葉作些口弦，放在嘴上吹唱，有時也大聲唱點山歌或樣板戲的片斷，儘量使自己愉快，不做外來煩惱的俘虜。

可是，電站惟一的夥伴，也是自己培養出來的電工屠明元，昨天從山下回來，說到金小良的老父親金大爺病了，躺在床上，起不了床，沒人侍候，卻使他心神不安起來，金小良非常激動地問：

"沒人招呼，那才怪哪！他們社員不是常常到我家嗎？"

"他們忙得要命，白天黑夜，都在挑水抗旱，坡頭的玉米，快要乾完哪！我回家去，腳都沒有停一下，就壓上扁擔。今天我正在展勁挑水，隊長來找到我說："明元，你不要挑了，你快上山去叫金小良先回來一下，他爹病了。"我走的時候隊長還叫我順路叫一下醫生，去給你爹看病。"

從來不歎氣的金小良，深深歎一口氣。他想了起來，生產隊長在第一次輪換的時候，曾經囑咐過："小良，你爹身體不好，你就到下邊幹活吧！""不，我爹只是老毛病，平常不多犯，他不要我招呼。再則，老顧他們上山有困難，我不能把困難留給他們！"金小良回答之後，還豪邁地說："我在山上再待幾年也不要緊！"生產隊長點點頭說："是倒是囉！老顧他們的確有些困難！"但最後還是叮嚀幾句："要是你爹病重了，就把你換下來，上級領導也關心你爹哩！"現在這樣，是不是爹的病重了呢？因此，金小良連忙問屠明元："我爹病倒了，到底是啥子病？"

屠明元說："我不曉得，只聽說起不了床。我日夜在地裡擔水，沒有回家，咋個曉得嘛！"

金小良又一次地歎氣，而且比頭一次還歎得長一點，彷彿心裡洶湧著巨大的痛苦一樣。因為他想起他爹痛苦的一生，就十分難受。萬一由此去世了，自己沒有招呼一天，多麼痛心！夜裡翻來覆去，沒有睡好，父親一生的往事，不斷出現在他的腦裡，就像電影似的一幕一幕的閃過。

小良他爹的一生，有一大段時間是在奴隸社會過的。爹八歲那一年，就被黑彝奴隸主搶去，賣給另一家黑彝奴隸主做了奴隸。從此再也看不見父親母親了。終天放豬放羊，光腳板在高山裡走，沒有吃過一頓飽飯，棍子卻是挨得不少，晚上就和豬羊睡在一起。這些往事，都是一些機關、學校請爹去做階級教育的報告，他跟著去聽過好些次的。最使他不能忘記的，是爹二十歲那一年，奴隸們商量要逃走，被奴隸主的狗腿子聽見了，就捉了幾個人去吊打，追查誰是企圖逃走的主謀人。一個十五六歲的小奴隸，身體瘦弱，還在害病，被打得聲音都叫不出來了。別的女奴隸都嚇得哭了。爹本來不是鼓動逃走的主謀人，但他卻挺身而出，說他就是主謀人，叫把被吊打的那個孩子放下，要打要殺，他都一身承擔。奴隸主氣得暴跳如雷，立即吊打爹爹。打昏死了，又拿冷水潑醒，潑醒了又下死勁地打，直弄到幾次昏死，幾次潑醒，完全不像人了，奴隸主就把他丟在老林裡，要讓豺狼把他吃掉。全靠奴隸們偷點洋芋給他吃，又把他藏進山洞裡，才算活了起來。奴隸主看他沒有死，就把他賣給另外一家奴隸主，重新過著牛馬的日子。年輕力壯，正好當牛馬勞動，但怕他逃走，便強迫他同一個女奴隸配婚，藉以拴住他的手腳。爹對死是一點也不怕的，他被以前那個奴隸主吊打以及丟在老林的時候，反而覺得死了倒要好些。因此，他決心逃去，不願意有妻子兒女拖住，就反對奴隸主的配婚。奴隸主便把他同那個女奴隸關在藏洋芋的地坑裡，要他答應結婚才準許出來。每天只給他們丟下幾個苦艾粑粑，一點也吃不飽，餓得他們頭昏眼花。女的忍受不住了，哭著說：“你爲啥這樣嫌惡我？”爹說：“我一點也不嫌惡你，老實說，我到喜歡你哩！”“那你爲啥子又不肯……”女的有點高興，但還是悲痛得說不下去。爹說：“我不願意過這樣的日子，牛馬都不如呀。我更不願意我的妻子兒女，也來過這樣的日子，這就是我不願配婚，免得生些兒女來受罪！”女的沒有哭了，可是深深歎了口氣。隨後，她又說：“那我們咋個辦呢？這牛馬不如的日子，哪個也活不下去呀！”從此女的再不吃丟下來的苦艾粑粑了，她決心餓死，不想再活下去。爹不忍心，勸她吃點，還安慰她：“只要活下來，能逃出去，總可以找到好的地方。”女的半晌才說：“像現在這樣子，又咋個好逃嘛？”爹說：“總有一天會讓我們出去的，哪能一輩子這樣關下去。”女的說：“這咋個等下去嘛？還不如早死的好！”堅決不吃丟下來的東西。爹看不過去了，想出一個辦法，對女的說：“我們這樣好了：假裝願意配婚，答應主子的吩咐，一出去就一道逃吧！”女的有點高興地說：“要是逃到好的地方，你還願意同我……”她躊躇一下，才毅然說了出來：“同我在一道嗎？”說完這一句話，她禁不住臉紅了。爹覺得不說這一句話是不行的，會使她難受，便說：“我當然願意同你在一道。”女的這才從地上坐了起來，堅決地說：“那就一道逃吧！”過了一會兒，又不安地問：“要是逃不掉呢？那咋個辦啊！”爹毫不遲疑的說：“那就一道死吧！”女的咬緊牙關，毅然地說：“不，你還是活下去，給我報仇吧！……給我們受苦受難的姊妹們報仇吧！”這樣決定之後，他們兩人便假裝結婚了。

　　一個風雨的夜晚，他們兩人逃到深山老林，渴了喝點山泉水，餓了採點野果子吃。走了十天十夜，他們疲乏不堪，肚子又從沒有吃飽過。女的腳走腫了，越走越感到痛，只好坐下去，靠著一根老樹子休息。就在這個時候，聽見林子裡有犬叫和人吼的聲音，女的驚慌地說："一定是追的人趕來了！"爹說："不要怕，我背著你走好了。"犬叫聲人吼聲越來越近，女的說："放下我，你快逃走！"爹說："不要慌，我們一定能夠逃掉的！"最後狗趕來了，向他們狂叫著撲來。爹放下女的，拿起石頭狠狠地打狗。這時響起了槍聲，接著黑彝奴隸主和兩三個狗腿子揚起刀，兇惡地趕了過來，大聲地吼叫："殺死你這兩個畜牲！"爹拿起一塊大石頭拼命地打過去，很準確地打倒一個狗腿子。他們嚇得退開了，爹跳過去要搶他們的刀槍。槍聲又響了，只聽見女的痛苦地叫了一聲。爹回頭看去，女的倒在地上，朝岩下滾了下去。爹趕到岩邊去救，只見岩很陡，佈滿小樹，深不見底，心裡閃電似的起了一股痛苦的感覺："完了，沒有救了！"狗叫聲人吼聲又從後面襲來，他又搬起石頭迎頭衝去，打得人翻狗逃。但是趕來的人更多了，十幾枝槍十幾把刀對準他，一步一步地逼來，他們大聲喊著："捉活的，捉活的！"爹拿起石頭不斷地打去，有的打著人，有的打在樹上。周圍的石頭甩光了，他才恐慌起來，同時也聽清楚了敵人要活捉他的喊聲。他知道被活捉的滋味，那是求生不能、求死不得的最悲慘最殘酷的處境。於是他大吼一聲："老子死了，也要做惡鬼來捉你們的！"一面回頭向岩下縱身跳去。這是萬丈高岩，跳下去誰也活不了的。黑彝奴隸主在岩邊望了一陣，失望地罵幾句，只好走開了。

但是，爹跳下去，並沒有粉身碎骨，他落在懸岩半腰的樹枝上了。他起初是人事不省，近於昏死狀態，大約半天以後，才迷迷糊糊醒來了。那時已是半夜，睜開眼睛，慢慢一望，只見一片漆黑，什麼都看不見。他用手摸摸，感覺到身邊儘是樹枝丫，才明白自己是落在樹上了。他不敢轉動一下，也無力轉動，只覺得周身疼痛，腰桿更痛得要命。好容易挨到天亮，他才看見自己是躺在巨大的樹丫上，一些縱橫伸出的樹枝，托起他的手和腳。向上面望，望不見岩邊，只見一片叢生的綠樹枝丫，葉縫裡透露出點點天光。向下邊望，也是無數綠色的樹叢，透過樹葉的縫隙，全看不見下邊有什麼東西，只覺得像是很深，跌落下去定規是活不成的。沒有風吹過的聲音，也沒有雀鳥鳴叫的聲音，只能隱隱微微聽見遠遠的下邊，有水流過的聲響。他想底下一定是條河流，落在水上，讓它把身子沖到海裡去吧，那裡可不會再有奴隸主了。他一點也不怕跌落下去，一直平靜地躺著。可是躺了一會兒，覺得肚子餓得難受，便用勁拉著樹枝，把身子坐在樹丫上，看附近有沒有野果子。他向來是會爬樹子的，就順著樹身，溜到岩石邊上，找個地方，立住了腳，算是可以不朝下邊跌落了。他回憶起昨天被奴隸主追逼的情形，自己是怎樣捨死跳下的，同時也痛苦地記起女的倒下，滾下岩去的慘痛景象。他立即朝四下裡望，看是不是她也落在樹上的。為了找那女的，他在岩石上爬著，沒有落腳的地方，就抓著樹枝移動，忘記了餓，也忘記了疼痛，一心只想找著她。但是找尋了半天，哪裡找得著呢！完了。她一定跌落下去了！他的心像被什麼東西撕裂一樣的痛苦。他想也跳下去死了算了，但又立即記起她說的話：“不，你還是活下去，給我報仇吧，給我們受苦受難的姊妹們報仇吧！”他忿怒地咬著牙齒，叫了一聲：“對，我要給她報仇！”隨又恨恨地舞動一下手：“我要給受苦受難的姊妹們報仇！還有受苦受難的弟兄們！”於是他忍著腰桿和一身的疼痛，拉著樹枝，攀著岩石，拼著九死一生，終於爬了上去。他從此白天躲在岩洞裡，晚上看著星斗，辨別方向，在老林裡摸黑趕路，腐爛潮濕的積葉，常常使他滑倒；旱螞蝗有時叮在他的手上腳上，咬得他鮮血直淌，疼痛難忍。有時聽見虎豹嚎叫，他就爬上樹去。這一切，他都不怕，只要遠遠的離開奴隸主就好。

他一路上摘野果吃，還用石頭打死過蛇，剝去皮，帶血生嚼下去。半個月後，有一天，他找不到野果，也沒遇見一條蛇，真是餓極了，連石頭都想咬它兩口。他尋找著食物，發現老林那一邊的斜坡底下，有一片土地，長著洋芋，他就下去掏來吃。這家種洋芋的黑彝奴隸主發覺了，便帶起狗腿子，拿起刀槍來抓他。他因為饑一頓餓一天的，身子十分疲乏，跑得不快，終於被提了。黑彝奴隸主查出他是另一冤家對頭的鍋莊娃子，怕他逃走，便把他戴起鐵鏈勞動。他不同誰講話，只是低頭幹活，終天像個啞巴一樣，因為他心裡很痛苦，覺得逃來逃去，總歸還是落在奴隸主手裡；又使他十分惱怒，為什麼天底下到處都有奴隸主呢？大約幾個月後，奴隸主為了要他更多的勞動，便給他解了鐵鏈。同時為了使他不再逃走，便也配個女奴隸給他。而且這也是生財之道，奴隸養了兒女，又可以拿去賣錢啦！這家奴隸主給他配婚的女奴隸，使他吃了一驚。她那身材相貌都跟跌岩死的那個女的十分相像，只是這個叫尼七木伊妞，那個叫曲別果果。大小涼山的奴隸社會，奴隸生下的一群兒女，總是被奴隸主賣到各地去，說不定他們是兩姐妹被賣到不同的地方了，但是誰能考查出來呢？他開始想，是不是她也逃到此地來了？但她望他的眼色，卻是陌生的，一點也沒有熟識的感覺，而且講起話來，口音也一點不相同。他知道這是另一個人，但望見她卻有一種好感；那女的看他時，也帶有喜悅的臉色。奴隸主又答應他們配婚以後，可以在山坡上修座草房，另外居住。這樣，生活上比較稍有一些自由。於是，他們就答應配婚了。他和尼七木伊妞結婚以後，每天還是被迫去給奴隸主幹活，收工以後，就在自己開墾的地上，拼命勞動。兩人不夠吃，就到山裡採野果，找野菜，刮些可食的樹皮，勉強對付肚子。他們同居了五六年，生了四個孩子，最大的是男孩，其餘三個是女孩。兩個人一天勞動累了，回到茅屋裡，有孩子們喊爹喊媽，算是惟一的安慰。不料剛生下第五的一個男孩，奴隸主便來把大的兩個孩子，一男一女，抓去賣了。這使爹氣的發瘋，女人也病倒下去。這一年蕎子洋芋都歉收，還被奴隸主搶去許多，一家人看看沒法活下去了。於是在一個漆黑的夜晚，兩個人帶著三個孩子，向遠天遠地逃去。奴隸主是把奴隸當成值錢的牛馬看待的，逃走了就等於損失了許多錠銀子，絕不甘心的，便糾結一些狗腿子，到處追拿。

爹逃跑是有經驗的，白天一家人躲在一路遇見的山洞裡，晚上才趁著星光月光，在老山林裡摸黑前進。女人病後還沒有恢復體力，兩個女孩又走得慢，爹背著奶娃，還帶點吃的東西，也沒法走快。因此逃了七八天，還是逃得不遠。到了第九天，吃的沒有了，女的也病了，躺在山洞裡。爹沒法，讓兩個女孩守在媽媽旁邊，自己背著奶娃，鑽進林子去找尋野果子。走了好遠，剛找著一些，正要採摘，卻聽見一陣急驟的腳步聲──後邊奴隸主和一群惡鬼追來了。他拼命朝前逃去，後邊打來的槍彈，都被他躲脫了。那群惡鬼一直追了他一天，天黑完了，才不聽見身後再有腳步聲和喊叫。他想回去找女的和孩子們，但翻過了幾座大山林，早已迷失了方向，哪能再認清妻子女兒躲的山洞呵！他痛苦地呻吟一陣，咬咬牙，只有硬著心腸朝深山老林走去，一路嚼野果給嬰兒吃。這樣又走了半月，忽然一天在高山頂上，望見下邊有一個開闊的小壩子，在一些灰黑色的木板作屋頂的房屋旁邊，現出好些房子那麼大的一團團的白東西。他大為驚異，這到底是什麼東西呢？往天他看見山下有灰黑色的房屋出現，便要趕快逃開，他知道凡是有人住的地方，就一定會有奴隸主在那裡作惡，要出來抓人做奴隸。這一天望見的白色東西，卻是他從來沒有看見過的。他起初想，那是開的大白花嗎？因為在深山老林，他就看見過朵朵的白花。可是，再一想，哪有房子那麼大的白花呢？他不覺望出了神，解下背上的小孩，嚼點酸野果子餵著。忽然看見有人從樹子背後鑽了出來，趕忙抱著孩子回頭就跑，但迎面又出現一個人朝他走來，他驚慌極了，只想奪路逃走。但那兩個人都沒有捉拿他的兇惡神情，而且一臉和氣地向他打招呼：「不要怕，我們不是黑彝奴隸主！」他這才看出他們都披著破羊皮，穿著補了又補的爛麻布褲子，和自己一樣是做奴隸的。他們還拿出煮熟的洋芋來要他吃。他餓極了，差不多一個月來，沒有飽過一天，沒有吃過煮熟的東西，但他並沒有去接，只是驚慌不安的望望這一個，又望望那一個，看見他們全是一番好意；再看看黃皮寡瘦的小孩，小嘴巴一動一動的，還在吞咽著苦澀的野果子。他只好接過洋芋，把它捏爛，塞在孩子嘴裡。那兩個人勸他：「你自己也吃點嘛！」一面又安慰他：「你放心，我們都是安家娃子，上山來砍柴的。」隨又問道：「你是逃出來的嗎？」他沒有回答，只是一面吃，一面望著他們。其中的一個像是明白了他的心情，關切地說：「不要擔心，到了這裡，奴隸主不敢隨便抓人了！」他驚異地問：「為什麼？」大大睜起眼睛。另一個人指著山下邊說：「你瞧這裡住有解放軍了，那白色的帳篷就是他們住的。世道真是大變了！」他更是詫異：「解放軍！？」他們親切地告訴他：「解放軍是維護我們奴隸的，不準奴隸主打罵我們，不準把我們賣來賣去，不準把我們的子女隨便抓去做奴隸！」他喜歡得叫了起來：「果真會有這樣的人嗎？真是做夢都沒有想到哪！」忽又驚喜地說：「莫非他們是天菩薩？！」他們告訴他：「不是什麼天菩薩是些平常的人，他們是共產黨、毛主席派來的人！還送給我們糧食、布匹、鹽巴，一輩子都沒有見過的東西啊！」

「啊！？」他真是又歡喜又驚異，最後望著孩子激動地說：「孩子，這下……我們有救了！」他感動得流眼淚。以前經受了那麼多的痛苦，他從沒有哭過，只是滿腔仇恨，現在卻忍不住眼淚直流，再也說不出一句話來。那兩個人背起砍好的柴，帶著他走下山去。路上他又有點不安地問：「他們奴隸主現在怎樣？」「解放軍在這裡，他們表面倒是規規矩矩的！」他們回答他，「就怕解放軍走呵！看樣子，奴隸主是不服氣的。"他忿忿地說："奴隸主是吃人的豺狼，要一個一個收拾才好！"他們也同意地說："要不是解放軍勸住，我們早幹掉那些豺狼了，他們整得我們好慘，兒女生一個賣一個……狗入的，一天都說不完啊！"

　　他到了解放軍那裡，立即受到熱情的接待。他從來沒有吃過大米飯，吃過有鹽巴的菜，更沒有穿過布衣服，蓋過棉被，這一切他都享受了，使他真歡喜異常。再加上解放軍向他講解全國情況，告訴他為什麼他們做奴隸的，現在會有這樣的幸福。他忍不住激動地連聲說："共產黨、毛主席真好！共產黨、毛主席真好！"他要求解放軍幫他找尋妻子兒女，解放軍答應他的請求，但說目前還不能直接去找，只能轉托各地的有關單位，慢慢去打聽。他見了奴隸主就氣得要命，想舉手就打，舉腳就踢。解放軍便把他和孩子送到漢人住的村落去，讓黑彝奴隸主不會出現在他的眼前——這都是一九五〇年的事了。

　　一九五六年，大小涼山進行民主改革，極少數黑彝奴隸主進行反抗，還搞叛亂。爹去參加解放軍，英勇作戰。平息了叛亂，他找到他原來做奴隸的地方，卻再也尋不到他的妻子兒女。他因作戰時，腳受了傷，醫好了也走路不方便，就復員回到孩子住居的鄉下，做了貧農協會主任。他原叫金古克都，大家為了方便，就叫他老金。孩子送到學校讀書，取名金小良。初中畢業下放回鄉勞動，由生產隊派去學電工，學成回來管理水電工作。每回爹被機關、學校請去做階級教育的報告，只要得閒，他總是去聽的。爹每講一次，都要記起一些前次忘記講的事情。他是跟爹一道經過一些九死一生的日子的，爹講的苦難，有些也是他經過的，這就比旁人聽起來，更有一番不同的感受，經常一面聽，一面激動地想："哎呀，我也受過這樣的苦哪！"他每聽一次，就覺得要好好招呼爹才好。父親卻不要他招呼，只是說："你好好愛護這個新社會，好好出力幹，讓新社會山一樣地站著，哪個也搖動不了它！不然的話，奴隸主再橫行霸道，我們就再也活不下去了！"

　　這些話使金小良增加了不怕困難的勇氣，常常拿爹的話來勉勵自己。儘管父親不要兒子招呼，但兒子一聽見爹病倒了，爬不起來，便十分擔心，晚上翻來覆去，睡不好覺。半夜，屠明元聽見他老是歎氣，便問他："小良，你怎麼哪？"

　　金小良說："眼前水電站缺人手，我是不想下山；但是想到我爹受苦一生，現在病重，我不下山去招呼一下又不好，實在爲難。"屠明元說："那你就下山嘛。"金小良沒有做聲，想了一會兒，說："我只打算臨時下山去招呼父親幾天，我空手下山，被蓋卷都不帶。"

　　金小良盼到天亮，連忙走出水電站。夜來的憂愁不安，已經丟開了，心情像早晨的曙光一樣的明朗。他打開了感情的閘門，像水一樣的奔放出來，正如沿著陡險彎曲的山路流著的山溪水一般，發出怡悅的聲音，跳躍起雪白的水花。他情不自禁地感到愉快，幾乎可以說是很大的快樂。山嶺林間溪邊的霧裡，彷彿出現了許多熟人的笑臉，向他打著招呼。奔流的溪水碰在石上的鬧嚷聲中，好像雜有搶球投籃的歡呼。嶺頭的黛色林叢，染上了朝日的金影，又使他立刻聯想起某一電影的美麗鏡頭。他恨不得像山間飛過的鳥兒一樣，一下子飛到下邊綠色的原野。可是一刹那間，爹病倒了的記憶，正如路邊高聳的山峰，投下一幅巨大的陰影，又突然襲了過來，打斷了他的幻想。

　　他隨即立刻責備自己，不該這樣興高采烈，像孩子一樣不懂事，他還罵自己："混蛋，老爹都病倒了，你還在喜歡什麼？"其實，他才二十多歲，身上的孩子氣正是不少，但他一直把自己當成敢於擔當重任的人物。他覺得應該做出憂形於色的樣子，這才符合一個下山看病人的身份和心情。然而他到底是個年青人，青春活力旺盛得很，在這樣美麗的山景中走著，忍不住地要流露出喜悅；再則，他又認爲老爹儘管病倒了，醫生已經去看了，大概沒有大危險。因此，老爹病的陰影，籠在心上，只不過像抹在山林上的霧一樣，一會兒就會散去的。雖說爹現在躺在床上不能動彈，沒人招呼；但他不是正往家裡走嗎，問題也就等於解決了。他禁不住一邊走一邊吹起口哨來。

在一個山路轉彎地方，他忽然望見下邊有人走了上來，但又被浮游的雲霧一下遮住了，看不清楚，心想誰上來了呢？雲霧浮游開一點，他又望見了上來的人的側影，背著竹背兜，上面還放著被蓋卷，但立即隱在路邊林叢裡了。他很是驚異：什麼人背著行李上山來了呢？他突然想起：莫不是隊長知道老爹病倒了，知道我要下山耽擱一陣，叫下邊水電站的人又上來一個和屠明元打伴？除此而外，再沒有別的人會上山來的。他肯定是下面水電站來的，心裡十分高興，便情不自禁地大聲喊道：「小陳！」小陳原在上邊水電站工作，跟金小良學會了管理發電機，上次輪換下去，換屠明元上來的。可是下邊並沒有人回答上來。金小良忍不住高興地罵：「小陳，鬼東西，你耳朵打蚊子去了！」他們兩個一見面總要開玩笑，所以情不自禁的這樣罵開了，但來人依舊沒有答應。也許是山路旁邊溪水嘩嘩啦啦地流著，把小陳的回答吞沒了吧？這時，他望見那人的背兜和堆在上面的被蓋卷，一簣一偏的，顯然腳有毛病。於是金小良立即明白了，準是另一個年紀大點的電工老顧，便喜悅地喊：「跛腳師傅，難為你，你也上山來了！」但還是沒有回答。他這下就不好罵了，因為他到跛腳師傅不好開玩笑，只能叫到「跛腳師傅」為止。上山來的人，儘管可以在樹木稀疏的地方望見一眼，但由於山路彎曲，兩個人要碰在一塊，可還得走一些時候。金小良急忙趕了下去。他想到跛腳師傅走路有困難，上山尤其不容易，應該去幫助他把被蓋卷背上山，然後下山去。他下去首先看到背兜和被蓋，卻不見人，就又喊了一聲：「跛腳師傅，我看見走得一溜一拐的，就曉得是你。」

「你在亂吼個啥子？」立即響起了責備的聲音，而且十分嚴厲，顯然上來的人聽見了"跛腳"的稱呼，有些不高興。

這是金小良的父親的聲音。他聽出來了，大吃一驚；再一看，父親靠著路旁樹叢中的一根大松樹，坐著歇氣，正在揩拭臉上的汗。他禁不住激動地問：

"爹，你咋個上來了？！你不是病倒了嗎？！"

父親不愉快地說："病倒了，算啥子，又沒有死嘛！"

金小良從來沒有在背後叫過父親跛腳，更不用說當父親的面喊了，他敏感到父親的不快，不禁有些臉紅，一面分辯地說："老遠就望見，我默倒是老顧上來了，哪曉得才是你老人家。我一點也沒有看出來啊！爹，你不是起不了床嗎？"

父親經兒子這麼一解釋，臉色和緩些了，但還是帶著不以為然的語氣說："那算啥子？又不是犯了老毛病，就是腰桿閃了一下。"

金小良知道父親的腰病是先前跳岩時引起的，的確不是什麼大病，放下心了，有點高興地說："小屠那傢伙，硬是大驚小怪的，他昨天回來告訴我，說你病倒了，起不了床，簡直把我嚇住了！"

父親點下頭說："那娃娃真是好！聽醫生說是他去叫來的。"

兒子說："他說是隊長叫他去喊的醫生。""哦，"父親拿手捶捶腰桿兒。

兒子注意到了，趕緊問："爹，你腰桿兒還在疼嗎？"

父親皺一下額頭皮輕輕地說："這回是閃凶了一點，怪自個不小心，踩翻了一個石頭，一下子倒在地上……"看見兒子睜大眼睛，有點不安起來，便不再講了，微笑一下說："沒啥子要緊，醫生打了一針，我又拿藥酒擦一擦，就能起床了，藥都用不著吃。"

說到這裡，腰桿兒又狠狠地疼了一下，他忍不住皺了一下額頭，露出深深的皺紋，更顯出年紀老了的神情。

　　金小良看見父親這般形象，不禁憐惜地說："爹，你該在家裡多躺幾天的，看你這樣子，還上山來幹啥子！"看一下背兜和被蓋以及鋤頭，又忍不住驚異地說："還背這樣多東西，哪個叫你上來的？！"

　　父親似乎疼痛好些了，又帶著責備的口氣說："嗨，這還要哪個叫嘛？洋芋地沒人看守，我咋個放心得下啊，大家都忙著挑水抗旱。"

　　金小良一下明白了，父親原來是上山看守嶺上的洋芋地的。往年這個時候，早有人上山來守了，今年爲了抗旱便遲了幾天，父親忍不住就自動上山來守。父親爲了社裡的事，總是主動地幹，累死不肯歇手的。只是父親帶病上山，卻使他不安，他連忙說："爹，你該養幾天哪！"

　　爹帶著不滿的口氣低聲說："小良，你就是不曉得利害！該守的時候不守，損失就大了！這時候刺蝟、地老鼠都出來了，還有野豬。"他看見兒子臉紅了，有點受不住，就又換過語氣說："我都完全好了，就是剛才上山……歇下就會好的。"他不大願意談自己的病，審視了一下小良，微笑地說："你下山幹啥子？聽了小屠那娃娃的話，著急了？"

　　"對了，我急得很，正要回家看看，沒有想到爹好得這麼快！"

　　"你下來也好，幫我去搭搭草棚子。"父親高興地說。

　　金小良忙去背背兜，的確相當重哩，忍不住說："你咋個不少背點？怪不得腰桿兒又痛哪！"

　　父親又露出不滿的口氣說："你不想想，糧食不背點，你吃啥？鍋筷碗盞不帶點，你咋個吃？斧頭鋸子鉗子鋤頭不帶點，你咋個搭棚子？露天睡嗎？"他一面說，一面想掙扎起來，卻老是撐不起來，就又抱怨自己說："就是歇不得，一歇……哎呀……你來拉我一把！"

金小良忙去攙扶住父親，父親掙得滿臉通紅，很艱難地站起來，又連忙依靠著樹子。金小良看不過意，心疼的說："爹，你這個人就是不管你自己！"

父親生氣地說："你們讀書讀到哪裡去了，簡直讀到牛屁股裡了？！老想自己，老想自己的親人，啥子集體哪，國家哪，全放在腦背後！"他鼓了鼓氣，拄著棍子，向前走去。

金小良覺得父親說的太重了，就嘟嘟囔囔地說："我咋個會是這樣的人！"心想：一年多蹲在高山上，到底為了啥？拼死拼命抬發電機上山，日夜不睡覺地安裝，又是為了啥？沒有電影看，沒有籃球打，沒有跟大家一道說說笑笑，唱唱喊喊，我向誰抱怨過沒有？他越想越氣，睹氣不說話了。

父親拄著棍子，一拐一歪地往上爬，很吃力，還有點喘氣，沒法講話。兩人默默地走著，終於爬上一個種洋芋的斜坡地面。這時霧已散去，陽光燦爛地照著。深藍的天空，有小鳥飛過，地上這裡那裡響著蟲叫的聲音。老山林蒼黑濃綠地繞在山巒上邊，顯嚴蕭，而又靜寂。父親在洋芋地邊，選個平整的石塊坐下。金小良把背兜放在父親身邊，拭拭額上的汗。父親立即吩咐："歇一下，就去砍根竹子，趁早把棚子搭起。"

金小良立刻從背兜裡拿出斧頭，翻過山那邊，去砍竹子。父親又在後邊叮嚀他："不要多砍，就砍一根好了，要愛惜公家的竹子！"

金小良冷冷地回答一聲："曉得！"一面暗暗地說："囉嗦那麼多做啥子！哪個又不曉得愛惜公家的東西？！"

在父親指點之下，兒子搭著棚架子，用兩根竹竿交叉搭成門的形式，另一根長點的竹竿，一頭拴在門架交叉地方，一頭放在地上。然後蓋上樹枝、草葉，可以遮太陽了。再在裡面鋪起蕨箕草，攤開席子，放上被蓋。父親鑽進去一躺，很滿意地說："這下子好了！"

　　金小良由於砍竹子，砍樹枝，割蕨箕草，一連串的勞動，早把心裡的不快全拋開了。他帶著滿意的神情，欣賞自己造成的房屋，這快樂正不下於一個工程師觀看自己設計修成的大建築。他聽見父親說好，又忍不住同情地說：“好倒是好，就是怕下大雨啊！”

　　父親一下叫起來：“就是要下大雨才好啊！大家日夜挑水救包穀，累得要死哪，就是要下大雨啊！”父親沒有責備的口氣，只是熱忱地盼望下雨，但金小良卻一下臉紅了，感到自己的想法，老是落在父親的後面，心裡怪彆扭的。

　　父親見兒子不歇氣地勞動了半天，不想責備兒子，只是擺故事似的說：“我倒不怕下大雨，早先年辰，淋過多少雨啊！他黑彝奴隸主那些狗雜種，哪肯讓你躲雨！我也淋慣了。”

　　金小良輕聲地說：“爹，你先前年輕，不怕淋雨；如今上了年紀，又有病呵！”

　　父親聽了，又忍不住教訓開了：“你也不想想，我先前淋雨為了誰？如今淋雨又為誰？哎，早先年辰的事，也提的太多了，你是曉得的。現在就說這洋芋罷，長得又大又好，好多地方來買去做種子啊，損失起來就不是一個生產隊的損失，公家的賬是要算的！個人的賬，切不可以算。一點小病小痛，那還值得一提嗎？老實說，我就是恨我出力太少啊！我在這裡也不是整天坐著，我還要在地邊上挖點草藥，我們那個小醫院，藥還少得很。……不要閒扯了，快煮飯吧！”這不是吩咐兒子，而是說他自己。他立即爬出棚子，安置鍋灶。

　　金小良對於父親這番話，覺得說得對，因此完全同情父親了。他看見父親親手來做，便憐惜地說：“爹，你躺著歇一下，讓我來做。”說著便去搶父親手上的鍋子。

　　父親不讓他拿去，一面拿石頭安頓鍋，一面輕聲責備說：“這你倒不要管我的。我告訴你，一個人要動動才安逸唦！身子活動活動，胃口好，病痛少。"

金小良不服氣似的說："爹，你腰桿兒不就是活動的時候，才閃著的嗎？"

'嗨，你又在說黃話了！"老爹大叫起來，"你看哪個人是整天躺著哩？他就是腰桿兒痛，還要捶哪、揉哪。我呢，自己走動走動，病痛才好的快！"

金小良覺得父親說的對，但對他那口氣，總有點不滿，一面挖地坑，一面小聲地說："你腰桿兒痛，走動走動，沒人反對；可你硬要背一二百斤去爬山，這怕醫生都不贊成！"

"哎呀！你這些說法，實在糊塗得很！我告訴你，有了緊急事情，命都捨得，還管啥子病，倘若明天有敵人打來了，我啥子都不管，我就要扛起槍去幹！"

這些話，一下子把金小良打啞了。但他覺得自己並沒有這樣的意思，敵人打來了，就躲開去，他也要拼命去抵抗的。可是講話不注意，老是拿給老爹抓住小辮子，心裡冒火得很，便下死勁挖安置鍋的坑坑，鋤頭碰在石頭上，火星都爆出來了。

父親看見兒子幹的滿頭大汗，也還滿意，就輕聲地說："輕點，看把鋤頭挖卷口了。一個人要愛惜東西！"

兒子不理睬，只是挖下去。挖好了坑，又去搬石頭。他感到在父親身邊，就好像自己一無是處。煮好飯的時候，金小良見背兜裡沒有鹹菜，就連鹽也找不著，有點不滿地說："光是飯，咋個吃嘛？"

父親大口大口地吃著飯，一面責備地說："這就吃不下哪！我告訴你，我像你這麼大的時候，還沒有見過白米飯，天天吃苦艾野菜粑粑。就說鹽吧，見是見過，奴隸主就不給你吃一點。我先前大約有一二十年，嘴巴沒有沾過一點鹽，日子都過了，如今幾天沒有鹽，算個啥子嘛！"一面吃得津津有味的。他們家裡泡菜鹹菜有幾罐子，過春節剩下的臘肉也還有吊在灶屋裡的。金老爹一向不注意自己的生活，忙著上山，只帶點米和鍋就算了，連鹽也忘記帶上點。

金小良因為餓極了，也大口地吞著，但沒有一點鹹菜下飯，甚至連鹽也沒有，總有點不夠滋味，忍不住說：「如今世道不同了，又不是沒有鹽！我明天拿點來，我們那裡多的是。」

父親擺一下下巴，責備地說：「光是曉得拿點來！我問你，奴隸主擺威風那個時候，你去給我拿嘛？那不要你人頭落地，才怪囉！」父親拿筷子點一下碗，歎了一口氣：「變成今天的世道，你曉得流了多少人的血啊！我們不能只享現成福，還要流汗流血地幹哪！吃一點苦就叫起來，沒有菜，沒有鹽，咋個下飯啊！……說起來……」他見兒子臉色變了，便忍著下子：「算了，不多說了，你要曉得，好的藥，吃起來老是苦口的，好的話，聽起來老是不安逸的。」

金小良勾著頭吃飯，後來又忙著洗碗什麼的，一直現著沉悶的樣子。最後他想走了，低聲問：「還有啥子要做的？沒有，我就回去上班。」

父親看一看兒子，忍不住安慰他，很親切地說：「我這個人就是這樣，總喜歡豆腐裡挑骨頭，對自己的兒子，哪個不想好上加好？老是這裡不逗頭，那裡不告口，話多得很。你要曉得，好話讓人家去說嘛。隊長、鄉長，都說你好。你登在高山上，該換班都不肯換，把困難留給自己，光是這點，哪個不翹起大拇指，對我稱讚！你呀要虛心一點。」

金小良聽了，不由的高興起來，咧著嘴說：「我還差得遠哩。」又在爹面前站了一會兒，就愉快地說：「爹，我上山去了，你可要注意身體啊！」

金小良在回水電站去的路上飛快走著，太陽已經偏西了，山林和下面的原野，早已沒有霧，一切清晰分明地現了出來。他望見山下金色的江流，在斜陽裡閃閃發光，想著抗旱救苗的社員們正在辛苦的勞動，想著父親帶病上山的行動，便愉快地吹著口哨兒，加快地爬上山去。

他一口氣走上水電站，累得滿頭大汗。掀開宿舍的門，使他大吃一驚，怎麼，隊長上來了！坐在他的床上，正同屠明元講著什麼的。

隊長約有四十多歲，瘦削的臉子，曬得黑黑的，還有著太陽灼傷似的痕跡，眼睛發紅，顯然熬夜過多，有些疲乏。他一見金小良，就說："小良，我來通知你是把你輪換下山去！，隨即指一下床鋪，"被蓋都給你捆好了，小屠又給你收拾一下零碎東西，馬上背起走！"

金小良立即說："我爹病都好了，還下去幹啥？"

隊長斷然地說："這回輪換你下去，是上級的命令！"

金小良趕緊插了一句："上級也要看工作的需要嘛！"

隊長點下頭說："你說得對！上級就是為了工作的需要，叫你下去當老師。"

金小良詫異地問："當啥子老師？！"

隊長告訴他，別的鄉也在大搞小水電，派了幾個年輕人來學習，為了吃住方便，就在下邊電站。最後還說："上級通知，指名要你去教。你有經驗，又有理論，說得出。"金小良忍著心裡的高興，小聲地說："我有啥理論啊！""不多講了，走！"隊長立即把被蓋背在金小良背上。

小良只好背上鋪蓋卷下山。隊長在路上把下邊生產隊的情況告訴他：秧田有山溪水自流灌溉，水稻長勢很好。丘陵地帶的玉米，普遍澆過一次水，可以救過來了。但是天旱久了，還得繼續挑水灌。隊長還描述一番大家挑水抗旱的熱烈情形，並滿意地說"大家幹勁大，看來不會減產，還會豐收！"

金小良越走越高興，像山間的小鳥一樣，直朝綠色的原野飛去。沿著山路奔流的山溪水，彷彿發出呵呵的笑聲。

　　他們走到一個拐彎的地方，現出一條上山的岔路，隊長就把洗臉盆遞給金小良，說：“你先下去吧，我還要去看你爹。他太好了！你們兩父子都是一樣的，鋼一樣的堅強，啥子困難都不怕！”

　　金小良忍著高興說：“我不行，我哪裡趕得上我爹。比如他那些苦日子，我就沒有受過，就是受過了，我人太小，也不曉得。他都煉成鋼了，我還是一塊生鐵啊！”

　　隊長一面走上另一條上山的路，一面大聲讚揚地說：“你也會煉成鋼的！”

　　金小良一個人走下山去，還在想著：爹過的那些日子，的確太慘了，九死一生，牛馬不如。今天還來睡這樣的草棚子，不但不說苦，看樣子滿不在乎，還覺得安逸。我比起他來，到底差遠了。如果叫我一個人在高山上睡這樣的草棚子，過上幾個月，難免不淋雨，我可他媽的要下很大很大的決心，才能克服啊！

1972 年 11 月 20 日子成都

（原載《四川文藝》1973 年創刊號）

躍馬揚鞭過長江

顧　工

"水稻水稻,有水有稻!"

副團長洪玉龍,自從率領幾個連隊,來到蒼北農場,擺開陣勢以後,就經常說這句話。最近天氣乾旱,洪玉龍心裡也乾旱得火燒火燎,這句話說得就更為頻繁。

正在這時候,團長向實英從讀書班學習回來。洪玉龍一見大喜,好像放在肩上的千斤重擔,一下子減輕了一半。本來可真夠嗆,政委去軍裡開政治工作會議;主任去軍區參加文藝觀摩;參謀長去辦集訓隊;自己在家就得當根頂樑柱用。雖說,自己腰板還硬實,可是碰上這乾燥的海風,成天捲過來‧刮過去,刮得這根頂樑柱也直想冒火。

"團長,我一直等著你來呼風喚雨哪!"

"呵呵!我能有這本事?"向實英樂呵呵地說。

"你在讀書班,學習馬列主義、毛澤東思想,一定更進一步掌握了改造主觀世界、改造客觀世界的本領!"

"這本領嘛!你也有,我也有,每個革命群眾都有!"

倆人多日沒見,一見面就談得挺熱乎。

老戰友啦!向實英當連長的時候,洪玉龍就在他手下當班長、排長,調來調去,最後還是碰到一塊兒來了。彼此的脾氣、秉性都熟悉,都摸透了,走路的腳步有多重,咳嗽的聲音有多響,也都一聽就知道,一猜就猜準。

他倆在田野上走著，在這廣闊的天地中，說出話來，聲音也豁亮。洪玉龍感到滿腔興奮、滿懷自豪，他說：

"去年，咱們團在這鹽鹼灘上一落腳，就開出了一千八百畝地，每畝打了七百八十八斤……"

"剛好到了長江邊上！"向實英插了一句，滿意中略帶幾分遺憾。

"今年要種兩千八百畝，還得保證躍馬揚鞭過長江。誰都動員起來了，咳！就是沒把老天爺動員起來，它可真捨不得出一點兒汗。"

倆人都抬頭看了看天，天空還是萬里無雲，倒像塊擦得錚明瓦亮的大玻璃板。

"今年提前育秧，提前插秧，現在就迫切需要水，水！"洪玉龍一說到這"水"字就覺得特別乾渴，他不歇氣地講："今年全部用 57 號稻種。去年試種過，你是知道這稻種的特點的：它能抗蟲害，抗倒伏，耐大肥；問題是生長期長，別的稻種只需要一百六十天，它就需要一百八十天。弄不好，就要拖到霜降……"

"霜降一來，稻子就會變成秕子了！"向實英知道用這種稻種的危險性。但說這話時，還是樂呵呵的，他好像沒個發愁的時候。

"所以什麼都得提前！"洪玉龍加重了口氣，"現在一切都跟上來了，就是水跟不上！水這個東西，要是個真正的敵人，那倒好辦，派出兩個偵察員，把它俘虜過來就是了；可是水，抓不住，撈不著。"

說著說著，已走到大田。有兩台新買來的機動插秧機，正在泥巴中"噗噗"吼叫，滾滾前進。挑秧的、補秧的戰士，緊跟在後面忙活。幾隻燕鷗，盤旋在插秧機的上空，驚奇地俯瞰大地上的熱鬧景象。

大田像塊磁石一樣，洪玉龍一走近，就被吸過去。他把鞋一脫，在爛泥中踩來踩去。他順手抓把秧苗看了看，苗洗得很乾淨，擺得很整齊，不錯，很不錯；可是再一看田裡，插秧機馳過的地方，有好多棵秧苗還是斜躺在那兒，根本沒紮到田裡去。補秧的戰士跟了一大群，累得滿頭大汗。副團長跑到插秧機前面，把兩手交叉舉起："暫停！"

插秧機停了下來。司機的戰士走下來站到副團長面前。

洪玉龍拉著那戰士，順著插過秧的田壟，邊走邊說：

"你看，你看，東倒西歪，有幾棵是站直的，看齊的？"

司機的戰士，摸著後腦殼為難地說：

"插不進去，地太硬，缺水！"

正好，這時候放水員方菊才，扛著鐵鍬過來。副團長迎面擋住說：

"小方，大家都管你叫水龍王，可是你這水龍王是怎麼管的水？"

副團長惱怒的質問，弄得方菊才很窘，他把鐵鍬插進田裡，手扶著鍬把，低頭看著赤腳邊的乾土塊，不說話。

"我當面向你交代過，放水也得集中兵力打殲滅戰，也得抓主要矛盾！現在這片機動插秧的地，最急需用水，你就應該把水都放到這裡來！"

"這我知道。"方菊才抬起頭，又急又委屈："可是水從哪兒來？"

"放大乾渠的！"洪玉龍像在戰場上使用預備隊一樣，準備把攢在手心裡的最後一點老本，也潑出去。

"大乾渠今天也乾了！"小方知道這句話，是令人吃驚的，說得很低、很慢。

"啊！也乾了？"洪玉龍在田裡站不住了，拔腳就往田埂上走，火冒冒地說："不行！這得想辦法，想辦法！"

"想辦法"這三個字，洪玉龍不知是對小方說的，還是對自己說的。

團長向實英正蹲在田埂上，和連長、指導員談著，瞭解著學習、訓練、生產等各方面的情況，見洪玉龍大步流星地走過來，就起來說：

“老洪，你也過來聽聽連長、指導員的匯報。他們說：這連隊的戰士，常講這麼兩句話：‘抓了線、舉了綱，鹽鹼灘上過長江；不抓線，不舉綱，萬畝好地也能荒！’這話說得夠多麼好！”

“是要抓線，是要舉綱！”洪玉龍這時心裡像燒著一堆火，想壓也壓不住：“可是遠水解不了近渴啊！”

“不，只要我們記住毛主席的教導：‘路線是個綱，綱舉目張’，我們就能有水；不光有水，還能有米，有糧，有一切！”

“嗯！這話我懂！”洪玉龍嘴上這樣說，但心裡還在焦慮著水，盤算著水。

“對，懂是好懂，做到可不易！”向實英笑著拍了拍手上的泥。

“是難哪！真難！”洪玉龍邊說，邊把腳下的硬土塊使勁踩碎。他是多麼想把一切困難都踩得粉碎呀！

團長和副團長沿著田埂繼續向前走去……

剛才洪玉龍在田裡對戰士、對放水員說的話，發的急，向實英都一一看在眼裡，記在心上。他緩緩地說：

“談到水，我倒想起一個水的故事……”

洪玉龍一聽，心裡叫喚了一聲：“哎！我的老首長，你可真沉得住氣，你還能有這份兒閒心講故事！”

但向實英還是笑微微地把故事不緊不慢地講下去：

“那也是快打到長江邊的時候，我們先頭部隊包圍了一座小城。城雖小，敵人的工事可構築得十分堅固，明堡、暗堡有百十來個，護城的塹壕有丈把深，鹿砦、鐵絲網有好幾道。敵人揚言說：南京是紙糊的，我們這座城可是鐵打的！

"當時,我們連擔負的任務是:正面強攻,對準城關,對準城關下的大石板橋,衝,撲上去一個班,又一個班……不行,沒突破。敵人橋頭有兩個暗堡太隱蔽,槍眼開得很低,交叉火力貼著地皮掃。我們的同志抱著炸藥包,匍匐前進也不行。連我們的一位爆破英雄,肩膀上也掛了彩。這時,團裡來命令:暫停進攻,發揚軍事民主,研究一下戰略戰術。

"我就在掩蔽部裡,召開諸葛亮會,每個班、排都熱烈發表意見。有的說,再硬往上衝,不信拿不下來;有的說,調大炮來摧毀這橋頭堡;有的說,從側面,鳧水過壕溝……接著,我們的爆破英雄說了話:'我同意從側面過壕溝。可是我不同意鳧水,這樣動作慢,目標大,會增加不必要的傷亡!'一個戰士問:'那壕溝裡丈把深的水怎麼辦?你能把它排除?''能!'這位爆破英雄,雖說當班長還不久,可是有副老兵的架勢,很果斷。他說:'在往城邊運動的時候,我發現城東頭地勢低,壕溝是用護堤把它護起來的,咱們只要去把那護堤炸開個口子,水馬上就能放乾!'

我在電話裡,把這作戰計畫,向團指揮部請示,很快就得到批準。我問大家:'誰去爆破?'那位爆破英雄說:'我!'他氣壯河山地應了一個字,隨手扛起炸藥包。我同意了,叫兩名重機槍手,在岡嶺子上掩護。

"不到十分鐘,就聽機槍一叫,炸藥一響,護堤的碎磚亂石,全都像驚散的麻雀飛上了天。塹壕決了口,黑水翻騰,濁浪滾滾,很快就把水放乾。緊接著,我們的衝鋒號吹響起來,整個部隊越過壕溝,殺得敵人措手不及,人仰馬翻。這座城市解放後,這位爆破英雄又榮立一等功!……"

副團長在聽這故事的時候,幾次想用話把這故事岔開,但幾次都被向實英用加強語氣、加強戰鬥情景的手勢擋住。直到完全講完,團長的情緒仍很激動、亢奮。

"怎麼樣？爆破英雄，你聽了這故事有什麼感想？"

"好漢不提當年勇！"洪玉龍連連搖頭。

"可是英雄應當回想當年智！"向實英看洪玉龍還是鎖著眉頭，就對著田野，對著天空，對著遨翔在天地間的燕鷗，朗朗地笑出聲來，說："我們回顧當年，不是讓我們背上吃老本的包袱，而是讓我們記住光榮傳統，發揚光榮傳統。遇到天大困難，只要去找群眾商量，就能找到解決的辦法，就能打開通向勝利的道路！要牢記毛主席的教導：

'在某種意義上來說，最聰明、最有才能的，是最有實踐經驗的戰士。'

晚上，開了個黨委擴大會，吸收各個連隊的連長、指導員參加，一起研究、討論了認真看書學習的情況，執行毛主席的建軍路線的情況。散會以後，洪玉龍走在鍍著月光的田野上，呼吸著泥土的氣息，越聞越覺得香，越聞胸懷越開闊。

團長也走出團部，望著當空的皓月，一時不想回宿舍。他看見洪玉龍在田壟上漫步，便走過來相邀說："你要還不想睡，咱倆一塊兒去大幹渠看看，究竟還淌不淌水！"

"好！不去看個水落石出，我也別想睡著覺！"

兩位老戰士，一腳深、一腳淺地走了三里多路，到了幹渠的閘門那裡，只有閘門底下還積著一汪清水，反射著月光、星光，從這裡看夜空，夜空顯得格外深邃、幽靜。但洪玉龍無心欣賞這種夜景，他只希望水中能漂起幾團烏雲的陰影，或能亮起幾道閃電……

"再曬三天，連這點水也要曬得乾涸了！"洪玉龍說。

"那也不怕！"向實英充滿希望、飽含信心地說："水，可以向天空要，也可以向地下要！"

"也許石頭裡還能榨出水來！"洪玉龍無奈地嘲弄。

"對，也許，也許有這種可能！"向實英卻說得很認真。

"報告首長,我也在這樣想……"突然,從閘門的階梯上,站出一個戰士,在月光下,他那黑瞳仁顯得特深、特亮。走近,才看清是白天挨過副團長批評的放水員方菊才。這時,他臉色比白天時更有光彩。

"你怎麼不睡覺?"洪玉龍見到這戰士,感到有些內疚。

"睡不著,老想著……"方菊才侷促地回答。

"嚇!這點倒像我!"洪玉龍拉著他的手坐在水閘墩子上,特別親切友好地問:"你說,你剛才老想著,想著什麼呀?"

"我和首長一樣,"小方看首長這回很和氣,才活潑起來:"想向大地要水,向石頭要水!"

"喔!你說說怎麼個要法?"團長很感興趣,也在小方身邊坐下。

"我這想法不一定能行,不過我想試試!首長,你們看,那邊不是有座石頭山嗎?"小方說著站了起來,指著遙遠的淡淡山影說:"這管道,就是從那山根底下繞過來的。

我找水源,從那兒過的時候,聽幾位打石頭的工人說:'這山肚子裡都是水,前年鐵路局的測量員,在這兒測線,說有暗流,有地下河道,後來就改線了。'現在,我就一個勁兒在想:咱們能不能把這山打開看看,有水,把水放出來,讓它為人民服務,為社會主義建設服務!"

"怎麼樣?"向實英聽得很入神,很滿意,回過頭來問副團長。

"好!這是條好線索!好計策!"洪玉龍也興奮得跳了起來。

"你看,這位小戰士,是不是和你當年有點兒相像?"

洪玉龍憨笑了幾聲,說:"比我強,比我強!"他猛拍著方菊才的膀子:"小夥子經得住批評,受了錯誤的批評不掉淚,行,真行!明天咱倆一起到那座石頭山看看去!"

團長也湊過來說：「我回去掛個長途電話，問問鐵路局的測量部門，關於這座山的詳細情形。要打勝仗，首先要調查研究，要有準確的情報。」

於是，他們肩並肩地走下水閘，走向田野。月亮望著這三位官兵，親密靠近的身影，不由得微笑起來，她慢慢移動，跟隨他們走出去好遠好遠……

開鑿石頭山的工程開始了，根據周密的調查，瞭解到山腳下，確實是有暗流，有地下河道。這消息傳出去，遠近生產隊的民兵、石工，也自動報到，一起投入戰鬥。鐵錘震山岩，鋼釺撼峰巔。

掏出一個大洞，填上幾百斤炸藥。當年的爆破英雄洪玉龍親自出馬，裝雷管，接引線，親自點火啓爆！這聲爆炸的轟響，震天動地，巨大的青岩，有如一頭頭蒼鷹，直擊長空，彷彿也在高唱凱歌：「水來了，水來了！……」

水噴射出來。所有水閘的閘門，都升騰起來，泉水像銀色的巨蟒，像遊動的水晶！所有秧田的泥塊都歡躍起來。透過四濺的水花，能看到在陽光折射下的彩虹，能看到千萬人的笑臉，能看到秋後打稻場上稻粒的噴濺……

團長、副團長和放水員一起快步走在田埂上，看，萬畝良田都喝飽了大自然的乳液，機動插秧機在更快地奔馳。田野立時變得翠綠翠綠，一畝一畝，一頃一頃。當年，百萬雄師過大江，現在又在鹽鹼灘上躍馬揚鞭過長江了。

（原載《山東文藝》1973 年第 1 期）

初春的早晨[1]

清　明

一

推開門，小蘭頭一個從屋裡蹦了出來。

突然，一片冰涼的東西，落到她火燙的面頰上，立即化了。一看院子，哈，都是雪！她興奮地驚叫起來：

"來呀，快來呀！大自然送冷飲水來啦！"

陸續從門框裡擠出的人們，有的趕緊把敞開著的衣服一裹，急急向院子奔來；有發覺帽子忘在會議室裡了，又匆匆擠回去。他們活躍地、大聲地說笑著，到這時候才猛然覺著天好冷啊，可剛才還以為是在大伏裡吶！

這也難怪。這一百來個工人、貧下中農、學生和機關幹部等群眾組織的負責人，擁在這個並不寬敞的屋子裡，從下午四點鐘開始，已經開了整整七個鐘頭的會議。氣氛熱烈極了！以至有個邊發言邊抹著汗的小夥子，俏皮地冒了這麼一句："嗨！現在挑一桶冷飲水來多好哇！"

會議學習了毛主席對文化大革命的最新指示，分析了目前形

勢，經過激烈爭論，最後決定：明天早上八時，在東風廣場舉行幾萬人的群眾大會，批判劉××資產階級反動路線，打倒舊市委一小撮死不改悔的走資派，促使工人、貧下中農、紅衛兵、革命知識份子和革命幹部等一切革命力量，進一步聯合起來。

現在是深夜十一點零五分，大會的全部準備工作，必須在後半夜幾個鐘頭之內完成。會議剛宣佈結束，搶著下通知的人就已經在這個屋子裡僅有的幾台電話機前排成了串。一切拖遝作風是與熱烈的戰鬥生活不相容的。你聽，就連打電話的用語，也都是這樣簡練、明確："大會八點鐘開！""準備工作按第一個方案馬上幹！""大會保衛工作我們包，立即出發！"……隨著這些通知的下傳，許多工廠、公社、機關、學校、街道立即鬧騰起來：有集合隊伍的，有整理會場的，有拉廣播電線的，有組織臨時醫療站的……沒有人會懷疑這一大套複雜的準備工作，可以在天亮前後完成。你看吧，到時候，連每個來參加大會的夜班工人應當發給的一張面包票也決不會遺漏。 —— 處在革命高潮中的人民群眾，就是這樣工作的。

今天，小蘭照例是頭一個搶到電話機，頭一個給自己的紅衛兵組織下了通知。用不著擔心，她的戰友們對所分配的任務，從來只有提前，決不拉後。

現在，她可有閒心思啦，一面捏著雪團團，一面輕快地叫著："誰口渴，到我這裡來領，公平分配，一人一團。"

有人快步從屋裡出來，朗聲說道："來，給我一坨（團）。"

從帶有入聲很重的四川口音中，小蘭聽出，說這話的是她最為尊敬的一個工人群眾組織的負責人郭子坤。"注 —— 意！"她一面丟，一面格格地笑著。郭子坤伸手接住那飛來雪團，送進嘴裡，"桑桑"地嚼得個有味。借著走廊上的燈光，人們可以看到，他約莫三十二三歲，穿得很單薄，左邊掛著舊的黃布挎包，右邊夾著舊的藍布棉衣，手裡捏著一頂布帽。臉瘦削了些，眼卻很有神,配上那往前衝的平頂頭,更顯出一股子剛氣。

"咕"地一聲,郭子坤把雪水全咽了下去,隨即有力地叫道:"小蘭!"

小蘭整了整紅衛兵袖章,回身小跑幾步,把繡著"爲人民服務"幾個紅字的黃挎包往背後一拉,兩腳"唪"地一靠,站到郭子坤面前,準備接受任務。

幾個月來給小蘭形成的印象,接下去該是郭子坤習慣地舉手往平頂頭上這麼一撸,把捏在手裡的帽子往頭上這麼一扣,然後說出一件新的戰鬥任務,嗨,多有勁呀!但這一回卻是意外。他看了一下手錶,慢慢地戴上帽子,又伸出兩手往帽沿兩角摸摸正,這才說道:

"走,我們出去一下好嗎?"

"幹什麼去?"

"嗨……"郭子坤遲疑了一下,接下去竟說出了這樣一句話:"去散散步吧!"

這是一九六七年初春一個寒冷的深夜,但馬路上,戴著各種式樣的紅袖章、挎著塞得鼓鼓的黃包包的人群,依然在奔來奔去;載著三四個人、敲著鑼鼓的三輪車,也還在穿來穿去。一輛裝著高音喇叭的吉普卡過去了,留下那響亮的革命口號的餘音,在城市的夜空中回蕩。一群人,有拿掃帚的,有提漿糊桶的,往已經貼滿了各種宣傳品的牆上糊舊報紙,其中一個在揮筆大書:"抓革命,促生產,粉碎資產階級反動路線的新反撲!"……

郭子坤和小蘭,一前一後,在雪花已經被人們踩成水漿的馬路上走著。

小蘭還在猜想:究竟幹什麼去呀?

郭子坤還在琢磨:該怎樣來提出問題才不至於談崩呢?

郭子坤的顧慮是有根據的,因爲他深知身旁這位這小將倔強的性格。你別看她在一個周圍多數是成年人的革命集體裡有時還不免撒撒嬌，但一碰到她認為是原則的問題，不管什麼人，她不把你批個"體無完膚"才怪吶！

　　我們的小蘭同新中國誕生在同一個年頭。在她充滿著幻想的憧憬裡，最美好、最動人的詞句就是革命。她最愛看革命的故事，尤其愛看志願軍英雄的故事。這不僅因為她的父親就光榮地犧牲在抗美援朝的偉大戰鬥中，更重要的是黃繼光、邱少雲、羅盛教這些閃閃發光的名字深深地激勵著她！嗨，要是我也能趕上這樣一個鍛煉自己的機會多好呢！學了雷鋒，她知道自己這種想法不全面，就以雷鋒為榜樣，在學校裡，在里弄裡，學習為人民做好事。文化大革命一開始，她最響往的時刻終於來到了！為了革命串連的方便，毅然剪去了心愛的辮子。他原姓包，礙於"包""保"同音，特意鄭重宣佈別人只能叫她小蘭，不準再叫"小包"。"那你總得有個姓呀！""就姓小唄！為什麼'小'不可以當姓？又為什麼一定要有姓？"是啊，你要駁倒她，真還不那麼容易吶！一天，她向媽媽、一個接近退休年齡的紗廠女工，透露了心頭的一樁秘密：想穿一套軍裝，最好要舊的，打補釘的更好。做母親的當然知道，革命並不像女兒所想像的那麼簡單，艱苦樸素的作風也不僅只是注意注意表面，但青年人出於對人民子弟兵的熱愛，對革命的戰鬥生活的響往，是理應得到支持的。她特地把一直珍重地保存在箱底的孩子爸爸的一套舊軍裝翻出來，縫改了一下，鄭重地交給了小蘭，鼓勵她到群眾鬥爭的大風大浪中去經受鍛煉。

　　於是人們就看到了，一個穿著洗得發白的舊軍裝、頭髮鼓鼓地塞在軍帽裡的紅衛兵，帶著幾個小夥伴，活躍在車站，在碼頭，在汽車運輸場裡。當她們來到臨江運輸場的時候，正好碰上郭子坤同幾個工人一起，貼出了批判資產階級反動路線的大字報，質問場黨委某些人，為什麼這幾年來在場裡賣力推行一大套修正主義的黑貨？為什麼這次革命群眾運動剛起來就要拼命壓制？這一下，可捅了個馬蜂窩。場黨委內的一個走資派連夜趕到局裡向越副局長"匯報"，第二天一早，整個運輸場幾乎被圍攻郭子坤的大字報貼滿了！什麼"政治扒手"、"反黨分子"，各式各樣的政治帽子，鋪天蓋地地飛來接著，那個走資派又親自出馬，找郭子坤談話，說是只要你肯收回大字報，一切罪名可以一筆勾銷。郭子坤哈哈大笑："寫大字報是毛主席給我們的權利，'罪'在哪裡？我看還是想想你自己壓制群眾革命的罪行吧！只有你徹底站到毛主席革命路線這邊來，我們才能停止對你的鬥爭。"對郭子坤的迫害越來越嚴重了！小蘭怕他頂不住，急得眼淚直流去找他。可是出乎小蘭意料，郭子坤才樂觀哩！他照樣參加鬥爭，照樣出車，方向盤把得比過去更緊，扛包子力氣用得比過去更猛，還笑著對小蘭說："呦，你這個娃子，眼睛裡出汗幹啥子呀？來，到我們車上來一起勞動勞動，全身讓汗水泡一泡，就會更加相信群眾相信黨啦！"

多麼了不起啊！—— 從那時候起直到現在，小蘭都是這樣看郭子坤的。

但是，如果郭子坤把現在考慮著的問題告訴小蘭，那麼在她眼裡，一個原來閃閃發光的形象，也許會一下子失去全部光澤。這還算什麼革命派！那簡直是，簡直是……投降！

偏偏郭子坤不但覺得非把自己想到的問題告訴小蘭不可，而且還要帶著她一道去做，這不僅因為這件事同小蘭直接有關，更重要的是，他想到，在這革命鬥爭的轉捩點上，就像行車遇到了陡坡一樣，要盡力團結周圍同志，特別是像小蘭這樣一位單純、熱情的小將，一起沖到鬥爭的最前列去。那麼怎麼來提出這個問題呢？……哎，唉，我這個人哪，就是缺少一點子細巧的辦法！

"冷嗎？"郭子坤忽然回過頭來問。

"唔？不冷。"小蘭不解地回答。

兩人又不聲不響了，繼續一前一後地走著。

　　馬路折了個彎，從近處哪個會場上，傳來了陣陣悶雷似的口號聲。這口號聲終於使郭子坤理出了一個話頭，便問道：

　　"小蘭，你還記得三個月前，我們運輸場的那次回憶對比大會嗎？"

　　"什麼回憶對比？！那明明是一個陰謀！"

　　不錯，那的確是水陸聯運局走資派策劃出來的一個陰謀。一部分受蒙蔽的、苦大仇深的老工人，以為郭子坤真的忘本了，一個個上臺控訴舊社會的罪惡，有的含著熱淚哀哀地規勸，有的氣得兩手發抖嚴厲地指責，唉，真想不到啊，一個十三歲就在把頭皮鞭下做苦力的工人，竟然會把過去忘得一乾二淨，帶頭反起黨來了！他們一致要求郭子坤承認"錯誤"，收回大字報。郭子坤激動地望著大家，兩滴熱淚從瘦削的面頰上滾落下來，嘴角顫抖了一下，心裡多麼想說幾句感謝老工人的話呀！突然，他轉過臉去，朝著坐在臺上的那個胖乎乎的趙副局長瞪了一眼，嘴唇緊緊一閉，終於什麼也沒有說。

　　"那天，我把老工人的許多話都記下來了。後來，這個本子我一直藏在身邊，現在摸摸它，還好像熱乎乎的。"

　　"哼！可會上有個混蛋還不讓你記呐！什麼'你想反攻倒算'呀，'你要搞階級報復'呀，簡直豈有此理！"

　　"有一位老司機，雖然對繼續革命想得不夠，但他的話，我還是一輩子也忘不了。他說，你呀，為什麼不想一想：倘使倒退二十年，自己是個什麼樣子？我們大家又是個什麼樣子！我總覺得，我們這些老工人真好。小蘭，你說是嗎？"

　　顯然，兩人說著同一件事，卻做著兩篇不同的文章。聰明的小蘭很快感覺出來了。對郭子坤最後一句話她沒有表態。心想：我也沒有說過老工人不好呀！不過，對那幾個"鐵桿老保"是不能講客氣的，就是一般參加了保守組織的人，也總該觸觸自己的靈魂吧！她正要發表自己這個見解，看看眼前已到了臨江橋，只要一拐彎，就到臨江運輸場了，於是又忽然想起剛才群眾組織負責人會上討論到的一個重要問題，心裡一喜，狠命來了幾個急步，趕到郭子坤並肩，說道：

"噢，我曉得了。我們是回運輸場去搞接管的吧？"小蘭按當時流行的說法，把"向黨內一小撮走資派奪權"說成了"接管"。

郭子坤想了一下，回答說："也可以說是的。"

小蘭根本沒有注意郭子坤加上"也可以說"幾個字有什麼講究，就跳起來說："太好啦！"她想：奪了權，再去東風廣場參加大會，那該多有意思呀！

"我們一路去看一個人。"

"誰？ ── 阿俊，是吧？"

阿俊，就是同郭子坤同一個小組的司機李俊敏。在小蘭心目中，這是臨江運輸場第二號了不起的人物。就是他，在一次走資派策劃的圍攻郭子坤的大會上，衝上講臺，搶過話筒，大聲宣佈："我就是要和郭子坤站在一起。誰反對郭子坤，我就跟誰拼！"不等會場上的人們作出反應，突然"嘩"地一聲，他撕下襯衣，咬破指頭，寫了四個字："革命到底！"……現在，他是運輸場群眾組織負責人之一。近一個時期來，郭子坤不是在這個碼頭上，就是在那家工廠裡，實在累了，隨便什麼地方和衣躺一會兒；為了促進一些基層單位的文化大革命，連家也有一個多月沒回了，運輸場裡的鬥爭實際上都是李俊敏在抓。所以小蘭想，郭子坤要回去奪權，當然一定要先找李俊敏。

但是，小蘭猜錯了。此時此刻，浮現在郭子坤腦海裡的，是一個飽經風霜、樸實剛毅的老司機的形象。他回過身來，望著小蘭，親切地說：

"不，是秦師傅，秦昌寶同志。我算了一下，今天他輪到夜班，大概現在正好回到場裡交車。"

　　小蘭簡直不相信自己的耳朵了！去看這個運輸場有名的“鐵桿老保”幹啥呢？就是他，帶頭要把去革命串連的小蘭轟出去；就算這是對她個人的，不該計較，他那封轟動整個聯運局的什麼《郭子坤忘本反黨》的公開信，作用太惡劣啦！寫了信不算，又以老工人的代表自居，發起什麼“回憶對比”大會，爲這，你自己吃了多少苦頭，難道都忘了嗎？就算這是運動初期受蒙蔽，那麼後來總該清醒了吧？但是，一個多月前，你去找他談話，又怎麼樣呢？他非但不低頭認罪，還把你轟了出來，真太猖狂啦！

　　小蘭嚴肅地提出了責問：“你這是什麼意思？”

　　郭子坤充滿著感情回答：“爲了團結他，團結廣大群眾。”

　　噢，現在才知道，剛才你講什麼回憶對比大會，兜了一個大圈子，原來是在爲他們評功擺好呀！難道革命同保守也不要分啦？簡直是，簡直是……投降！小蘭正要放炮，卻已來到了臨江運輸場門前，隔著一個停車場，鑼鼓聲、人聲，在那間禮堂兼飯廳的平房裡喧鬧著。一個工人打扮，但頭上戴著黃布帽、腰間束著牛皮帶的人，手裡拿著一叠紙，急匆匆地奔過停車場，在傳達室的木板房門前同郭子坤交叉走過，突然又回過頭來，拉著郭子坤的手叫道：

　　“啊呀，是老郭！回來了？！你來得正好！”

　　郭子坤見是李俊敏，興奮地、緊緊地握了對方的手。李俊敏恨不得把肚子裡的話一下子都倒出來，一個勁地講著這一段時期來鬥爭如何緊張，今天晚上如何忙碌地在準備奪權，明天早上如何組織一部分人去參加東風廣場的大會，說著，把幾頁《奪權聲明》的草稿塞給郭子坤，說：“你看看。”

　　郭子坤接過那幾頁紙，說：“奪權？好哇，是時候了，我贊成。”但仔細看了一遍，卻覺得有一個問題，想了想，又說：“再交給隊委會討論修改一下吧。我看了一些兄弟單位運動的情況，領會領會毛主席的最新指示，覺得在奪權鬥爭中，團結群眾是個大問題。剛才,我在市裡開會,有位同志說得好:奪權,就是要使階級力量的對比發生有利於革命的變化。我琢磨琢磨這句話,意思是不是說,奪權,就是要把大多數群眾團結到毛主席革命路線上來,沒有群眾,你奪到的權是空的。現在,保守組織已經解散了,參加過保守組織的工人,絕大多數都是我們的階級弟兄,我們一定要多做團結的工作……''

"這倒沒啥,權到了我們手裡,還怕他們不聽話?"

郭子坤渾身一震,眼睜睜地望著這位比自己年輕一兩歲,眼睛機靈有神、臉龐白淨頎長、外表看來相當英俊的戰友,忽然感到有點陌生了。李俊敏卻以為自己剛才說出了一句很不平常的、而且是經過艱苦鬥爭才得來的真理,因而手往腰間的皮帶一勒,顯出十分威風、自信的樣子。

看來,已經不是三言兩語講一通就能取得一致的了。郭子坤平靜地問道:

"秦昌寶在嗎?"

"誰知道他! ── 不過,他跑不了!"

"不,我想,我們應當找他好好擺擺心裡話。"

"什麼?!"現在是李俊敏眼睜睜地望著自己的戰友,忽然感到有點陌生了!

這時,恰好一輛卡車從停車場開來,又擦過他們身邊慢慢向運輸場門外開去,那車上新接上中班的司機探出頭來回答道:"聽說,秦師傅到局裡參加什麼大會去啦!"

郭子坤一聽,猛然想起一件事,一腳跳上了那輛卡車的踏腳板,一面扭開司機室的門,一面回身叫道:

"小蘭,上車!"

"我不去!"簡單、堅決,小蘭把沒有來得及放的那一炮都凝結在這三個字裡面了。對李俊敏手裡有了權、不怕群眾不聽話的說法,她也並不同意;但要她去團結"鐵桿老保",辦不到!

“我命令你去！”郭子坤在急切中竟用了這樣的口氣。

“你沒有這個權力！”小蘭把脖子一挺，心想：哼，我才不搞奴隸主義哩！

好，回答得好！郭子坤心裡稱讚著。他急速地從司機手裡接過方向盤，告訴他要借這輛車先到局裡去一下，又伸出頭來對小蘭嚷道：

“局裡今天晚上要開啥子會，你忘了嗎？”

呀，真的差點忘了！小蘭搶上幾步，縱身一跳，跳上了郭子坤剛才踏過的那個踏腳板。只聽得司機室的油門被重重地踏了幾下，幾聲怒吼，卡車“嘩”地一個急轉彎，飛也似的向已經積了一屋薄薄的白雪的馬路開去。

二

水陸聯運局門口，東一簇人，西一堆人，亂哄哄的。所謂趙副局長“決心回到毛主席革命路線上來”的“亮相”大會已經開始。一看這種鬆鬆散散的場面，就可以知道這個會不是革命群眾組織主持召開的。那時，凡是革命群眾開的會，總是滿場紅旗，歌聲，響亮的口號，才神氣哩！

郭子坤和小蘭一跳下卡車，便急急地擠了進去。

“郭司令親自來了，讓開，讓開！”

多刺耳呀！郭子坤回頭看去，只見一張裝著尷尬笑容的蒼白的臉，中間架著一副銀絲眼鏡，頭上擱著高高的羅宋帽。他厭惡地瞪了一眼，就招呼小蘭逕自走向會場，在最後幾排隨便找個空位坐了下來。原來那戴羅宋帽的人物，是趙副局長一手提拔的秘書處長，他是有心想把郭子坤引到主席臺上去的，有這個受到群眾擁護的“司令”壓陣，趙副局長的“亮相”不就要順利得多了嗎？因此少不得又到郭子坤座位上去殷勤邀請一番，沒想到郭子坤連看也沒有看他一眼,結果只好裝著一副尷尬的笑臉悻悻離去。

會場裡霧氣騰騰,同門口一樣,也是東一簇,西一堆,亂哄哄。許多認識郭子坤的工人,紛紛向他圍攏來,有的表示反對這個會,有的表示吃不準,郭子坤要他們聽聽再說。

胖呼呼的趙副局長在臺上吃力地講著:"同志們,戰友們!請靜一靜!……我說,我說……哎,剛才我說到哪裡呀?……"他慌亂地翻著面前一大堆講話稿,左顧右盼,尋找著救援的人。戴羅宋帽的人物從後臺鑽了上來,找了其中的一頁,用手指點了點,又在他耳朵邊說了幾句什麼。這位副局長忽地站立起來,拍著手掌說道:"報告大家一個好消息,郭司令親自來參加我們的大會了!"

台下響起了一陣零亂的掌聲。許多人在東張西望。

小蘭狠狠地說了句:"這是個陰謀!"便"騰"地站了起來,正待放炮,卻被郭子坤有力的手按了下去。他想起來了,晚飯還沒有吃哩!便從背包裡掏出一個枕頭麵包,拗了一半給小蘭,隨身往椅子背上一靠,大口大口嚼了起來。說實在的,剛才真急人哪!今天 ── 不,現在已經過了半夜,應當說是昨天上午,有位局的機關幹部來向郭子坤反映,說是晚上十一點趙副局長要開一個"亮相"大會,又不知要搞什麼鬼名堂。小蘭一聽很氣憤,說這裡頭很可能有陰謀。郭子坤原想同小蘭去看了秦昌寶師傅之後,再來看看這裡的"鬼名堂"的。但當他一聽說秦昌寶已經到聯運局來開會了,真巴不得一腳跨到會場呀!秦昌寶第一次受了走資派的蒙蔽,參加了保守組織,他就責怪自己沒有盡到責任,連在同一個方向盤上勞動的一個老司機也沒有團結過來。現在,文化大革命的關鍵時刻到了,哪能容許自己再一次放棄責任,在走資派的新的"鬼名堂"面前,讓秦師傅第二次受騙上當呢?快,快!他恨不得卡車長出翅膀,以最快的速度,開到了會場……不過現在,他美美地嚼著麵包,可從容啦,舒坦啦!看吧,哪管你走資派再狡猾，我們也決不能讓你們隨便蒙蔽一個階級弟兄！

　　趙副局長向會場的幾條通道上張望了一番，見沒有人上來，以為是他的秘書處長情報不確，於是乾咳了幾聲，坐了下來繼續念稿子——從手指頭點著的那一行念起：

　　"戰友們，同志們！我剛才說了，幾個月來，我由於糊塗，執行了劉xx反動路線，對大家犯了罪，唉，想想真痛心呀！現在我決心回到毛主席革命路線上來，從今天起，堅決站在革命群眾一邊，你們有什麼困難，統統都可以提出來，要發串連費，要補助費，我都可以簽字……"

　　有人走動，有人爭議，會場裡更加哄亂起來。小蘭氣得臉孔漲得鼓鼓的，拿著那半隻麵包，哪裡吃得下，索性塞給郭子坤，說了聲："沖掉它！"又站了起來。郭子坤還是把她按了下去，一面遞給她那半隻麵包，一面慢悠悠地說：

　　"你不加一點油，等會兒車子還跑得動嗎？"

　　通過幾個月的大風大浪鍛煉，使得他在這種場合下，反而越加鎮靜了。他清楚地看到，來開這個大會的，有些是從保守組織中退出來的，也有小部分是參加革命群眾組織的，大部分是一些什麼組織也沒有參加的工人。他知道，這一部分群眾，對走資派的本質，對文化大革命的認識，都還有些糊塗思想，要特別注意方法，可不要搞成對立。

　　"還等什麼呢！"顯然，小蘭不能再忍了！

　　"急啥子呀？讓他再表演一下嘛！一定要相信，群眾自己會起來反對的！"

　　話剛落音，門口闖進來了一個魁梧結實的小夥子，右臂挾著一件簇新的工作棉衣，左肩頭掛著一雙也是簇新的車胎底工作鞋，猛衝猛撞地直向講臺走去，那兩隻工作鞋就在他胸前、背後一左一右地晃蕩著。"蓬"地一聲，工作鞋飛上了講臺，接著，工作棉衣也拋上了講臺，最後，他自己一步跨上講臺，一把搶過

趙副局長面前的話筒,沒頭沒腦地大聲問道:

"你們這是耍的什麼把戲!唔?我的工作服、工作鞋明明還有七成新,發這個幹啥,唔?見不得人,偷偷塞在我更衣箱裡!我一問,還是你局長大人批的,打的什麼鬼主意!唔?噢,還有,"他從口袋裡摸出了一張紙條,"還有這個。什麼營養補助費六十元,也是你姓趙的批的,唔?你睜開眼來看看,我哪裡營養不好!莫非你想收買我,唔?辦不到!"擴音機傳出"砰"的一聲拍台聲,只見講臺上那只茶杯的蓋子也飛了起來。這個猛小夥子一步跳下了講臺,隨手把那張紙條撕得粉碎。

小蘭輕輕地問:"誰?"

郭子坤說:"他叫大隆,是我們運輸場的。"

小蘭機靈地抓住這一時機,興奮地高呼一聲:"向大隆同志學習!"

許多人隨著贊同地高呼起來。不少人準備跳上臺去講話。就在這時,有人提出了反對,先是小聲地,然後是嗡嗡地,接著一個沙啞的嗓音喊出了這樣的口號:"我們不是阿斗!""我們不要保姆!"……開始是會場的一角,很快大半個會場都鬧了起來。

胖呼呼的趙副局長又不知所措了。戴羅宋帽的人物接過話筒拉長聲音喊道:"同志們!剛才,大隆同志,他的精神,是很值得欽佩的。但是,拿不拿,這是同志們的事;簽不簽,這是趙副局長的事!"趙副局長得救似的接下去說:"對對對。簽不簽是我的事,這是表明我堅決同群眾站在一起的一點心意嘛!……"

一個響亮的聲音從會場的後排傳來:"哪個給你這樣的權力?!"

整個會場突然一片肅靜。人們驚愕地看著一個手裡捏著帽子的青年人,疾風似的向講臺奔去。戴羅宋帽的人物顯然有些慌張了,但他似乎立即又想到了什麼"錦囊妙計",急忙從趙副局長的公文皮包裡掏出了一個塞得鼓鼓的紅封包,放到了講臺上,又拉著趙副局長讓出講臺，坐到旁邊的座位上。

　　郭子坤跳上講臺，對著話筒大聲說道：「我堅決支持大隆同志的革命行動。啥子簽不簽是你們的事？！同志們！哪個給了他們用國家財產腐蝕我們工人的權力？哪個給了他們亂刮經濟主義妖風、破壞文化大革命的權力？這樣的權力是哪個給的？黨給的？國家給的？還是在座的同志們給的？」

　　「誰也沒有給！」許多人響亮地回答。

　　「對，哪個也沒有給！我們決不容許他們有這種反革命權力！我們起來造修正主義的反，革走資派的命，就是要反對你們用啥子利潤掛帥、物質刺激一套，把我們工廠，把我們工人，引到邪路上去。現在，你們還想用反革命經濟主義來進行垂死掙扎，那好吧，『死了張屠夫，不吃帶毛豬』，我們就把你們篡奪去的權力全部奪回來！」

　　開始一部分人，接著幾乎整個會場都熱烈地鼓起掌來。胖呼呼的趙副局長縮作一團。那個戴羅宋帽的人物卻笑嘻嘻地拎了一隻花殼熱水瓶來給郭子坤倒開水，順手把講臺上的那個紅封包移到郭子坤面前。因為根據他的推想，郭子坤如果看到了他的這個「錦囊妙計」，就不會再發這麼大的脾氣。

　　郭子坤一看那紅封包，上面寫著：

　　補發郭子坤同志一九五八年至一九六六年的加班費，共五百七十四元五角。

　　他忽然感到被什麼東西猛力地刺了一下，一腔怒火正待發作，剛才哄鬧過的那一角上又傳來了那個沙啞的嗓音：

　　「我們要求辯論！」

　　「對，辯論辯論！」約有十幾個人疏疏落落地跟著叫嚷。

　　郭子坤竭力鎮靜了一下自己的情緒，微笑著說：「那就請上臺來吧！」

　　「不，我們要在台下辯論！」

郭子坤仔細看去，卻不見講話的人。他嚴肅地說道："這是我們工人的講臺。你如果是個工人，就應該有這個膽量到臺上來！"

會場上許多人在催促著："上去！""為什麼不上去？！"

那堅持要在台下辯論的人，忽然改變主意，同意上來了。開始兩三個，接著五六個，一下又竄上二十幾個人，圍著郭子坤吵吵嚷嚷，喊得最起勁的還是那個沙喉嚨："發串連費是支持革命，你為什麼要反對革命？！""發補助費是關心群眾生活，你為什麼不顧群眾死活？！""你自己好拿，為什麼我們不可以拿？！你必須馬上回答！"……

郭子坤從容地微笑著，敏銳的耳朵和劍一樣的目光迅速地解剖著每一個嚷嚷著的人。很快，他發現一個故意耷拉著鴨舌帽的沙喉嚨，是這支起哄隊伍的中心人物。他拿起話筒，大聲說道：

"好，我來回答！"

但是，擴音機突然啞了。他的聲音完全被叫嚷聲所淹沒。整個會場轟鬧起來被激怒了的工人群眾紛紛跳上臺來支援郭子坤。一場嚴重的武鬥事件即將發生。郭子坤冷靜地分析著敵人的陰謀：切斷擴音機電源，想把我和會場上的幾千名群眾隔絕開來，辦不到！他"騰"地一下跳上了臺子，一手高舉話筒，一手指著縮在台角的趙副局長厲聲喝道：

"姓趙的，你必須馬上親自去把電源接上！"

那些吵嚷著的人，一下被郭子坤的這個行動嚇呆了！走動著的人們都在原地立定下來，整個會場頓時一片肅靜，只有牆上那掛鐘的秒針還在"嗒，嗒"地響著。不一會兒，小蘭和大隆一起把那個戴羅宋帽的人物從後臺押了上來。原來，剛才是他暗示台下那戴鴨舌帽的傢伙煽動一些人上來起哄，又偷偷關掉了電閘門。大隆搶上一步，一下揭去了那傢伙故意耷拉著的鴨舌帽，許多人都認識：他原來是聯運局的一個右派分子！

郭子坤憤怒地指向剛剛去開了電門、現在又縮在台角的趙副局長，說道：“好哇！你這個頂著共產黨員稱號的副局長，從啥子時候起，同這些烏龜王八勾結在一起啦！”

小蘭領著大家呼起了口號：

“打倒一小撮階級敵人！”

“毛主席的革命路線勝利萬歲！”

等會場平靜下來時，郭子坤拿起那個紅封包，激動地向靜靜地坐在會場裡的幾千名階級弟兄說道：

“剛才那位戴羅宋帽的人塞給我這麼個包包，說啥子要補發一九五八年以來的加班費。同志們，我們都是工人，都是國家主人。我們大家常常說：沒有黨，沒有毛主席，我們工人就沒有今天。黨的事業是我們的事業，黨的旗幟就是我們的生命。我們做工難道是爲了拿錢嗎？我們多出一點力，多流一點汗，難道是爲了啥子加班費嗎？不，那是對我們工人階級的最大侮辱！”他轉過身來，憤怒地斥責道：“可是，你們這些東西，硬要把我們工人當作舊社會的雇傭勞動者，我們是被你們雇傭的，那你們就是資本家。就憑這一點，你們就是徹頭徹尾的走資派！現在你們聽著：這裡是五百七十四元五角，你必須立即如數上繳國庫，哪個膽敢趁機撈一分一釐，小心他的腦殼！”

胖呼呼的趙副局長，抖抖地接過那紅封包，小心翼翼地裝進了公事包，低著頭，慢慢地向後臺退去。……

一股強烈的熱流，湧上了小蘭的心頭。她情不自禁地對著擴音機起了個音：

起來，饑寒交迫的奴隸，

起來，全世界受苦的人。……

幾千個人一齊肅然起立。高昂的《國際歌》聲激蕩著會場內每一個人的心，激蕩著飄落著雪花的城市的夜空。

會議結束了。人們向著門口散去了。郭子坤忽然想起一樁事情，抓起話筒大喝一聲：

"站住！"

人們站住了，驚愕地向臺上望著。

郭子坤"嗨、嗨、嗨"笑了幾聲，兩手不知所措地搓揉那頂布帽子。那神情，就像不慎做了錯事、面對著長輩的一個孩子。由於急切，他的四川口音更濃重了："噢，對不起，同志們，實在對不起。我，我想，我想找一個人，找一個老工人：秦昌寶師傅，有嗎？"

沒有人回答。

"臨江運輸場的司機，秦 — 昌 — 寶，有嗎？"

還是沒有人回答。

三

現在已是凌晨五時三十五分。郭子坤和小蘭，帶著一支三百多人的隊伍，在馬路上走著。原來，許多參加聯運局大會的工人，通過那一場鬥爭，受到的教育可大啦！一走到會場門外，除了今天要當班的工人以外，自動集結了這麼一支隊伍，要求同郭子坤他們一道，去東風廣場參加群眾大會。

雪無聲地飄著，周圍靜極了。腳踩積雪的聲音是那樣的輕脆："促 — 察"！"察 — 促"！自文化大革命以來這個日夜沸騰著的城市，天亮前後這種少有的寂靜，反而使人感到特別新奇。

有人提議唱一支歌。多數人反對：周圍居民睡得正香哩！

但是，寂靜畢竟太稀有了。不到半個鐘頭，小蘭就報告：她聽到了汽車聲。人們還沒有來得及對她的報告作出判斷，她又發出了第二次報告，這輛汽車只叫不動，準是拋錨了！大家跟著她跑去一看，果然不錯。一輛裝貨的大卡車，由於大雪封路，前面的一隻輪子陷在路邊的坑坑裡了，有兩個工人在車屁股上拼命推也推不動，咕嚕 —— 咕嚕 —— 地直打空轉，雪花成串地向四處飛射。

郭子坤搶上一步，對大家說："來，我們促進它一下。"一聲"嗨唷裡格一嗨喲！上！"十幾個人一推，卡車一下就恢復了平穩。這時人們發現，車廂裡裝的是一套套的喇叭和一圈圈的電線，問了剛才推車的兩個電話局的工人，知道是到東風廣場去拉廣播線的。大家都想順路搭乘，但又乘不下。也巧，這時後面又來了幾輛，就自動地搶著分坐，郭子坤和小蘭等幾個人就跳上了一輛。剛坐下，不知誰悶聲不響地丟來了一件膠布雨衣，大家正待發問，司機像跟誰賭氣似的，"嘭"地一聲，把門關上了。大家猜想雨衣大概是司機丟過來的，也就不客氣地互相擠著披到一點，等其他幾輛都停當以後，便一起浩浩蕩蕩向廣場開去。

馬路兩邊出現了高舉紅旗，唱著雄壯的進行曲的學生隊伍；

出現了敲鑼打鼓、呼著口號的工人隊伍；

出現了日夜守衛著這個英雄城市的人民解放軍隊伍……

郭子坤用兩手當作枕頭，靠在車廂裡堆放的電線盤上。這個風裡來，雨裡去，同卡車打了八九年交道的青年司機，對轟鳴的馬達聲，熱噴噴的柴油味，都有一種特殊的親切感，靠在裝載著各種貨物的車廂裡，更感到格外暢快。現在，剛剛經過短暫的休息、重又鬧騰起來的馬路，在他身旁迅速地後退著，夾帶著雪的寒風，在他耳邊呼呼地刮著，幾個月來，特別是這一兩天來尖銳、複雜的鬥爭也像過電影似的，在他腦海裡激烈翻滾著。一個個熱氣騰騰的工廠，一群群朝氣勃勃的人，小蘭、李俊敏……今天，又冒出了一個大隆。這個過去連在小組會上講一兩句話面孔就紅得像關公的青年裝卸員，今天，在文化大革命的關鍵時刻，在反對反革命經濟主義的鬥爭中，看得多準，鬥得多狠啊！……對，一定要把奪權鬥爭搞好。通過這場奪權鬥爭，廣大群眾都能直接掌握毛主席的革命路線了，毛主席和黨中央的聲音可以聽得更清，方向盤可以把得更正，我們小組二十七個人，我們運輸場一千二百多個人，真正成了企業的主人，可以做多多少少事情！全市、全國都一定會在社會主義大道上跑得更快。我們一窮二白的祖國就很快會大變樣。全世界還有億萬階級兄弟在受剝削、受壓迫，我們支援得實在太少了，將來，我們就有可能多支援一點。……嗨，眼前這場鬥爭是一場多有意義的鬥爭啊！

郭子坤想到這一切，兩眼放射著動人的光澤。他的帽邊沿和眉毛上，由於身子一直沒有動彈，積起了晶瑩的雪花。

"蓬，蓬，蓬！"一陣聲響，打斷了他的遐想。他知道這是司機在敲他座後的板壁，對車廂裡的人發信號，便仰起來說："注意坐好！"

混濁的馬達聲一陣陣地加重起來，卡車吃力地爬過了一座高坡橋，車廂搖來晃去，發出了吱吱嘎嘎刺耳的響聲。說實在的，郭子坤開了那麼多年車，像這樣的老爺車他卻從來沒有用過哩！他所駕駛的那輛卡車，無論傳動、制動、轉向，無論車廂、車棚，都保養得清清爽爽。所以能夠做到這樣，是因為他們整個小組一條心，又有一套很好的保養制度。而這套保養制度所以能夠幾年如一日地嚴格執行，大半是一位老司機的模範帶頭作用，這位老司機就是他們的生產小組長和黨小組長秦昌寶。

"這麼說，他昨天夜裡沒有參加那個大會，那他現在在哪里呢？"

郭子坤哪裡曉得，遠在天邊，近在眼前，僅一板之隔，他要找的老司機秦昌寶，端端正正地坐在司機座上，駕駛著這輛卡車哩！

剛才，卡車拋了錨，秦昌寶正焦急著呢。隨著一陣雜亂的腳步聲，突然傳來了一個聲音："來，我們促進它一下！"好熟悉呀！是郭子坤嗎？唔，是他！好哇，你還像個挨過資本家皮鞭的工人嗎？！嘿！就是你想老著臉皮來見我，我還不想見你吶！

　　但是，對這個青年人，秦昌寶曾經寄予多大的希望呀！記得一九五八年，他剛從碼頭上調來當裝卸工，什麼重活、髒活都搶著幹，學會了開車，還是什麼重活、髒活都搶著幹。後來人了黨，不僅磨練肩膀，更肯磨練腦子了。沒有多久，學會在小組裡讀報了，後來又學會寫小組總結了。前年大年初一一清早，他來看秦昌寶，買了十幾本毛主席著作的單行本，建議小組組織起來學習。……唉，想不到就是這樣一個有出息的青年人，竟然在文化大革命一開始就帶頭反起黨來了！秦昌寶當然不能眼看他走到邪道上去。開始他一次一次進行規勸，非但不聽，反而倒過來教育他不要受蒙蔽。我受什麼蒙蔽！場黨委書記不是說得很清楚了嗎？貼場黨委書記的大字報就是反對場黨委，反對場黨委就是反對黨，反對黨當然也就是反對毛主席。就算場黨委書記自己講自己難免摻假，趙副局長秘密派來指導運動的那位戴羅宋帽的同志總是可信的吧，他也這樣說嘛！

　　你們為什麼偏要揪住場黨委不放呢？個別勸說無效，秦昌寶不得不通過那位戴羅宋帽的人物去“請”人代筆，寫了張大字報：《郭子坤忘本反黨》；又在此人的“幫助”下，發起了一次“回憶對比”大會。

　　但是，形勢的發展，漸漸使得秦昌寶看到，事情原來並不像自己想像的那個樣子。場黨委裡有幾個人也實在太不像話了、有的還是開過車的吶，怎麼會變成這個樣子呢？這樣，他朦朦朧朧地感到郭子坤是對的，自己是錯了，但究竟怎麼會錯呢？還是個朦朦朧朧。昨天晚上，他做完中班，交了車，正待去洗澡，聽人說，晚上局裡要開一個會，趙副局長要在會上“亮相”，“決心回到毛主席革命路線上來”。他想：這下可好啦，聽聽領導怎麼說，也好把自己腦袋瓜中的一團亂麻理理清。但一進會場，感到氣味有點不大對，接著，聽趙副局長讀了一個要簽發這個費那個費的名單，第一個就是郭子坤，什麼加班費五百幾十元，這可把他氣昏啦！我秦昌寶其他方面糊塗，這一點還是分得清爽：你一個工人，堂堂正正的國家主人，怎麼能去領這種錢！這樣，把原來朦朦朧朧認為郭子坤是對的那個認識，又給推翻了。秦昌寶再也聽不下去了，還在郭子坤到來之前，就一怒之下，退出了會場……

"忘本、忘本，真的忘本了啊！"秦昌寶踩了一下油門，卡車更加快速地奔駛起來。靠在車廂裡的郭子坤，卻從秦昌寶很自然地又聯想到水陸聯運局的大會，這時，一個問題突然在他腦海中出現了：走資派究竟為啥子要刮經濟主義妖風呢？難道僅僅是為了破壞生產嗎？……不，事情沒有那麼簡單！現在，他更感到團結秦昌寶的重要性和迫切性了。對，再同小蘭談一談，她能通的！

郭子坤剛回過頭去，卻見小蘭正好探過身來，兩頰通紅，兩眼閃著亮光，正激動著哩！原來，在她活潑地翻滾著的腦海裡，幾個鐘頭前在運輸場門口同郭子坤的爭吵，早已被《國際歌》聲所激起的澎湃熱情淹沒得一乾二淨。剛才，她已經把文化大革命同無產階級革命史上許多偉大鬥爭作了比較，沖著郭子坤說道：

"郭師傅，你看過巴黎公社鬥爭故事的書嗎？嗨，真有勁！我想，我們現在幹的也是這樣光榮偉大的事業。說不定，將來也有人像當年蒙馬特爾高地黎明前的鬥爭那樣，來寫我們今天東風廣場上開的大會呢！你說會吧？"

小蘭那副過分認真的神情，倒把郭子坤引得笑了起來。他忽又止住了笑容：從聽小蘭講起巴黎公社，想到業餘夜校老師也教過這一課，又從語文課，想到算術課……

"好，過幾天，就請你給我講講巴黎公社的故事。今天，請你先幫我做兩道算術題吧！"郭子坤說著，從袋裡摸出筆記本，扯下了一頁，用鉛筆寫道：

$1249 - 405 = ?$

405÷1249＝？

這太容易啦！小蘭筆一揮，就寫出了正確的答案。

郭子坤大聲地讚揚道："對，算得完全對。那說明你思想通啦，開好大會，我們再一路去看秦師傅。"

"我也去！"

隨著這一粗聲大氣的回答，在郭子坤旁邊仰起了一個魁梧結實的小夥子。嘿，原來是那位大鬧聯運局會堂的大隆同志，剛才竟在卡車上美美地睡起覺來了！馬達的轟鳴和風雪的呼號都不能擾亂他的好夢，一聽有什麼任務卻立即驚醒了過來。

要在平時，小蘭看到大隆這副愣頭愣腦的樣子，準會格格地笑個不停。但這一回，她一點沒有笑，一對明亮的眼睛，出神地盯著郭子坤，似乎在問：你這用的是什麼數學定律呀？

郭子坤把大隆騰出來的一點雨衣，蓋到小蘭肩上，嚴肅地說道："小蘭同志，這是值得我們好好想一想的兩道算術題。我們運輸場一共一千二百四十九名職工，現在參加革命群眾組織的是四百零五人，還有多少在外面呢？你已經算出來了：還有八百四十四名。參加的人數占總數多少比例呢？你也已經算出來了：占百分之三十二點四。可毛主席教導我們要團結兩個百分之九十五以上，你看，還差得好遠啊！毛主席給紅衛兵的信特別強調要學懂無產階級只有解放全人類才能最後解放自己這個道理，我們一定要牢記一輩子，實行一輩子。秦昌寶師傅可以說就是廣大群眾的一個代表，團結了他，就團結了一大批群眾。你仔細想一想：我們要不要去看他呢？"

小蘭屏息靜氣地聽著，兩手折著那一頁寫著兩道算術題的紙，折得平平直直，方方正正……

頓了頓，郭子坤又真摯地、嚴肅地說道："應當說，我昨天同你去找秦昌寶師傅時，也還沒有好好往深處想。參加了聯運局的一場鬥爭，逼得我們不得不去細細想一想：走資派究竟為啥子要刮經濟主義妖風？恐怕不光是爲了破壞生產，他們幹這一手，最陰險的目的，還是要同我們爭奪群眾。過去，他們從來沒有想到過群眾，現在，忽然也'關心'起群眾來了。怎麼'關心'呢？就是用反革命經濟主義，用小恩小惠，妄想把我們一部分工人拖到資本主義邪路上去。這是一個多麼嚴重的問題呀！"

小蘭把手裡的小方塊，夾到黃挎包裡一個紅色封面筆記本裡，猛地抬起頭來，挺立在迎著風雪迅速前進著的車廂裡，激動地說道：

"郭師傅，我懂了！"

"對，我就相信你是懂的！"郭子坤又站起來，激動地對著乘在這輛卡車上的二十幾個工人大聲說道：

"可是，走資派的腦殼都是資產階級的，'有錢能使鬼推磨'，他們以爲只要有錢，群眾一定會跟他們走。真是瞎了眼！我們廣大工人群眾只能跟毛主席走，怎麼會去跟劉xx走呢？因此我想，我們現在可不可以通過完成一項共同的任務，把大家團結起來，三句不離本行，還是講運輸問題。前天，我們到碼頭上去調查，由於走資派的破壞，積壓的物資像小山坡一樣，東一堆，西一堆……"

"好，這下算術題的答案真正找到了！"沒等郭子坤說完，小蘭驚喜地插了這麼一句，又從黃挎包摸出了一個牛皮紙封面的筆記本，那裡記載著碼頭上積壓物資的許多資料。"走資派真混蛋！我計算了一下，積壓總數大約有十九萬八千七百噸！那麼多，誰去運？我怎麼也想不出辦法來。現在找到了：把廣大群眾團結起來，螞蟻搬泰山，再多也不難！"

郭子坤興極了："對，這個答案，可以打上一百分啦！我們來搞一個倡議：通過搶運碼頭上積壓物資，把廣大工人、革命人民都團結起來！"

大隆把手一舉："我第一個報名！"

郭子坤說：“不，你不需要報名，你應當是我們這支突擊運輸隊的總指揮。”

“我？”

“對，就是你。當然，光有總指揮不行，還要有技術顧問，我看，可以請秦昌寶擔任。……”

“可是，我們還沒有找到呀！”這一回輪到小蘭著急了。

“不要急。我相信，他會來的。 —— 你們贊成不贊成？一起來具體討論討論吧！”

大家一聽，都熱烈議論起來。但到討論具體措施時，卻遇到了困難。離開大會還有一個多鐘頭，去參加大會的人們，已經分不清有幾支隊伍同路在走，有幾套鑼鼓同時在敲。不遠處，就是東風廣場。一杆杆的紅旗，一片片的人群，襯在銀色的背景上，顯得格外壯麗。從半夜以來一直生著悶氣的秦昌寶，剛才，透過板壁，隱隱聽到郭子坤在車廂裡嘩啦嘩啦不知講些什麼，又增加了幾分氣悶；現在，看到了這樣一個壯麗的場面，倒也有些激動起來了。他一個勁地按著喇叭，又不時來回擺動著方向盤，盡力在密密的人流中使車子仍然保持相當快的速度開向廣場。這樣，不要說討論問題，就連聽出一兩句話來也感到困難。郭子坤伸開雙手，把小蘭、大隆和另外幾位工人搭在一起，大聲說道：

“這樣吧：等大會一結束，我們再具體議一議咋個幹。集合地點，就在這輛卡車上。

記住：車號是 1144。”

四

秦昌寶同電話局的兩個工人一道，卸好了卡車上的喇叭筒和電線盤，已舒舒坦坦地盤坐駕駛棚頂上。現在我們可以清楚地看到，他約莫四十七八歲，敦厚的臉膛，濃密的鬚眉，配上一套黑色的膠布雨衣，更顯得樸實、剛毅。他摸出一枝煙，點著了，用左手五個指頭圍成一個梅花套護著，不吸則已，一吸就是一長口。── 這是長年在露天同風霜雨雪打交道的工人中間常常可以看到的一種特殊的吸煙方式。

但今天，當他剛抬起手來要吸第二口時，全部注意力突然被周圍人們的講話聲吸引住了。聽起來，這些人大多是參加過昨天晚上聯運局的大會的，也有的可能是臨時插進來的。各人帶著不同的口音、情緒在說著：

"……這條老狐狸總算給老郭逮住啦！"

"誰？"

"還有誰，聯運局那個戴羅宋帽的傢伙嘛！好好查一查，我看八九不離十是個隱藏下來的階級敵人。"

"聽說，臨江運輸場老工人的那封公開信，黑手也是他。"

"是啊，我當時就不相信，我們老工人會寫出這樣的信來！"

秦昌寶一下怔住了！他那只捂著紙煙的手，一直舉在嘴巴前，動也不動。越來越微弱的一縷煙氣，繞過那粗糙、堅硬的手指，在飄落著的雪花間輕盈地上升著。

"我真佩服，他一跳上臺，臺上那幾個傢伙都傻了眼啦！做造反派要有這點子威氣！"

"郭子坤、郭子坤，名氣老響，我還是第一次看到，不過長相也普通來西。"

"我說哪，'普通來西'就是好！"

"嘿，聽說有五百七十多塊吶，他真能不動心？那是硬的，硬，硬！"

"你這是什麼話？！我們老郭，就是五百萬也不會動搖！"

"不對，應該說，就是五分錢他也不會要。"……

秦昌寶一面聽，一面激動地想：啊？這麼說，我又錯怪這個年輕人了！哎，我要是不退出會場親眼看看就好啦！不過這也沒啥，只要真是我錯就好啦，巴不得是我錯呀！……

大會開始了！

哪裡是幾萬人大會？站在廣場上的至少有二十萬人。輕輕地飄蕩著的紅旗，在雪的映襯下，顯得格外耀眼。它們一面面接連起來，匯成了紅色的海洋，那飄落在人們肩上、帽上的雪片，彷彿就是海洋的浪花。

小蘭和她的幾個夥伴開始領呼口號了。二十萬人跟著振臂高呼，一時間地動山搖，真正匯成了一股不可戰勝的力量。

大會首先傳達了毛主席的最新指示。秦昌寶眼前亮起一盞明燈，心胸一下豁朗啦！啊，敬愛的毛主席，我直接聽到你的聲音了。是呀，無產階級革命派一定要聯合起來！聯合才有力量呀！大會進入了揭發批判，他一面細心地聽著每一個發言，一面把它同親身經歷的半年來的鬥爭聯繫起來。噢！原來文化大革命是這樣一場驚心動魄的鬥爭呀！他原來以為，除了明顯的地、富、反、壞、右這一小撮壞蛋以外，革命隊伍裡，特別是黨裡，哪裡還有吃裡扒外的人哩！更想不到還有劉xx這樣的大壞蛋！呸！這些傢伙，不是同國民黨反動派一樣，要把國家往絕路上拖嗎？對呀，不把這一小撮壞蛋揪出來，怎麼能保衛以毛主席為首的黨中央呢？……現在他清楚地認識到自己完全錯了，而郭子坤是完全對的。他緊閉著嘴唇，濃密的連鬢鬍鬚下的齶骨在突突地跳動。

突然，廣播喇叭介紹下一個發言時，報出一個熟悉的姓名。他定睛向臺上遠遠望去，唔，身影也有點像。秦昌寶老師傅的身子不禁微微震動了一下。唉，你還能原諒我嗎？不，不能原諒，應該狠狠批評我。……他挺了挺身子，要把這個青年人的每一句話都裝到心坎裡去。不錯，上來發言的是郭子坤。剛才，他在後臺，又把自己在卡車上的那些想法，同一些人作了商量，多數人同意，並作了許多補充，這使他進一步明確認識到：要取得奪權鬥爭的勝利，必須團結群眾，把工人階級的隊伍組織起來；而要做到這一點，最緊迫的是要把曾經參加過保守組織的群眾團結過來，要知道那幾十萬群眾絕大多數是我們的階級兄弟啊！

但是，許多階級兄弟現在還受著蒙蔽。他們哪裡曉得，他們參加的保守組織，完全是在劉xx資產階級反動路線的指使下，由一小撮走資派精心策劃的。郭子坤曾經作過詳細的調查，現在他就把這些調查材料作爲發言的一部分，講了走資派是怎樣製造反對他們就是反對黨的輿論的，是怎樣暗暗派人到各個系統、各個部門、各個單位矇騙群眾上當的。講到這裡，郭子坤放下筆記本，由於太激動了，稍停了一下，然後充滿著感情地說：

"同志們！在這幾十萬階級兄弟裡面，我最熟悉的是一位老司機，解放前夕，他領著工人弟兄，從國民黨反動派的機槍、刺刀下奪回了自己的運輸場，爲此，腰桿受過重傷，直到現在，颳風下雨時還常常要發病。解放十幾年來，他真可以說是把心全撲在卡車上了。爲了加快國家建設，什麼勞累，什麼艱苦，全都不怕。他老家在蘇北，那一年又遭了災，父親活活累死在地主的田坎上，母親吃觀音土脹死在家門口。他只好端著飯碗，一路上討飯到這個大城市來。人還沒有車輪子高，就拉著黃包車滿城跑。就在這個廣場上 ── 那時候是有錢人的遊樂場，一個帝國主義強盜白坐了他的車不算，還用皮鞋腳踢得他當場昏倒。……同志們、戰友們！你們想一想，這樣的老工人，當然也可能會有這樣那樣的缺點，對社會主義時期階級鬥爭的複雜性，尖銳性認識不夠，但是，他怎麼會贊成劉xx復辟資本主義呢？怎麼會反對毛主席的革命路線呢？不，絕對不會！雖然，由於走資派的挑動，我們已經有一個多月沒有見面了，可能他直到現在還是認爲我是在搞反革命活動。但是，紙咋個包得住火呢？一切欺騙都不可能長久。我相信，過去，我們在一個方向盤下革命、勞動，今天，我們一定會更好地在一個方向下革命、勞動……"

　　廣場沸騰了！往往有這種情況：人們同時程度不等地感覺到有某種要求，但一時還不能明確地用語言來表達。這時候，如果一經有人點破，立即會在人們心弦上發出強烈的迴響。現在正是這樣。幾十萬人，此起彼伏，自發地呼起了口號。小蘭和她的夥伴們顯得落後了，他們沉默了一會兒，立即把全廣場的要求匯成一句集中的口號：

　　“全體工人階級和革命人民團結起來，共同對敵！”

　　二十萬隻粗壯的手同時舉了起來，真正是一片森林啊！

　　但有一個人的手沒有舉，這就是我們的秦昌寶老師傅。

　　開始，他一直眼睜睜地聽著郭子坤講的每一句話。當廣場上呼起口號時，他激動得再也控制不住自己了，兩滴熱淚奪眶而出，順著面頰流下來。他趕緊要伸手去擦，才感到手裡還護著一枝煙，但不知在什麼時候已經熄滅了。他用力吹去煙灰，把它擱到左耳邊上。又急忙掏出煙殼子，撕開了，拔出那又粗又大的黑桿鋼筆，準備寫什麼。怪，用力劃了好幾道，也不見出水 —— 原來墨水凍住了，真急人哪！他把筆尖放到嘴裡，用勁地“呵”了好一會兒，才寫出淡淡的一點藍色來。只見他恭恭正正地寫道：

　　　子坤：我錯了。我就在台東頭的車上，你來找我。

　　　　　　　　　　　　　　　　　　　　　秦昌寶

　　他把煙殼子折成小方塊，交給了前面一個人。小方塊曲曲折折地經過幾百個人的手，快傳到郭子坤手裡的時候，恰好他要結束發言了：

　　“……因此我建議，我們參加革命群眾組織的全體同志，特別是我們頭頭，都來照毛主席的教導辦事，按照黨的政策辦事，在我們工人階級內部，不管他是那個派的，也不管有沒有參加革命群眾組織的，我們應當統統把他們團結過來！”

　　廣場上又響起一陣歡呼，支持郭子坤的建議。

　　郭子坤一邊走下講臺，一邊拆著那個小方塊。啊！這不是一張普通的紙條,這是一個老工人的一顆火熱的心哪!他激動地奔跑著,走下了人流擁擠的樓梯,穿過了工人們自己組織起來的保衛線,跟前就是東廣場。但是,在這一片旗和人的海洋中,怎麼去找他的秦昌寶師傅呢?

郭子坤在旗和人的海中間穿遊著:

一面鮮豔的紅旗下,幾百個工人在大雪紛飛中威風凜凜地挺立著。其中有幾個是還沒有來得及洗澡的夜班工人。他們用紙頭裹著麵包,一邊吃,一邊聚精會神聽著大會的每一個發言。

那是五六個紅衛兵,用一件雨衣拉起一個擋雪的棚棚,在幹什麼呀?噢,原來下面蹲著他們的戰友,背包擱在膝上,紙頭鋪在包上,正在急速地起草著一張傳單。快,快把大會的精神宣傳到群眾中去。

這裡幾十個工人攏在一起,似乎有一場激烈的爭論剛剛結束。這一會講話的人大概是主持這場爭論的:"好,大家一致的意見是今天晚上我們就宣佈奪權。生產不僅不能停,還必須比過去搞得更好。原來的廠長,還是負責抓生產。"有人一面翻著《毛主席語錄》,一面緊接著補充說:"不過一定要他牢牢記住第三頁上的這一條語錄,相信群眾相信黨,忘記了這兩條根本原理,我們可不能含糊。"……

現在,郭子坤終於來到了這人民海洋的邊緣。那裡停著幾百輛一樣是草綠色的卡車,外行人看去幾乎毫無差別,但在一個經驗豐富的卡車司機眼裡完全是另一回事。他要在一大批卡車裡頭找到自己駕駛的車子,就像母親要在一大群孩子裡頭找到自己的孩子一樣方便。特別是秦昌寶和郭子坤駕駛的"1188"號卡車,由於保養得好,和別的車子攏在一起,總會格外顯出幾分光澤。但是,怪得很,在這幾百輛車子中,就是沒有"1188"。郭子坤找了三遍,還是沒有。怕是剛才把地點看錯了吧?攤開還捏在手裡的那張紙條來一看,明明寫著"台東頭的汽車上",沒有錯嘛!

大會臨近結束。會場邊緣鬆散的人群開始走動起來。

郭子坤猛然想起同小蘭和大隆他們的約定，剛一回頭向
"1144"號卡車望去，突然同坐在駕駛棚頂上的一個人的眼光碰
在一起了！郭子坤心裡親切地叫了一聲："秦師傅！"就急急朝
那個方向走去。

在這同時，秦昌寶一縱身，跳到了地面。按著各種調門敲打
著的鑼聲、鼓聲，又在四周鬧騰起來。二十萬人列著整齊的隊伍，
開始向會場兩側散去。

兩個分開了一個多月的司機，在東風廣場上，在這個人與旗
的海洋裡又會面了！這就是說，階級敵人妄圖破壞工人階級偉大
團結的一切陰謀詭計徹底破產了！這兩個緊握著同一個方向盤，
風裡來雨裡去，多年來汗水泡在一起的司機，難道還需要相互解
釋一些什麼嗎？不，這一切都是多餘的。任何語言都無法表述此
時此刻的感情。郭子坤從口袋裡掏出了一個小紙包，鄭重地說：

"秦師傅，這是我這個月的黨費，遲了九天。"

這短短的、輕輕的一句話，卻壓倒了四周喧鬧的鑼鼓聲，每
一個音節都扣動著秦昌寶的心弦。當他伸出雙手去接的時候，不
由得一陣激動，四隻握過同一個方向盤的手，緊緊地握在一起。

郭子坤問了秦昌寶的腰病，又問了小組另外幾位原工人的情
況，最後，還問了為什麼不用"1188"，換了這輛"1144"。原
來，昨天晚上秦師傅退出聯運局大會以後，心裡還是很不踏實，
就又回到運輸場，坐在休息室裡抽悶煙。過一會兒，休息室外面
許多工人在興奮地議論著，說毛主席對文化大革命作出了最新指
示，可能就在明天，東風廣場要開一個幾萬人的大會。秦昌寶嘴
上不說，心裡想：這下可真好啦，我一定要爭取聽一聽毛主席的
聲音。天快亮時，果然接到了要開大會的通知，許多已經參加了
革命群眾組織的工人，戴起紅袖章，興沖沖地奔去集合站隊。秦
昌寶雖然早已退出了保守組織，但還沒有參加革命群眾組織，沒

有通知他，他也有點不好意思去。恰好這時，休息室裡的電話鈴
響了，是調度室打來的，說是運輸場隔壁的電話局，承擔了給大
會拉廣播線的任務，卡車和司機都不夠，要求支援。調度員問是
啥人當班，秦昌寶毫不遲疑地回答："是我。"這樣，他就開了
這輛"1144"號備用卡車，向東風廣場開來。郭子坤聽這一說，
才知道今天早上還是乘著秦師傅的車子出來的，不禁朗聲大笑起
來。

秦昌寶想起了什麼，回頭從放在司機座上的工作包裡拿出兩
包用厚紙包著的東西，一包寫著"李"字的放回去了，一包寫著
"郭"字的捧在手心，說道：

"這是你的，我縫了幾針，戴戴看，合適不？"

郭子坤攤開一看，原來是一雙洗得清清爽爽、補得平平整整
的粗線手套。他的手不禁微微地顫抖起來了！人們也許不能理
解，郭子坤這個堅強的漢子，為什麼對這麼一雙工作手套會如此
激動。要知道在他看來，這不是普通的棉線編織起來的手套，而
是老一輩工人群眾對於自己，對於一個由文化大革命的歷史潮流
推薦到領導崗位上來的普通工人的巨大信任，信任他永遠是本階
級中普普通通的一員。永遠不會離開方向盤，不會放下錘子，不
會丟掉鋤頭。郭子坤多麼想說："謝謝你，我的好師傅！"但他
卻把它放在肚裡。他伸開左手的五指，戴上手套，緊緊地握成一
個拳頭，說道：

"噯，正好！"

人們看到，當他說著這個話的時候，眼睛也潤濕了。

一陣輕脆的小喇叭聲從會場的左面傳來：

"同志們，戰友們！我們向大家散發一份搶運碼頭上積壓物
資的倡議書。走資派大刮經濟主義妖風，說明他們辦法使盡了，
就要完蛋了！現在，革命、生產兩副擔子都落在我們革命人民肩
上了，我們一定要在毛主席革命路線的基礎上團結起來，把兩副

擔子同時挑起來！"

　　郭子坤抬頭望去，見是小蘭和她的幾個夥伴站在一輛卡車上，用手提廣播筒在向群眾宣傳，新刻印出來的傳單，紅的，綠的，在她們周圍飛舞。他用手搭成一個話筒，叫道：

　　"小蘭，快來！"

　　小蘭跑步而來，後面跟著幾個小夥伴。

　　郭子坤欣喜地介紹說："小蘭你看，秦師傅不是就在這裡嗎！"

　　小蘭和她幾個夥伴，都格格地笑著，跳著，去握秦師傅的手——大概小蘭都讓她們做過那兩道算術題啦！她們感到，那粗糙、堅硬的手，是那樣溫暖、有力。她新奇地盯著秦師傅，倒使得秦師傅不好意思起來，回過頭去時間，我們的秦昌寶師傅經歷了這麼巨大的變化啊！這一切，是天真的小蘭所無法體會的。秦昌寶沉痛地說：

　　"批評吧，小蘭，我真糊塗啊！"

　　小蘭連連著急地說："秦師傅，你不糊塗，你認識轉過來了，就是個頂好的好師傅。"

　　經過討論，一切準備停當，一支由郭子坤從聯運局帶來的工人，臨江運輸場來東風廣場參加大會的工人，還有許多自願加入進來的工人、學生、機關幹部等等組成的義務運輸隊，立即從東風廣場出發。

　　三十幾輛大卡車的發動機同時轟鳴起來，向同一方向開去。卡車的車廂裡，站滿了引吭高唱著革命歌曲的工人。車廂外壁，不知在什麼時候已經被小蘭和她的夥伴們用紅綠標語裝扮一新："向碼頭進軍！""粉碎經濟主義妖風！""造二十萬噸積壓物資的反！"……打頭那一輛"1144"號車，車頭上站著義務運輸隊的總指揮大隆同志。車子是由郭子坤開的。司機室中間坐著秦昌寶，小蘭緊挨著秦師傅坐著。

　　郭子坤兩手戴著秦昌寶幫他補過的那雙工作手套，緊緊地握著方向盤，兩眼炯炯地凝視前方。幾年來，他在開車的時候，始終是這樣精神貫注的。但在剛才，在卡車起動以前那一段短暫的時間裡，因為聽秦昌寶說到，工作包裡還藏著另一副為李俊敏準備的手套，但不知這個青年人還會不會來捏方向盤，心情突然很不平靜。他記得自己在入黨後不久的一次黨課上，聽到過這樣一段永遠難忘的話："歷史上，曾經有過這樣一些人，當他開始投身革命的時候，他的心目中想的是千百萬人民，漸漸地，他們的眼光越來越小，最後只剩下了自己鼻尖底下的一點東西，從而喪失他的政治青春，甚至滑到群眾的對立面。這是一個深刻的歷史教訓。"是啊！親愛的戰友李俊敏同志，你該不會成為這樣一類人吧？明天，不，今天晚上，乾脆，就在今天下午，我們好好擺一擺心裡話吧！要知道，我們才剛剛走上了革命的道路，未來的路程還很長很長。群眾把我們推舉到了領導崗位，我們永遠永遠不能脫離群眾。離開了群眾，離開黨，還能留下我們個人的啥子東西呢？……

　　穿過一段鬧市，郭子坤排檔一推，油門一踏，卡車如同一頭著了鞭的駿馬，潑啦啦奔馳起來，左右飛射出來的雪花，恰似給卡車裝上了一對銀色的翅膀。平坦的、寬廣的馬路，從司機室裡望去，很像一條梯形的長帶，它的兩條邊線迅速地向人們的眼前擴展開來。我們的小蘭，現在對於這樣奇妙的景象也不感興趣了。她在用心思索著短短幾個月來，特別是昨天晚上以來短短幾個鐘頭裡面，在她面前所展現的一切。許多人，許多事，如同許多色彩不同的畫筆，把她原來那個雖然誘人但卻還是抽象的革命概念，描繪得充實起來、豐富起來。其中最深刻的一筆是郭子坤畫的。這個普通的工人，怎麼會具有這樣大的勇氣、毅力和智慧呢？怎麼會贏得那麼多群眾的擁護呢？……但是不行了，她太疲勞了。當她思索這一切的時候，她的頭已經靠在秦師傅的肩上。啊！

眼前是一個歡騰的海洋！這裡是大機器，那裡是大輪船，不，這不明明就是書上看到過的蒙馬特爾高地嗎？她好像是跟著郭子坤，又彷彿就跟著英勇的巴黎工人，親手升起了那面鮮紅鮮紅的紅旗……

秦師傅見小蘭睡著了，脫下自己的棉衣，輕輕地替她蓋上。他凝視著遠方，感到從未有過的舒坦。短短幾個鐘頭，使他把紊亂的東西理清了，不明確的東西明確了。是的，生活上應當艱苦樸素，經常要比比過去，想一想“倘使倒退二十年是個什麼樣子”；但是，對於革命的事業，是決不能滿足於現狀的。坐在自己旁邊的這個年輕人難道是什麼“忘本反黨”嗎？不，他是要革命，要前進，而且瞭解廣大群眾也是要革命，要前進。因而一旦有人阻撓革命、破壞革命的時候，他就會不顧一切地去進行鬥爭。秦昌寶原來以為自己是最瞭解群眾心思的，自己的心思就可以代表群眾的心思。現在看來，自己所瞭解的是一些現象，而郭子坤所瞭解的卻是本質，不然，為什麼在短短幾個月裡，有那麼多工人群眾跟著他走呢？

秦昌寶不禁回頭看了看郭子坤。好像瘦多了，不過也精神多了。半個月前，他剛滿周歲的孩子鬧病了，托兒所不能放，孩子的媽媽要上班，秦師傅的老伴代帶了一個星期，現在見好了。這樣的事，當然用不著對他說。但是，還有一件事：前兩天，房管所的人，主動上門來說，老郭已經是市裡的一個領導人了，再住在工人新村不方便，要不要換個地方。郭嫂子拿不定主意來同秦師傅商量，秦師傅作主一口回絕。這件事要不要對他說呢？可說可不說，秦昌寶相信郭子坤，他將永遠同自己的階級弟兄生活在一起。……

三十幾輛大卡車在飛速地前進著。馬路上出現了工人的隊伍，解放軍的隊伍，學生的隊伍，機關幹部、里弄居民的隊伍。他們高舉著一面又一面的紅旗，扛著“拿下積壓物資二十萬，狠狠打擊帝、修、反"的標語牌，唱著雄壯的歌曲，向著碼頭上走去。天空的雲在淡，在散。雲隙裡射出了縷縷陽光，給各種形狀的雲塊鑲上了閃光的金環銀邊，又變幻著散花飛玉的奇光異彩。多麼美的天空，多麼美的初春的早晨，多麼美的處在革命高潮中的城市，多麼美的前進在社會主義大道上的人民啊！

（原載《朝霞》叢刊 1973 年第 1 輯）

第 一 課[1]

穀　雨

　　擋車工夏彩雲，背著一個捆紮得結結實實的鋪蓋，興沖沖地向回家的路上走著。

　　路燈的光亮，透過濃密的梧桐樹葉子，星星點點地灑在路面上，偶而一陣微風吹來，滿地閃爍著一片涼絲絲水粼粼的白光。這裡是紡織廠通往工人新村的支路，很少有車輛來往，一到夜晚，就成了新村居民乘涼、聊天的好地方。文化大革命以來新事多，聊天的內容也變得特別豐富。這兩天爺爺、奶奶們的嘴裡，又多了許多新名詞："工宣隊"啦，"上層建築"啦……按照他們的理解，"上層建築"就好比房子的棟樑，毛主席想得真周到，工人階級不光要管好基礎，還要管好棟樑，這可是百年大計、千年大計呵！

　　但"皮大王"們最感興趣的還是捉迷藏。這時候他們痛痛快快地奔跑著，開開心地嘻笑著，根本不理會爺爺、奶奶們在大談"上層建築"之餘，不時送來的批評："一個個都像西郊公園裡的小猢猻，你看看，剛洗好澡又是一身汗，看我不揍你！—— 我看呀，這幫小爺叔，也要派工宣隊來好好管一管。"興沖沖走著的彩雲，同爺爺、奶奶們笑著搭上了腔："唔，工宣隊可不許揍人的呀！"

　　新村裡的事，一傳十，十傳百，特別快。三天前，彩雲到市裡去參加工宣隊進駐大學之前的學習班，大家幾乎都知道啦！現在見她回來了，人們迎上來一面熱情地招呼，一面命令"皮大王"們："雙子媽媽還護著你們吶！還不趕快給媽媽拿著背包。"這話靈得很，一下子不知從哪個黑影叢裡跳出了三四個"皮大王"，爭著來搶鋪蓋。彩雲說："你看，多乖的孩子！打這樣的孩子你們捨得嗎？"一句話，把爺爺、奶奶們逗得哈哈大笑起來。笑完之後，這個問，在市裡開會見到了哪些領導同志；那個問，聽說明天就出發，到哪個大學呀；還有的問工宣隊裡女同志多嗎。彩雲一一回答了。大家還想問下去，倒是"皮大王"提出了抗議："雙子媽媽明天一早走啦，你們還不讓她休息休息！"

　　爺爺、奶奶們無言可對，轟然一陣又笑了起來。於是，由兩個"皮大王"扛著鋪蓋開路，護著彩雲繼續向前走去。

　　走了一陣，彩雲好說歹說把兩個孩子勸了回去，堅持自己背背包走路。這不僅因為想有意練練自己的肩膀，還因為心情也實在太興奮啦！記得幾天前接到通知時，擔心得整整一個晚上睡不著覺。毛主席指示：工人階級必須領導一切。這是多麼及時、多麼偉大的號召呀！但是，像我這樣十二歲進廠當童工，只在文化大革命中受了一點鍛煉，當了幾個月不脫產的車間黨支部委員，能夠去領導上層建築的鬥、批、改嗎？在市裡辦的學習班上，她把自己的顧慮說了出來，同志們一聽都笑了，原來，大家都擔著這個心事哩！後來，再三學習了毛主席指示，又聽了市裡領導同志的講話，才認識到工宣隊是代表整個工人階級到上層建築去的，有毛主席革命路線，有廣大工人的支持，還有解放軍的配合，有什麼領導不了呢？今天是廠禮拜，她從市裡回來，先到廠裡去轉了轉，誰知廠裡的領導和許多工人同志，都還在等著她吶！這個向她祝賀，那個給她鼓勵，都說，搞好上層建築是全黨一件大事，你有什麼困難，到廠裡來說一聲好啦！特別是自己所在的粗紗車間甲班一組九個姐妹，還專門開了個歡送會，一顆顆火熱的心，一句句鼓勵的話，給自己帶來了多麼巨大的力量啊！

「黨啊，同志們哪！我一定努力去學，努力去做，不辜負大家的希望。」彩雲這麼想著，腳步也加快起來，一會兒就到了家門口。這是一幢三層樓的普通住宅，彩雲住在二樓，樓下是她同一個小組的擋車工阿秀，這兩天，因為風濕性關節炎又發了，病休在家。彩雲怕影響她的休息，輕手輕腳地開了門，連電燈也不開，又輕手輕腳地摸上了樓梯。當走完最後一檔的時候，她想起了兩個在新滬紡織大學讀書的雙胞胎女兒大雙和小雙：她們回來了吧？—— 雖然兩個女兒都是寄宿在學校裡的，本來也只有星期天回來一下，文化大革命以來，幾個月也難得回來一次，但做媽媽的總還是要這樣想。

彩雲推門進去，房間裡漆黑，扭亮電燈，也並不見有人。突然，她發現房間當中雪白的塑膠臺布上放著一個熟悉的青布小包，不由得驚住了！這一定是阿秀姐放著的。用不著打開這個布包，她就知道裡面裝著的是一封信和一張照片。這麼說，阿秀姐剛才大概是在這裡的，後來看看時間晚了，想到我明天一早要走，怕講起這件痛心的事來，影響我休息，所以放著的。再一看幾個熱水瓶，果然都盛著滿滿的熱水。阿秀姐就是這樣：體貼別人是不讓人家感到的！

彩雲放下鋪蓋，緩緩地坐了下來，雙手撫摸著那青布小包，把鬆開的邊角疊疊緊，思如潮湧。關於這個小布包的事，阿秀和彩雲，這兩個一起做過童工的老姐妹，都曾經認為，只是一個孩子的不爭氣，一個家庭的不幸。但是，通過文化大革命，面對著這樣一場驚心動魄的階級鬥爭，難道還能停留在原來的認識上嗎？在這樣一場兩個階級爭奪青年一代的鬥爭中，我們作為領導階級的工人階級，難道就無能為力了嗎？她覺得自己應當努力看得更遠些,想得更深些。彩雲想到這裡,腦海裡閃現出在學習班裡剛學到的主席關於工人階級必須領導一切的指示。對於這一指示,開始只覺得很新鮮,因爲在她想來,解放以後,工人階級就已經領導一切了。學習以後才感覺到它的重大意義。現在,把它和出現在眼前的小布包聯繫起來,心裡豁然開朗了!她默默地說:阿秀姐,儘管你沒有說出來,我也懂得你的心思啦!你要我把這個青布小包帶到學校裡去,是要我不要忘記階級姐妹的委託;把它帶到學校裡去,就是對劉xx的修正主義教育路線一個最大的控訴!現在,毛主席發出號令了,阿秀姐,放心吧!有毛主席撐腰,我們工人階級一定可以把上層建築的領導大權掌起來!

"在明天的全校師生員工大會上,可不可以把這個青布小包的事情講一講呢? —— 不過,這要徵求一下阿秀姐的意見。"彩雲這麼想著,站起身來,從手提包裡拿出筆記本,坐到靠窗那張平時又做針線活、又看書學習用的桌子邊,想寫點什麼。咦?這又是什麼,一個茶杯蓋子下壓著兩張從練習簿上撕下來的橫格子紙條。拿起來一看,原來是大雙、小雙寫的。哦,她們真的回家來過啦?但再仔細一看,彩雲不禁深深地沉思起來。

工宣隊進駐我校支持左派鬧革命,就是好!向媽媽致敬!

大 雙

相信革命的紅衛兵完全有能力自己教育自己,革命不需要保姆!

小 雙

這麼說,從現在開始,兩姐妹的"內戰"就要圍繞著媽媽展開啦!在學習班裡,彩雲就聽到,新滬"紡大"自從打開"內戰"以來,群眾組織分了七八派,但主要是兩派,一派叫"大衛",是現在的主要掌權派,小雙就是屬於這一派的;另一派叫"小衛",大雙就是屬於這一派的。大雙、小雙雖然都不是兩派的頭頭,但都是活躍分子,她們在一定程度上反映著兩派的動向。看來,這兩派在工宣隊進駐上層建築這個問題上又鬧翻了,這兩張紙條就可以看作是他們各自發表的宣言。

彩雲感到事情有點複雜，不禁轉過頭去向左邊姐妹倆住的套間瞥了一眼。這個小套間的陳設，是姐妹倆有沒有鬧矛盾的標誌。當她們觀點一致的時候，兩張小木床靠在一起，兩隻枕頭放在一頭，兩隻小課桌也放在一並排；觀點不一致的時候，就統統一分爲二。文化大革命以來，小姐妹倆分了又合，合了又分，做媽媽的已經有了這個經驗。現在你瞧，小木床一張靠南窗，一張靠北壁，一領雙人床的大席子，由於捲的時候沒有捲緊，已經散了開來，像醉漢似的倒在牆邊。兩隻小課桌椅雖然還面對面放在房間當中，但桌子中間卻留著一條小小的"界河"。鬧翻了，這是確定無疑的。

彩雲看著這一切，忍不住微微一笑。想想自己同樣年齡的時候，哪懂什麼政治，一天挨那麼溫幾頓打，還只會怨自己"命苦"。現在孩子們這些舉動雖然幼稚可笑，但是能從小關心國家大事，在鬥爭中學習鬥爭，這也只是在新社會裡才能有的事。彩雲把分開的小木床並起來，把倒在地上的席子鋪好，又把兩張小課桌之間的"界河"填平……

樓下傳來了一聲叫喊："彩雲姐！"一聽這個大嗓門，彩雲就知道是阿香。這個阿香，也是同彩雲一起做過童工的要好姐妹，她同文靜的阿秀相反，是小組裡有名的炮筒子。彩雲要想答應，又怕吵醒阿秀，便輕輕開了門，正要走下樓去，只聽"吱呀"一聲，樓下的門開了，傳來了阿秀壓低嗓門的警告聲："輕點輕點！她剛睡下，你不知道明天一早有大事嗎？""我有要緊事呀！"又是阿香那大嗓門，雖然已經壓低了很多。接著，又聽兩人喊喊促促交談了幾句。彩雲連忙扭亮樓梯的電燈，應道："我還沒有睡。阿秀姐你早點休息嘛，阿香上來吧！"

上樓來的不僅是阿香，後面還跟著阿秀，神色都有點緊張。阿香劈頭一句話就是："有人反對工宣隊，你知道不知道？！"

阿秀說：“會不會是謠言？ —— 不過，無風不起浪，彩雲，明天去你得留點神，管它是真是假，留點神總歸沒有壞處。”

彩雲雖說有一點思想準備，卻沒有想到問題一下子就這麼尖銳。她給各人倒了杯水，然後說：“隨便什麼事情，總是有人贊成，有人反對，急什麼。坐下來，緩緩氣，慢慢地說吧！”阿香說：“我從廠裡剛到家，二小子就對我說，新村靠大馬路那頭有人在刷大標語，說什麼誰反對工宣隊就打倒誰。我心裡想：對，是這話。再一想，就發現了大問題。這大標語不正是說有人反對工宣隊嗎？要不是這樣，標語刷給誰看呢？越想越感到不對頭，這就跑來了！”阿秀有點發愁：“聽說，這個學校上個月還搞過武鬥呢，廠裡好不好再派一兩個人去，最好有男的，也好有個相幫。”阿香氣起來拿手往桌上一拍：“哼！想到老虎頭上來拍蒼蠅，給他個下馬威，讓他們嘗嘗工人階級的厲害！”彩雲給她們說得笑了起來：“阿秀姐，還有你，阿香，都想到哪裡去了！”她隨手拿起大雙和小雙留給她的紙條：“看，小雙就反對我到她們學校去，你們說，要不要給她點厲害看看？”

小雙竟然會反對自己的媽媽，這太出人意料了！大雙和小雙常常是阿秀、阿香教育自己孩子的榜樣。阿香愛她們那種不嬌不嫩、爽爽朗朗的脾氣，她最討厭綿羊性格。阿秀卻說她們像個工人的後代，她就是喜歡這樣的孩子。而反對工宣隊，就是說，反對工人階級聽從毛主席的號令開到上層建築去，這樣的人，在阿香和阿秀心目中，當然一概都是壞人。現在要把小雙和這樣的人聯繫起來，這怎麼能想像呢？兩人異口同聲地說：“這不可能吧！”

房間裡靜悄悄的，惟有“三五”牌座鐘依然在那裡“滴答滴答”地響著。彩雲見兩個老姐妹在為她擔心，心裡一陣感動，有意舒坦地笑了笑，說道：“你們作啥呀，要相信黨相信群眾嘛！”為了和緩一下空氣，又笑著說：“你們擔什麼心呢？這一次同我們一道去的團長老唐,是兄弟紡織廠的一個機修工,是一員猛將,聽說有一次,他鬥爭一個混進黨裡的叛徒,這個叛徒對我們老工人搞階級報復,老唐越講越氣憤,只聽得‘哴嚓’一聲,把桌子上的一隻玻璃杯也捏碎了。你們想,我同他在一起,還怕點啥呢?"彩雲以爲他們一聽這個話,一定會笑起來的。誰知一些反應也沒有。頓了一會兒,阿香還是說:"彩雲姐,明天我伴著你,也讓我見識見識。"彩雲說:"別胡鬧了。── 你還能捏碎一隻玻璃杯嗎?天不早了,阿秀姐身體不好,阿香明天要上早班,你們都回去休息吧!"彩雲見她們還沒有要走的樣子,又故意說:"你們不想休息,我可要休息啦!"在送她們下樓的時候,彩雲說:"阿秀姐,你放在我桌上的那張照片和信的事,我想在明天師生大會上講一講,你看好嗎?"阿秀無限信任地說:"你看著辦吧!"走下樓梯兩步,回頭又叮囑了一句:"彩雲,你還是留點神,啊!"

迎著燦爛的朝霞,一支雄壯的隊伍在寬廣的馬路上行進著。

這是進駐到新滬紡織大學去的工人毛澤東思想宣傳隊的行列。一面大紅旗開路,政委夏彩雲走在頭裡,並排走著的是團長老唐。看,幹練的裝束,紅噴噴的臉膛,他們走路的勁頭,察!── 察!── 察!多精神!但是,有誰知道,他們兩人都是一夜沒有合眼。

昨天晚上,阿秀、阿香走後,彩雲坐了下來,把青布小包和那兩張紙條一起放進了手提包,拿出了一本毛主席著作和剛剛收到的一期《紅旗》雜誌。但她沒有馬上看,靜靜地思考著從明天開始可能會出現在她面前的一切。大雙和小雙,暫時可以作爲兩個代表人物來考慮:一個爲什麼要反對工宣隊,說群眾要自己解放自己,難道工宣隊,何況還是我這個做媽媽的,就不是自己人嗎?另一個爲什麼要歡迎工宣隊,如果是真的歡迎工宣隊,就是說,是擁護照著工人階級的模樣來改造學校、改造自己的,爲什麼還要同另一派鬧得不可開交呢？在市裡參加學習班，一起學了《工人階級必須領導一切》這篇文章，覺得很有啓發。現在，她又翻開《紅旗》雜誌，讀著想著，想著讀著，眼睛不禁在一段話上停住了："在這場無產階級文化大革命中，紅衛兵小將奮起造黨內一小撮走資派的反，學校中的資產階級反動勢力暫時地遭到了一次沉重的打擊。但隨後不久，有些人又暗地活動起來，挑動群眾鬥群眾，破壞文化大革命，破壞鬥、批、改，破壞大聯合和革命的三結合，破壞清理階級隊伍的工作和整黨的工作……"說得多好哇！要把無產階級教育革命進行到底的真正阻力在這裡呢！大雙和小雙背後，兩派的頭頭背後，很可能就有人在暗地裡活動著。小雙要反對工宣隊，無非因爲她參加的是掌權派，怕工宣隊去"奪"他們的權；大雙要擁護工宣隊，又無非因爲她參加的那個派發言權不多，希望工宣隊去支她那個派。這都是含有資產階級政客味道的作風，小小年紀怎麼會有這種想法呢？沒有"長鬍子"的人在裡邊挑，她們是不會這樣想的。資產階級派性掩護了敵人。這些小傢伙給人拿來當槍使，自己還蒙在鼓裡呢！這裡存在著兩類矛盾哩！就是那些在暗地活動的人，也可能很複雜，有些是資產階級世界觀很嚴重的人，有些就是壞人，不過，壞人總只有極少數……

　　彩雲這樣一想，覺得問題很複雜，任務很艱巨，以後的工作比不得擋幾台粗紗機了，上層建築裡的東西，事關重大，一定要細心又細心，半點馬虎不得。她想到團長老唐這個有名的虎將，辦起事來一定大膽潑辣，就是怕有時要豁邊。特別是明天，不要在第一次大會上就同群眾幹起來。毛主席把無產階級教育革命的重任委託給工人階級，我們決不能辜負了毛主席的希望啊！這麼想著，彩雲再也坐不住了，收拾起桌上的書刊文件，往提包裡一塞，關燈，開門，輕輕地、輕輕地走下樓去……走了十幾里路，找到老唐家裡，兩人一直討論到天亮。

　　現在，這支雄壯的隊伍，已經走了一個多鐘頭，離新滬"紡大"還有一半的路程。兩旁行人聚集得越來越多了，很自然地形成了兩排歡迎的行列。人們以尊敬的口吻傳說著"工宣隊"這個光榮的稱呼，以尊敬的目光注視由紡織工人組成的隊伍。彩雲把草綠色背包向身後這麼一拉，回頭對老唐示意了一下，說道："來一個！"老唐向左旁跨出一步，右手朝上這麼一舉，隨口起了個音，竟是那樣堂正、洪亮："我們是工人階級 —— 預備 —— 唱！"嘹亮的歌聲，雄偉的步伐，激蕩著，也震動著多少人的心哪！

　　遠處，新滬橋上出現了幾面彩旗，還有隱隱的鑼鼓聲。接著，從橋上溜下了七八輛自行車，"的鈴鈴！"隨著陣陣清脆的鈴聲，咱行車一眨眼就來到隊伍跟前，戴著各種袖章的紅衛兵，一個個飛身下車，爭著來同彩雲、老唐握手，一個勁地說"歡迎、歡迎"，接著說自己是什麼"總部"的聯絡員，什麼"兵團"的聯絡員……

　　"報告政委，我是'小衛'軍部的聯絡員！"一個熟悉、親切的聲音送到了彩雲的耳朵，她抬起頭來，一怔：這不是我的大雙嗎？一件褪了色的黃軍裝，兩隻袖管高高地捲著，圓圓的臉盤上，嵌著一對亮晶晶的大眼睛，嘴角倔強地往上翹著：多麼像她媽媽呀！在一旁的老唐也怔住了，疑惑地望著彩雲："她？……"彩雲迅速向四周掃了一眼，卻不見小雙。她多麼想同自己面前的女兒講幾句話呀！幫她掠掠凌亂的頭髮，替她擦擦涔涔的汗珠。但是，在這種場合她這樣做，很可能半小時以後新滬"紡大"就會出現這樣的"特快消息"："工宣隊政委親切接見我們'小衛'軍部聯絡員……"彩雲竭力抑制著自己的感情，平靜地對老唐說："她是一個派的聯絡員。"她把"一個派"三字說得特別重，老唐一聽，兩道粗黑的濃眉一擰，立即領會了：這麼說，來的人還分"各黨各派"呢！他想起昨夜彩雲同自己商量時，再三提到上層建築裡鬥爭複雜的情況。不能感情用事，不能簡單地只看到事情的表面啊！現在，人家表示歡迎，得有個態度。於是就站到隊伍旁邊，朝著迎上前來的聯絡員們揮揮手，大聲說道："我們都是自己人嘛，不搞歡迎那一套了。你們哪一派佔領的地方，能容納得下我們這許多人開歡迎會啊？嗯！找一個大地方，咱們開個熱熱鬧鬧的見面大會！"

工宣隊員們邁著大步，浩浩蕩蕩地開進了新滬"紡大"。校園裡聚集著一群一群的人，熱烈地鼓起掌，敲起鑼鼓來。幾個看樣子是管總務工作的幹部，急急地向這邊奔來。到彩雲和老唐跟前，懇切地說："太陽這麼猛，工人師傅們走了這麼多的路，先休息一下吧！也怪我們，辦公室、宿舍，騰了一部分，還沒有全部騰好。"他指指正面一座大樓，"團部辦公室準備設在那裡，是不是先到那裡去坐一會兒，然後……"彩雲笑著說："啊呀，同志，不要把我們當客人囉！我們和老師、同學住在一起嘛！沒有單鋪就睡雙鋪，沒有雙鋪就睡地鋪，沒有準備好，等一下我們自己動手。""那，現在？……"老唐伸手有力地往前一指，豪爽地說："你看，那不是個大草坪嗎？一萬人也裝得下。現在，我們先到那裡去開一個大會，同大夥兒見個面！"

幾分鐘之後，全校廣播喇叭一齊響了起來："全校師生員工們注意了！全校師生員工們注意了！工宣隊第一號通知，工宣隊第一號通知：請全校師生員工馬上到大草坪集合，請全校師生員工馬上到大草坪集合！"

這個簡單的通知，給新滬"紡大"帶來了多大的震動呀！自從打開"內戰"以來，校革委會實際上也不能夠通知"全校師生員工"，人們起勁地開著各種各樣的會都是各派自行召開的。現在第一次要在大草坪上開全校師生員工大會了！人們踴躍地從課堂裡出來，從辦公樓出來，從圖書館出來，從實驗工廠出來，從炊事房出來，從托兒所出來，從各個崗位上出來，湧向寬廣的大草坪。

　　但就在一個鐘頭以前，校園裡的人們，除了大雙參加的那個所謂“小衛”派主張“熱烈歡迎”工宣隊以外，許多人還在議論、爭辯著。他們圍成了一些不成規則的小圈圈，時而擴大，時而縮小，手舞足蹈。起勁地傳播著一些毫無根據的“小道新聞”，什麼“工宣隊是來收收知識份子骨頭的”，什麼“工宣隊一到，就要宣佈幾條強制實行的通令”等等。對此，“小衛”派的人或予駁斥，或予解釋，他們的論點是：現在學校主要是右派掌權，工宣隊是來支持我們左派掌權，應當熱烈歡迎。這當然是不能服人的。但最後，當工宣隊的隊伍已經開過新瀘橋的消息傳來，多數人還是在一點上達成了協定：不管怎麼說，工宣隊來總要先歡迎。於是，“小衛”派便以東道主自居，撇開掌權的“大衛”，單獨組織“歡迎會”。一些頭頭的如意算盤是：如果工宣隊接受了他們的“歡迎”，那就等於支持了“小衛”，否定了“大衛”。現在，工宣隊通知要開全校師生員工大會了，原來抱有那種希望的人不免感到失望。但在失望之中又找到了一點安慰：這個通知是以工宣隊的名義發出的，那不就是宣佈校革委會取消了嗎？他們就是抱著這樣的心情，跟著人流向大草坪走去的。

　　如果說，在家裡，大雙與小雙之間的間隔是兩張課桌之間的一條小“界河”，那麼今天早上，她們的這種間隔就是一道牆：大雙在校園裡，小雙在緊靠著校園西邊的紅樓裡。

　　同校園裡的熱鬧氣氛比起來，紅樓裡人要少些，情緒也冷些。這裡主要是所謂“大衛”派的一些頭頭和骨幹。前兩天，不知從什麼地方刮來的風，說工宣隊是來奪權抓人的，要抓誰名單都有了。就是這個消息，可把聚集在這裡的一些人害苦了。惶恐、委屈的情緒糾纏著他們。有的人說這是謠言，卻又提不起勁來認真追查；有的人似信非信，準備走著看；有的信以為真，連夜拉隊伍想對付一下。現在一聽到工宣隊發出這樣一個通知，他們心裡好像有十五隻吊桶在那裡七上八下。有的想著：看吧，幾天來一直擔心著的事情終於要發生了。有的惋惜著：什麼造反派，今後只好當"失權派"了！有的動搖著：去呢還是不去呢？不去跡近負隅頑抗，去，這臺階怎麼下法？正在這不尷不尬的當口，一個女同學站了出來，瞪著幾個垂頭喪氣的頭頭責問道："你們都成了啞巴啦？—— 我們到底該怎麼辦？！"她就是小雙。這幾天來，小雙一直這樣想著：既然工人階級對我們失去了信心，不相信我們能夠自己教育自己，他們來了，我們就應該拿行動來讓他們看看，我們要不要保姆！可是……頭頭們無精打采地回了她一眼，她右手握成拳頭狠狠地在左手手心一擊，重重地歎了聲：唉！沉默了一會兒，有的人動心了，慢慢地走到視窗，眼望著那個人群不斷在向那裡集結的大草坪；勇敢一點的，甚至找個藉口湧到了門外……

彩雲自進校門後，總感到身邊奔來跑去的始終只有大雙。小雙在哪裡？她想。等到老唐指揮全體工宣隊員在大草坪前排坐定，彩雲轉過身來看了大雙一眼。機靈的大雙立刻領會了媽媽的用意。然而卻嘟起了嘴巴，不高興地說："在紅樓裡，那裡還有好多人呢。"其實，無論校園裡還是紅樓裡，人們的這些古怪的想法，彩雲和老唐心裡多少有點數。在市裡參加學習班時，他們就聽到學校調查過的同志作了介紹，還討論了好幾次哩！現在，見"大衛"派的有些人還不肯來，兩人商量了一下，決定親自到紅樓去請。

彩雲和老唐同十幾個工宣隊員，中途又跟上了一些同學、老師，一起走著。他們穿過校園，正要順著通向紅樓的走道過去的時候，突然從左邊橫竄出一個人來，張開雙手，擋住路心，大聲喊道："不能去！"彩雲一看，又是大雙，便問："爲什麼？"
"他們搞了武鬥工事！"彩雲淡淡地說："噢，是這樣。—— 那同志們都回去吧！"又回頭對老唐說："就我們兩個去看看吧！"大雙更發急了，湊上一步，這回終於以女兒的身份輕輕地說：“媽媽，你怎麼啦？”彩雲也是輕輕地、但嚴厲地回了一句：“你也回去！”人們並沒有走散，只是放慢了腳步，遠遠地跟在後面。只有大雙緊跟著不放。

　　果然，走前幾步，靠近紅樓的拐彎處，有兩道用草包裝著泥土堆起來的“工事”，中間只留著僅容兩人並排通過的走道。彩雲笑著說：“老唐，你當過解放軍，檢查一下，夠標準嗎？”老唐正經地回答：“這些小傢伙，還搞得挺認真吶！──可是實戰起來不頂用，只好打五十分。”彩雲和老唐的對話大概是給負責警戒的“哨兵”聽到了，“啪”的一下，不知從哪裡落下了一道柵欄，擋住了他們的去路。氣氛頓時緊張起來。遠遠跟著的人們趕上來了，蹬、蹬、蹬的腳步聲越來越近。緊跟著的大雙，也一個箭步竄到團長和政委的面前，卻被彩雲用手擋了回來。她冷靜而沉著地提醒大家：“我們不能做敵人高興的事。”正說著，只見“工事”裡閃出一個人來，雙手拉開柵欄，連聲說著：“誤會了，誤會了……”老唐虎虎地瞪了他一眼：“搞什麼名堂，在社會主義的大學裡，想封建割據？嗯！”那個人想辯白而又含糊不清的說著：“不，不，我是教師。我歡迎……我擁護……我……”彩雲打斷了他的話頭，兩道銳利的目光朝他臉上掃去：“為人師表，要把小青年往正路上引啊！”說罷，就和老唐徑直往裡走去。

　　彩雲推開那扇裝著彈簧的門，第一眼就看到小雙一副發愁的樣子站在當中。但她立即轉向大家，爽朗地說：“勤務員們，家裡來了人，你們怎麼都躲起來了？”小雙沒有想到會在這種情況下遇到媽媽，低著頭退出了中心，兩手反背著靠到牆邊。彩雲說得那樣親切，緊張空氣頓時活潑了一些，除了一兩個人依然懶洋洋地坐著，扭轉了頭望著窗外，只當不看見有人進來以外，大家紛紛站了起來，但可是一下子又不知說什麼好。小雙熬不住了，又站了出來：“你們不說我說。請問團長、政委，我們學校算不算已經奪權的單位？”老唐一看又是一個穿著褪了色的黃軍裝，袖管捲得高高的，圓圓的臉盤上嵌著一對亮晶晶的大眼睛，嘴角倔強地往上翹著的姑娘，以為又是大雙。心想：嘿，這些小知識份子真摸不透他們！剛才"熱烈歡迎"的是她，半路擋道的是她，衝向柵欄的是她，一轉眼提怪問題開炮的還是她！一股怒氣又升了起來，不過出來時已減到三分："你這是什麼意思，嗯？"彩雲發覺老唐鬧誤會了，趕緊接下去笑著說："她的意思就是說工宣隊承認不承認他們的權力？"她轉向大家，嚴肅地說道："同志們，這個問題最好請你們來回答。因為這要看這個權力代表那個階級的利益，為誰掌權。舊黨委為什麼被衝垮！因為走資派執行反動路線，拿了黨和人民給他們的權力，不為大多數人服務，專為資產階級服務。當然，你們之中沒有一個人會說自己不是代表無產階級的，不是為廣大工農兵掌權的。如果真是這樣，那好辦，我們就一起來把一小撮階級敵人揪出來，把學校的大權掌好，把教育革命搞好。毛主席早就提出復課鬧革命，你們做了沒有？做得怎麼樣？你們的時間和精力都花到門口那個工事上去了。它能擋得住帝國主義的原子彈嗎？它屬於鬥、批、改中的那一項？你們不是愛唱'我們是毛主席的紅衛兵'這支歌嗎？首先要想到黨和人民放在我們肩上的責任。要革命到底啊！我們是和大家一起來幹革命的。你們看看老唐，看看我，我們這種粗手大腳的樣子，總不見得是來當什麼'保姆'的吧？！"彩雲說時，有意看了小雙一眼，小雙的臉一下紅到脖子，不知內情的旁人，卻都為這句話輕快地笑了起來。老唐大聲說道："還蹲在這裡幹什麼？走，到草坪上去！"彩雲又補充說道："不過，想不通的也不勉強，什麼時候想通了，就什麼時候來。"

大會還沒有開始，草坪上人頭擠擠，開始是幾個人，接著越來越多的人在來回走動。開始是有人小聲議論著，接著議論聲匯成了一片雜亂的嗡嗡聲。站在臺上的團長、政委商量了幾句以後，老唐跨前一大步來到台前，他拿起掛在胸前的哨子，對著話筒用力一吹："曜 — ！"這突如其來的一聲巨響，一下吸住了全草坪的注意力，接著他舉起一隻粗壯的手臂，發出口令："立正！ — 前後左右保持距離，以這裡爲基準，向中看 — 齊！"只聽得索索索的一片腳步的移動聲，寬廣的草坪上，立即形成了一個方方正正的隊形。"坐下！"隨著這最後一個口令，"察 — "的一聲，人們一齊在草坪上坐了下來。老唐帶著相當滿意的目光，對著草坪前後左右掃視一遍，就站到了台的一旁。

　　彩雲上來了，大草坪一片肅靜，幾千雙眼睛一齊注視著她那敦實的身材，樸素而合身的裝束，已經雜有灰白色的頭髮，怡靜而端莊的面容。有人帶頭鼓起了掌，接著是"嘩嘩嘩"地一片掌聲。看來，人們似乎已經匯集到一個目標下來了，大會可以順利進行了。但是，彩雲細心地觀察著，她清醒地估計到大草坪仍然是一分爲二的。你看大雙和小雙雖然已經越過一道牆，現在一道坐在草坪的當中，但是大雙在左，小雙在右，她們之間的"界河"還是那麼涇渭分明！

　　突然，草坪左邊一個角落有人高呼口號："誰反對工宣隊就打倒誰！"左邊的許多人舉起手來跟著高呼，許多手中有一隻舉得最高的手，許多聲音裡跳出一個最響亮的尖嗓音，那就是大雙。接著草坪右邊有人高呼："堅決擁護工宣隊的正確領導！"領呼人把重音放在"正確"兩字上，右邊的許多人一齊舉起手來，用同樣的音調高呼著。許多手中同樣有一隻舉得最高的手，許多聲音中跳出了同樣一個最響亮的尖嗓音，那就是小雙。站在台邊的老唐這時恍然大悟：嘿，這兩個長得一模一樣的姑娘，是不是就是昨天晚上彩雲說到的她的雙胞胎女兒大雙、小雙呀！這麼說，她們的問題還沒有解決哩！老唐對於這突然而起的口號戰又有點惱火，這不是存心逼你表態嗎？！照他的心意，三下五除二。狠狠地訓一頓，大會可以馬上進行。再看看彩雲，卻見她聲色不動，坦然地：背著雙手，靜靜地正視著全草坪上的人們，惟有一絡略帶花白的頭髮,在額前微微飄動著。說也奇怪,她的這一表情,似乎有一種無形的力量,把某些人原來準備好的一場"口號"戰壓下去了。現在草坪上真正是一片肅靜了。只有草坪兩旁柳樹上的知了還在有節奏地叫著,台前的那面工人毛澤東思想宣傳隊的大旗,在風中"嘩嘩"地飄著。

彩雲從背後抽出右手,掠了掠被風吹亂了的頭髮,親切地,緩慢地說道:"同志們,我們請各群眾組織的主要負責人到臺上來,一起主持這個大會,大家看好不好?"約莫靜了兩秒鐘,突然爆發出一個異口同聲的響亮的回答:"好!"坐在草坪上的人們情緒活躍起來了。許多人激動地想著:看來,一切"小道"都靠不住,工宣隊的胸懷多麼寬廣啊!當然也有人想:好極了,頭頭一上臺,我們這一派就可以站住啦!更有少數人露出了明顯的失望情緒,他們原來是想看"戲"的,現在,看樣子,得另想辦法!

坐在左右兩邊的大小兩雙,不知為什麼,不謀而合地對視了一下,各自向對方的方向坐近了一步。

各群眾組織的頭頭們一個接一個地走上台來,粗中有細的老唐一面熱情地接待他們,一面一個一個地數著人頭,最後發現少了一個。他輕輕地與彩雲耳語了幾句,彩雲對著話筒叫道:"'學工農'造反兵團的負責人趙子海同志,請快到臺上來。"誰知彩雲的話音未落,會場裡就活躍地議論起來了。原來,這個"學工農",是全校人數最少的一個革命群眾組織,成員都是六六年入學的新生,兵團章程的第一條,就規定必須堅決走與工農兵相結合的道路,努力在革命鬥爭大風大浪中經受鍛煉。有一次,趙子海碰巧參加了一個全市各革命群眾組織聯合召開的會議,會議作出了《全市革命造反派聯合起來,粉碎反革命經濟主義妖風》的決定,並發表了聯合表明。趙子海就作為新滬"紡大"革命群眾組織的代表在聲明上簽了名,想不到這件事在學校裡引起了一場軒然大波。幾個大派的頭頭們，一面分別派出聯絡員到報社，要求把聲明上的簽名改爲自己這一派的，一面聯合起來在校內圍攻趙子海，要他自己到報社去發表更正。有個頭頭指著趙子海的鼻子輕蔑地說：＂你，趙子海，還有你們的什麼＇學工農＇，有什麼資格代表＇紡大＇革命造反派？你才有幾個人？＂不錯，＂學工農＂不滿一百，總共才九十九人。但是，趙子海不慌不忙地撥開伸到他鼻子下面來的手指，反問道：＂你有幾個人？＂＂兩千，我有兩千！＂＂也不過兩千人，想當初還有號稱八十萬的哩，大方向不對，人多有什麼用！＂趙子海平平靜靜地說。＂什麼，你說我們大方向不對？我們大方向始終正確。＂有兩千人的頭頭跳起來了。＂現在的大方向，就是看你對反革命經濟主義這股妖風的態度怎麼樣，我代表＇紡大＇簽名表示反對，你要我到報社去更正，這說明什麼？＂趙子海不緊不慢地把話說完後，就帶領＂學工農＂戰士到車站、碼頭去搶運積壓物資了。幾個大派的頭頭，瞠目結舌，拿他沒有辦法。後來，許多同學、老師也都跟著到車站、碼頭、工廠去調查和勞動，因此，在＂紡大＂，要說最大的群衆組織，後來實際上是＂學工農＂。這下，幾個大派的頭頭著急了，怕自己再也保不住大派的地位，就同趙子海去商量，不要再拉他們的人。趙子海一聽笑了起來：＂我們都是毛主席的紅衛兵，什麼你的人我的人！你們放心吧，我們不想再發展組織了，但我們堅持一輩子走學工農的道路！＂因此，這個組織一直只有九十九人。現在大家聽彩雲叫著趙子海的名字，聯想到他以前的這段故事，一面感到有趣，一面敬佩工宣隊工作的細緻，情緒極爲活躍。

但是，會場上沒有趙子海。彩雲叫了第二遍，還是沒有人答應。＂趙子海同志不在，＇學工農＇推派一名戰士上來。＂但是，也沒有。彩雲又叫了第二遍，這才從會場的中心站起一個人來，這下，許多人禁不住笑出聲來了。原來，他叫小虎，無論個子、年歲,都是"學工農"組織中,也是全校同學中最小的一個,因此,平常人們就乾脆把這個紅衛兵叫作"紅小兵"。現在,他站起來手裡拿著一張紙,竭力想說明一點什麼,但他的聲音完全被周圍的笑聲所淹沒。彩雲就對著話筒說道:"來,到臺上來講!"小虎上來了,開始還有些靦腆,講著講著也就活躍起來了。他說,幾個月前,趙子海就帶著九十八名戰士到車站、碼頭去邊勞動,邊調查,有的調查報告還在報紙上登了出來,大家都感到收穫挺大。他因為中途害了病,才不得不回來的。今天早上,他剛接到趙子海寄來的一封信,全體戰士聽到毛主席派出工人階級的優秀代表進駐上層建築,心情太激動啦!但因為九十八個人,有的跑車,有的出海,要到今天早上才能在碼頭集合,估計現在還在馬路上急行軍呢!聽他這一說,彩雲帶頭鼓起掌來,全場跟著熱烈地鼓起掌來。小虎激動得滿面通紅,突然對著話筒高呼:"堅決走與工農兵相結合的道路!""毛主席革命路線勝利萬歲!"這一回,不是左邊,右邊,而是全場幾千隻手一齊舉了起來,發出雷鳴般的歡呼聲!

老唐熱情地拉著小虎,領他坐到主席臺上。

短短一兩個鐘頭來所發生的一切,在大雙、小雙心裡產生了一種奇特的作用。站在台前的那個身影是多麼熟悉而又多麼陌生啊!這個曾經那樣親切、慈愛地教養她們成長的母親,今天,面對著成千上萬人的如此激烈的鬥爭場面,怎麼會站得這樣高,想得這樣深,表現得又這樣沉著、堅定呢?對,只有一個解釋,因為她是工人階級的一個代表,是經過文化大革命鍛煉的光榮的共產黨員。她是我們的母親,黨是她的母親。但是,我們能配稱她的女兒嗎?當她們這樣想著的時候,不知不覺地互相接近起來,終於快要坐到一起了。兩人激動地對視了一下,都沒有說話,但都想著同一個問題:我們原來的那些錯誤想法,多麼幼稚可笑啊!

女兒的這些變化,當然不會逃過母親的眼睛。彩雲臉上掠過一絲會心的笑意，心裡默默地念著：敬愛的毛主席，你的聲音，給我們帶來了多麼巨大的鼓舞力量啊！

　　大會在莊嚴的《東方紅》樂曲聲中正式開始。人們沉浸在無比的激動之中。《東方紅》這首歌，每天有人唱，每天可以聽到，但是，在今天這樣的時刻，卻使人感到分外的親切。坐在主席臺上的各群眾組織負責人，感觸更深。他們之中有些人，一度迷了路，現在又重新找到了自己原來的出發點，默默地思量著，計畫著，準備去迎接一個新的開始！

　　彩雲把一直放在背後的左手也提到前面，那手裡捏著一個小小的青布包，她輕輕地把它放到講臺上，然後，生平第一次對著這麼多人，開始了她的講話。“同志們！我是一個普普通通的紡織女工，解放後才摘的文盲帽子，今天是第一次跨進大學的大門。對大學裡的一切，我都是陌生的，但是，我熟悉你們的父母，包括同學、老師，你們的父母百分之七八十都是紡織工人。有一些老師、同學，雖然出身於剝削階級家庭，但你們也一定會懂得：究竟是誰的血汗養活了你們。有人問：你們為什麼要開到學校裡來？同志們，在這裡，我可以講一講，昨天晚上，一個老工人，不，應當說是全體工人階級，給我的一個囑咐……”

　　彩雲打開面前的青布包，手指不由得微微顫抖起來。“同志們！這裡是一張照片和一封信，就是那位老工人給我的。她比我大兩歲，一起做童工的時候叫慣了，現在我還叫她阿秀姐。照片上有一個男小孩，就是阿秀姐的親生兒子；照片上還有一個躺在病榻上的農村婦女，是這個孩子的養母。阿秀姐同一個機修工人結婚不到半年，丈夫就給機器壓死了；悲痛加上勞累，懷裡的孩子不滿八個月就早產了。這件事要是傳到老闆耳朵裡，阿秀姐就會被一腳踢出廠門的。我們一起做生活的幾個小姐妹商量半天，就去對老闆說，阿秀姐死了男的，總要讓她把屍骨帶到老家去吧，要告一個月假。哪想到事情給拿摩溫刮到風聲，老闆突然限時限刻要叫阿秀姐上班去，遲一天就要開除。我們姐妹幾個一商量，覺得阿秀姐上班倒不費難，只要蒙住拿摩溫的眼睛，她的生活我們可以包了。就是眼前這個沒有滿月的孩子怎麼辦呢？恰好這時，阿秀姐鄉下有個春花姐到城裡來賣土布，看到我們急成這副樣子，就說：'把孩子交給我吧。我把他帶到老家去，我有一口吃的總餓不著他。'阿秀姐含著眼淚，包包紮紮，把孩子交到了她手裡，說：'春花姐，你就是她的親媽！'從那以後直到解放，阿秀姐沒有機會見兒子一面，但是她每月省吃儉用，就是借印子錢，也要把兒子的生活費寄去。舊社會一個長工的家庭多一張嘴巴，困難哪！不過，十回有九回春花姐還是把錢退了回來，信上叮囑阿秀，千萬不要借印子錢啊，孩子好好的，要她放心。

"解放以後，阿秀姐有了探親假，人家回鄉探父母，她是回鄉探兒子。是兒子快要小學畢業的那年吧，春花姐突然得了半身不遂的毛病。阿秀姐趕去探病。這次春花姐堅持要阿秀把兒子帶走，村裡沒有中學，她要送兒子上中學。阿秀姐看到她行動不便，更需要有人照顧，就寬慰她說：'像我們這樣的人家，孩子小學畢業能夠看看報紙、寫寫信，就可以了，讓兒子在你身邊務農吧。'春花卻說：'阿秀，眼光不能這麼短淺，兒子是你的也是我的，但不光是你的和我的，他們今後要做的事多著呢，聽我的，帶他去吧。'兒子呢？既捨不得離開親媽，又非常想到城裡去讀初中，就對母親說：'讓親媽一起搬到城裡去。'春花姐連連搖頭，一定不肯答應。臨走的時候，孩子就同親媽合拍了這張照片。可是，在兒子大學畢業、剛分配工作那一年，春花姐的鄰居寫來了一封信，說春花姐病重了，經常在他們面前叨念著阿秀和兒子。阿秀姐收到信後，焦急萬分。但是廠裡的生產任務緊，一時走不開。想到兒子正在暑假中，就寫了一封信給孩子，要他無論如何帶點錢去看看親媽。誰知過了十天半月，沒有回音，她又寫了一封，幾個星期後總算回了一封信。可這是一封什麼樣的信呢？……"

　　彩雲拿起青布包包中那張紙頭，激憤地念道：“‘媽媽，我的工作已經分配了，留在母校當大學助教。你大概不懂此中的奧妙吧，這是將來當大學教授的必經之途啊！像我現在這樣的情況，到鄉下一個那麼偏僻的小村子裡去探望一個病人，總感不大方便。再說，我對人家怎麼說呢？誰知道我鄉下還有這樣一個親媽，我說不出口。工資發下來了，但我想留著替自己買手錶……’這就是這個大學畢業生寫的信。勞動人民用血汗養活他，讓他有了文化，他就寫出了這樣的信。阿秀姐看了這封信氣昏了，就回了他一封信，要他見信後立即回家一次。可是幾年來沒有見到他的影子，也不讓阿秀姐去看他。連做工的媽媽也不認了！”

　　整個草坪上的人們，屏息靜氣地聽完了彩雲的敍述，出現了幾秒鐘異常的寂靜。這樣的人，“紡大”也有過的啊！一年土，二年洋，三年忘了爹和娘！可是……彩雲回頭看看老唐，只見他緊攥著拳頭，濃密的連鬢鬍鬚下的顎骨在突突地跳著。是的，他的強烈的階級愛憎，決不容許這樣的事情在我們的社會上發生！眼看就要發作了，但當他一接觸到彩雲激動的、但是鎮定而帶有啟發性的目光，立即想到了昨天晚上共同討論好的作戰方案，便對著話筒高呼道：“砸爛劉××修正主義教育路線！”“粉碎資產階級對學校的統治！”這口號概括了人們想要說而一時說不出來的心裡話。草坪怒吼了！突然升起森林似的手臂，匯成了一股不可戰勝的力量！

　　彩雲激動地望著草坪。在所有手臂中舉得最高的，在所有聲音中叫得最響的，就是她的女兒，不，是黨的女兒大雙和小雙。多麼可愛的姐妹倆啊！在她的兩個女兒背後，是她的兩個老姐妹阿秀和阿香。原來，這是兩人昨天晚上在樓梯口約好的。中午，阿香提前下了班，連工作帽也忘了脫，就拉著阿秀到“紡大”來了 —— 她們放不下這個心啊！彩雲向這新老兩代人激動地望了一會兒，繼續說道：“同志們剛才的口號喊得很對，這不是阿秀姐一家子的事，這個青年人忘本也不完全是他個人的事，這是一場階級鬥爭，這是一個路線問題。毛主席號召我們到學校裡來，就是為了在毛主席革命路線的指引下，把全校最大多數人團結起來，解決這個路線問題！"草坪沸騰了！真正是暴風雨般的掌聲啊！

就在這時，經過幾百雙手，從已經填平了"界河"的草坪當中把一張紙條傳到了彩雲手裡，她攤開一看，上面寫著：

政委、媽媽：

　　我們懂了：只有工人階級的領導，才能把無產階級教育革命進行到底！你看到嗎？我們又坐在一起了！

大雙、小雙

彩雲一陣激動，兩眼充滿了熱淚。但當她睜開那模糊的眼睛向前望去的時候，卻見一個戴著近視眼鏡、穿著一件灰不溜秋的襯衣、約莫剛滿三十的人，低著頭，慢慢地走到台前來了。在哪裡見過他？彩雲思索著，記起來了，就是替我和老唐開柵欄門的那個人。只見他"喃喃"地說了句什麼，台下的人都喊聽不清。老唐伸出那粗壯的手，只輕輕一拉，就把他推到臺上。對著話筒，他顫顫抖抖地說出了這樣一句話："剛才政委說的，那個……忘本的青年人，就是……就是我！我要和大家一起批判修正主義教育路線。"

整個草坪又"刷"地一下靜了下來。這個兩年前剛從外地某大學調來的教師，人們只知道他是一個"教授"迷。因為會動動筆頭，文化大革命中各派都想拉他當"派筆"。要說寫"內戰"文章，他總是有求必應，但是哪一派他也不參加，因而很受大雙、小雙這樣一類天真爛漫的青年人的崇拜，又有誰知道他竟是這樣一個人呢！

彩雲看看照片，又看看面前這個青年人，他的變化多大呀！她又看了看照片上的春花，望了望草坪後面出神地凝視著台前的阿秀，嚴肅、深情地說：「你有勇氣站出來，這是認識錯誤、改正錯誤的第一步。我們相信你，還是可以回過頭來的！」青年人嗚咽著：「我，對不起黨，對不起親媽……我，在文化大革命中也有錯誤……」他突然抬起頭來，大聲說道：「我要揭發！我們學校裡有壞人，兩派背後都有壞人！我……」彩雲立即插話說：「我們支持你揭發。會後，請你到工宣隊團部來一下。」 ── 因為她想，現在就搞公開揭發，會把事情搞亂的。

大會臨近結束的時候，趙子海帶著自己的隊伍，跑步趕到了會場。

全體起立。人們表現得那樣嚴肅和激動。是啊，這所學校，如果把它的前身也算在內，已經有了三十年的歷史。三十年哪，它上過成千成萬堂課，到今天才開始了真正的第一課。這是工人階級的第一課，是真正符合全校師生員工共同意願的第一課。從革命的老教師到年少的新同學，都在想著一個問題：我們的大學，今天真正開學了！

工宣隊團長老唐，用他那洪鐘般的嗓門起了個音：「起來，饑寒交迫的奴隸 ── 唱！」幾千人發自內心的歌聲，震盪著新滬「紡大」，震盪著這個城市，震盪著一九六八年盛夏的天空！

我們的工宣隊政委夏彩雲，站在主席臺的中間，她清楚地看到，她的老姐妹阿香、阿秀並排站在一起，她的女兒大雙、小雙並排站在一起；還彷彿看到，工人新村裡的爺爺、奶奶和赤著膊像遊魚一樣的「皮大王」們並排站在一起，許許多多她的同輩人和她的下一代並排站在一起，同聲高唱著這國際無產階級最響亮的歌聲：

　　這是最後的鬥爭，

　　團結起來，到明天，

　　英特納雄耐爾就一定要實現。

是啊，勝利不是那麼容易到來的，團結起來到明天，明天的鬥爭一定更艱巨，更複雜，還有多少事情等待著自己去學習，去戰鬥呀，我不也是在上學嗎？剛翻開第一課哩！—— 她掠了掠頭髮，這樣想著。

（原載《朝霞》叢刊 1973 年第 2 輯）

桃 花 水

謝　璞

一

　　驚蟄以後，桃樹枝頭的蓓蕾驚醒了，東一枝西一枝，那些嫣然微笑的花朵，噴出醉人的芳香；到了春分，山上山下的桃花，千樹萬枝就像火焰一般地怒放了。豔麗的桃花，不僅能燒紅天上的彩霞，也能夠燒紅山溪滔滔的春水。在古曆“二月桃花火燒江”的日子，正是春霧瀰漫、雨水極多、雷電迅猛的季節，深邃而蒼翠的雪峰大山脈萬山叢中，正暴漲季節性的桃花水。

　　儼如千年古松一般堅韌的祥雲爺，經歷過八十年風雨，從來就喜愛桃花水。據說，他那慈愛的母親，是在暴漲桃花水的一個早晨，在深山爲財主砍柴時誕生了他。慈母招採了桃樹下的野花，鋪成鮮花的繈褓，迎著風雨雷電，穿過火焰般桃花林，把他抱回雇農的茅棚。但祥雲爺並不爲這個緣故才那麼喜歡桃花水。他常說：“桃花水是莊稼盼命根子。”每一場蘊含著淡淡青草與野花氣息的桃花水，都能夠加深明媚的春光：莊稼地會迅速茁生青青的嫩苗；竹山裡會倏然添生密密的筍林；森林裡會生發嬰兒小手臂般嬌嫩的綠枝。但，桃花水並不是溫柔的羔羊。

　　昨夜裡，雪峰大山脈海拔一千四百多米高的龍口林場，猛漲了一場洶湧的桃花水。它像一條夭矯的凶龍，把四座小山丘沖跑了，有七條俗稱爲“天河”的山溪也被它的“觸角”頂撞得轉了向，改了道，以致山洪橫流，霍啦啦一陣響把遠離山溪的一堆枕木，沖得無影無蹤了。這是去年冬季，林場砍伐好準備交售集材場的四十幾個立方米的木材。場長蕭伏生爲此事急得只差沒吐血哩。同時，更叫他著急的是四處尋不到祥雲爺。他簡直不敢往下想，心亂如麻。

瞧瞧吧，有幾株古老的樟樹，倒栽過來了，它們的長根捲鬚，在空中顫抖地滴著泥水，枝葉全被埋進了爛泥裡，多麼駭人的怪狀啊！一個刺蝟竄過樟樹旁邊，嚇得魂不附體，冷不丁箭毛直豎地逃遁開了。好像說，龍口林場的天真的塌下來了。

場長蕭伏生憂悶不樂地去找林場黨小組長陽雀子商量對策。可是七找八找，找不著這個與中華人民共和國同年的年輕人，卻碰上個年輕的女職工，她對蕭伏生說：

"場長，好消息！"

"什麼好消息？"蕭伏生急問，"是不是陽雀子把她爺爺找到了？"

"不！"年輕的女職工說，"我們和陽雀子，誰都沒有找到老爺爺的影子。"

"那還有什麼好消息？"場長生氣了。

"看你太性急了。"年輕的女職工笑道，"蕭大叔！在深山打獵幾十年的老爺爺是不會出事的，陽雀子早就叫我們不用著急。她領我們沿著水沖洗過的路找枕木，把枕木的去向找到了！"

"在什麼地方？"場長瞪著灼熱的眼睛問。

"很可能會沖進龍口崖去了。"年輕的女職工輕鬆地說，"陽雀子對我們說，提議採取措施，下龍口去把枕木一根一根拖回來。"

場長蕭伏生深深地吐了一口氣，不客氣地說："螞蟻子吹喇叭，好大的口氣啊！龍口就是龍口，它並不是只提桶，人一伸手就可以把桶裡的東西撈上來的喲！我們不能把問題看得太簡單了。再過六天，按照合同簽訂的日期，集材場就要來驗收枕木了。"
忽然蕭伏生又想到面前的人並不是陽雀子，講多了也不頂用，便
問，"陽雀子呢？"

"我們剛分手。"年輕的女職工晃了晃手裡提著的一串香
菇，歡喜地說："她採的香菇朵，比我們誰都多哩。場長，今天
我們林場要辦一頓最有味的早飯菜，大家吃了一定高興！"

"高興？也得看個時候啊！"場長蕭伏生在心裡想：年輕人
肩胛骨太嫩了啊！

他徑直找陽雀子去了，有許多話要跟她講個仔細。他估計這
個提議下龍口把枕木拖回來的黨小組長，可能回場部去了。

那個提一串香菇的年輕女職工，見場長這般神態，禁不住笑
起來，但又感到場長可能會反對陽雀子下龍口的提議，於是，心
裡也忐忑不安起來。

往場部去的蕭伏生，心裡像有個小小的猴子抓他一般，一直
在嘀咕，下龍口去能撈得回枕木嗎？過去我躲壯丁去過那裡面一
次，並不是好玩的，一不小心跌跤，會鬧出人命來的。東西進了
龍口，正像草進了牛肚，還想扯出來嗎？再說，春耕大忙，林場
人手不夠攤派，農業生產隊也抽不出人來幫忙啊！我敢說，下崖
洞裡去撈枕木，是白費勁。解決問題惟一的辦法，是挑選幾個伐
木裡手，進大山動斧頭砍。嗨，誰要替我把四十幾個立方米枕木
及時砍出來，我給他扛十年牆腳都心甘情願哩。再過上六天，如
果木材收購員來了，我場長總不能厚著臉皮說："這怪不得我們
呀！你找桃花水去吧！"那呀，還有什麼革命氣味？即使瘦我十
斤肉，我也不得把困難巴到國家肩膀上去。老長一條的鐵路，缺
少枕木，是沒法通車的。哎，要把祥雲爺找到，那就更好辦事
囉。……

林場的消息，很快就傳到了山下各寨子裡。很多個生產隊的
幹部和社員，都在議論如何支援林場。但屋前屋後長滿了倒掛金

鉤和斷腸藤的矮屋裡，戴捲邊黑紗帽、比黑熊還粗笨的吳順昌，聽聞林場要下龍口崖去撈回被桃花水沖走的枕木，他竟像魂魄出竅，脊背上鬧得冷汗直冒，就像他要進入"天堂"的梯子，轉眼之間就要被晴天霹靂轟掉似的叫他難受。他那對核桃殼子似的眼睛，透露出絕望的綠光，他心裡像油煎似的疼。可是，當他聽到場長反對下龍口崖的意見，要組織人力突擊伐木，他又像從死角回到了希望的邊緣。爲了達到他可恥的目的，他要挖空心思想出辦法來施展伎倆。他咬著滿嘴黃牙站直身子說：

"我就不相信青山化不成灰！"

這時，一條千腳蟲爬上他面前的牆壁，他和善地看著它，用兄弟般的情誼看著它蠕動。

二

林場的場部，是一幢別致的房子，座落在一重高峰的林蔭深處。屋頂是用杉樹皮蓋的，長出了厚厚一層毛毯似的綠苔。上面還叢生著芬芳的芸香草，並有幾朵紅得像烈焰般的野薔薇花。房子四壁用堅硬的紅心杉樹鑲成木頭牆，牆腳牽滿了龍須藤和爬牆三角楓。它堅固的程度，足可以叫任何兇猛的野獸觸動不了分毫。

這幢房子裡，不僅可以住下幾十名林場職工，同時還有他們的學習室、會場和廚房。

陽雀子幫著炊事員在燒火做飯。她估計等到開飯的時候，同志們就會回來了。那時，她要向爺爺 —— 龍口大隊黨支部副書記匯報今天早晨尋找枕木的情況，要同場長蕭伏生同志商量取出枕木的具體措施，要向全場職工發出戰鬥的號召，一鼓作氣把枕木拖回來。

陽雀子是個勇敢、沉著而樂觀的姑娘，人家都說她脾性品格很像她爺爺，稱她小獵人。陽雀子不是個枯著眉毛過日子的人，喜歡笑，一笑起來，老遠的山谷裡都會引起好聽的回聲。她爺爺祥雲爺是有名的老獵人，他介紹過十個人入黨，她就是第十個，如今是個有四年黨齡的林場當家人了。她有一雙勤勞而靈巧的好手，英姿颯爽，紅勃勃的臉蛋兒，已經出落成為一個青春煥發的大山妹子了。她剪著短髮，右邊用紅絨線束紮著一把烏黑發亮的髮絲。她的眉毛拖得長，如兩把柳葉劍，掩壓著秀長的眼睛，眼神裡常是洋溢著春水一般單純的光芒。她這樣的年輕人，無論是穿著怎樣樸素的衣服，都像那披著朝霞的稚松翠柏。她爺爺最高興人家稱呼她作"小獵人"的。

"要想青山萬年常青，山裡沒有獵人又怎麼行呢？"祥雲爺常說，"山這樣青，水這麼甜，都歸我們人民所有了，那些會說人話和不會說人話的禽獸，是決不會甘心的。我們要世世代代培養新獵人啊！"

祥雲爺幾十年來，一直是殲滅那些會說人話和不會說人話的禽獸的能手。

他是在距離現在的龍口林場不太遠的山坳長大的。在他尚未成年的時候，就成了地主的長工。地主硬說他死去的父母生前沒有還清舊債，強制他在牛皮紙契約上按上了手指印，要他當二十年長工來抵償舊債。做了八年牛馬不如的長工後，他逃出了地主的黑漆大門。後來，就憑著一身的勇氣，以萬重大山為家，靠打獵維持生活，過著風餐露宿、飽一頓餓一頓的日子。解放後他曾經豪爽地說過：他睡過的山洞，要是把它們聯成一行，差不多是一條十里長街呢！

有一年，距龍口百里外的六羊峰下，一家姓許的大地主，派團丁們持槍圍住獵人。在眾寡懸殊的情況下，獵人受傷暈倒了。團丁們把他綁在大樹上，胸前貼上罪狀："膽大包天，目無山主，進我青山，不貢不朝，滔天之罪，實不能容。"

餓了兩天后，地主叫狗腿子來解繩子。命令獵人在半年內，拿一張連帶虎舌的大虎皮來交納山稅。地主見獵人傲然不理，便氣喘吁吁地問："你長耳朵沒有？"

獵人仍舊不理睬他。地主氣瘋了，正要發作時，忽聽得獵人像炸雷般哈哈大笑起來。

"你，你……"地主急得轉動虛胖的身子逼問道，"你笑什麼？"

獵人威武地斥責面前的禽獸說：

"你有耳朵就豎起來聽著！既然要獵人的虎皮，為何又不把獵槍虎叉還來？我看只怪血腥銀子塞死了你的七孔八竅！"

地主奈何不得，乖乖還了武器。獵人奪過虎叉獵槍，昂首而去。姓許的地主傻了眼，挪動著慣吃人參燕窩的大皮囊，追上尖聲叫道：

"山蠻子，誰叫你就走哇？"

那像剝皮老鼠的黑管家也叫嚷："怎麼不識好歹，不向老爺道聲謝？"

獵人毫不理睬，只顧邁開大步走開去。

地主揉著自己的皮囊，神氣地說：

"想走？嘿，普天之下，莫非王土，你能走到哪裡去？"

獵人車轉身子，劍眉直豎，眼如噴火，又豪爽地正視著面前的人面禽獸說：

"許先生，告訴你，獵人這一行，總是狼山出，虎山進。哪裡有作惡的禽獸，我就殺到哪裡去。活著就是為了殲殺作惡的禽獸。"說完，便如大鵬展翅一般，一陣風走開了。

幾年以後，紅軍路過大山。獵人聽聞六羊峰姓許的地主，勾結了一夥反革命武裝，妄圖埋伏在山峽中襲擊紅軍。他趕忙從老遠的山上奔來給紅軍帶路。一進六羊峰地界，就遇到姓許的地主和幾個幫兇，正要暗害一個受了重傷的紅軍戰士。這當兒，獵人像火山爆發，一虎叉捅過去，先結果了正要下毒手殺害紅軍的兇手，同一瞬間，獵人揪住了許財主肥厚的後頸皮，把他慣吃人血的大嘴巴按進亂草中，橫腰一腳踢掉了他的手槍。這時，幾個幫兇都逃命走開了。獵人怒髮衝冠，目眥皆裂地對手下的禽獸說：

"先生，你惡貫滿盈，末日到了！"說著便滿腔仇恨地一刀除了這條害人蟲。

英勇的獵人，趕忙把受重傷的紅軍戰士，背進窮人家裡養傷。

獵人從深山老林、懸岩絕壁採來了深山一口血、舒筋香、貼心草等刀槍損傷藥，細細地嚼碎，小心翼翼地敷在紅軍戰士的傷口上。不到幾天功夫，紅軍戰士就能重返征途了。臨行前他把一支小小的羚羊犄角做成的煙斗送給了獵人。他說：

"這羚角煙斗，是我參軍的前一個早晨，老爹塞進我手心的。給你作個伴，除豹打虎之前，吧它幾口會更來勁。"又囑咐說，"有共產黨和大救星毛澤東同志領導，窮人會大翻身。這千重嶺萬重山，都要歸還人民的。天很快就會亮了。"

獵人接過羚羊角煙斗，要求跟紅軍一起鬧革命去。可是走過一千重大山后，獵人因負重傷留下來了。

長夜熬煎中，祥雲爺總是盼天亮，日夜想念著大救星毛主席和共產黨。當自己的大兒子長大成人的時候，他又讓大兒子奔往解放區，到毛主席身邊去當兵。他囑咐大兒子：

"去吧，鬧革命去，像當年的紅軍那樣，為窮人翻身，拿起槍來殲滅那些吃人血的人面禽獸去。"

數不清在雪峰大山過了多少個日夜，天終於亮了。祥雲爺終於見到了紅太陽。

土改中，祥雲爺在黨旗下和毛主席像前宣誓入黨。後來有人好心地勸他說：

"……你老人家兒子在部隊帶兵，你是軍屬老大爺；再說，當年救護紅軍傷患又有功，你可以到大地方去清閒幾年了。"

祥雲爺是愛笑的老人家，他笑問：

"清閒？你說我多大年歲了？"

"五十好幾了。"人家照實說。

"不對！"祥雲爺說，"從入黨那天算起，我還不到一歲呀。如今千重嶺萬重山，都是人民的，我怎麼能讓獵槍虎叉鎖進倉庫裡去？"接著又真摯地補充幾句，"離共產主義還遠哩，獵人還有不少事情要做啊！"

一九五四年，他大兒子從北京寄來了信，問他最需要什麼東西。老獵人回信時寫得乾脆：

"吃的、穿的，家裡都有！你痛痛快快給我送一個孫子來吧。我要把他培養成個小獵手。"

不多久，一口流利北京話的兒媳婦，給送了個五歲的孫女兒來了。

爺爺問小孫女叫什麼名字？兒媳婦告訴公公說："叫聶聶！"爺爺被弄得莫名其妙，兒媳婦趕忙解釋道："爹，這個丫頭耳朵很靈，嗓子好，我本想讓他長大作一個人民的歌手，所以取了這麼個六個耳朵的名字。"

老爺爺禁不住寬心地笑起來，對兒媳婦說："跟爺爺來圍山打獵，同樣可以練成個好歌手的。你那六個耳朵的名字，不太好喊。山裡人喜歡催春的陽雀，就叫陽雀子，好不好？"

從那時候起，陽雀子就一直由爺爺照顧。這個調皮的小丫頭，不到幾個月，一口京腔就改變得乾乾淨淨了，講的全是山裡人的土話。

她變成個靈敏的"山貓子"，爬起樹來最利索；喝多了山裡的泉水，嗓子也變得更脆了。上初小年齡，她就變成個"鬥歌"的能手了。

雪峰大山裡面，男男女女，都喜歡"鬥歌"。他們靠山歌來招呼夥伴，靠山歌來驅野獸。凡是有人勞動的地方，就可以聽到隔山隔水鬥山歌。比如說，你一進山，開頭什麼人也見不到，怪寂寞的。你只能看到層出不窮的綠樹、狹窄的藍天和悠悠的白雲，只能看到灌木叢中有野花向你招手，只能聽到山溪淙淙的流水聲。你呆在這地方，定然會寂寞得難受啊！但是，只要你放開嗓子"挑釁"地唱幾句：

　　哎伊嗬 —— 進山唱山歌，

　　呷一口井水喲 —— 人快活，

　　隔了一夜不開口，

　　如今還在心頭憂。

　　有心鬥歌無人陪，

　　青山不歡水不流！

這時候，如果山裡有人，保險會應戰：

　　哎伊哎 —— 嗧啊隔山打呵呵！

　　有心鬥歌先開頭，

　　陪你唱到水倒流！

　　你唱三伏井水甜，

　　我唱五月楊梅熟！

　　一唱百和，深山很快就能變成個大歌場。

　　老爺爺注意到陽雀子一個特長：她記憶力很好，任何一支新歌，幾乎能夠過耳不忘。老爺爺就有心發揮她這個特長，從小注意教孫女兒唱各式各樣的山歌。他通過教山歌，教育陽雀子懂得什麼是階級苦，什麼叫翻身甜。並把當年紅軍長征、中國人民解放軍剿匪、土地改革等大事，生動地編成長篇山歌來唱。老爺爺並且用山歌來歌頌劉胡蘭、黃繼光及雷鋒等英雄人物。

　　陽雀子中學畢業以後，已經成爲大山上的勞動能手了。七年前，老爺爺把她派到龍口林場跟森林打交道。陽雀子進山時，爺爺就叮囑道：

　　"進林場去，要一手栽花插木，一手揮叉舞劍，怠惰不得啊！會說人話的禽獸和不會說人話的禽獸，時刻都想搗亂的。"

陽雀子來到林場以後,果然是栽花插木的能手,同時也是揮叉舞劍的小獵手。

吳順昌就最害怕祥雲爺和小獵人。

解放前夕,一個自稱是長工出身,被地主豪紳抓壯丁進了匪軍吃糧當兵,多次逃跑被吊打,好不容易才逃出虎口的人,穿一身比癩皮狗還骯髒的黃布軍棉衣,蝨子滿身爬,臉上還有幾條鞭痕。這人就是吳順昌。他躲在龍口大山的破廟裡打擺子,當地貧苦山民見他可憐,便給他生活上一些方便。大家見他樣子老實巴結,便也有不少人不去提防他。

吳順昌平素最愛幫人家的忙,誰家討親嫁女,他都要主動去幫忙作廚師,他文燉武炒出來的菜肴,倒也有幾分受人歡迎。他常常幫人家做甜酒,你交一斗糯米給他,過不幾天,他就給你送上門一缸蜜汁起泡、白如積雪的上等甜酒,而且是死人也不肯接受報酬。他喜歡跟當地貧下中農一起去開會,一有機會就訴說自家"比黃連還苦的家史"。他說他一家人都被舊社會的土豪劣紳害死了。當地貧下中農逢年過節,喜歡穿得整齊、乾淨,尤其是女孩子們及年輕婦女,都喜歡拿出新衣來穿。但吳順昌卻不然,幾乎每年三百六十天,他都穿著破爛不堪的臭衣髒褲,就像從豬欄裡鑽出的一個臭物。要是有哪個說他不講衛生,他就要紅著核桃殼似的眼說:"嗨!窮慣了,穿爛一點不忘本。"

建立農業合作社以後,吳順昌進了林場,不太久的時間,像個暴發戶一樣,很快就爬上了林場副場長的席位。

公社黨委委員、龍口大隊黨支部副書記祥雲爺,常常琢磨這個外來人,覺得他氣味不對頭。大隊幾次研究這個"副場長"申請入黨的問題,祥雲爺總是說:"先別忙,看清楚再考慮。我們不能輕易接受這個並不太瞭解的人入黨。"

老獵人圍山打獵當中,是從禽獸的蹤跡和氣味來辨明去向的,他對吳順昌也格外留心。他知道再狡猾的狐狸精,也不會老藏在洞穴不出來。果然，到了一九六二年，當蔣該死妄圖竄犯大陸時，吳順昌就像一夜間由松毛蟲變成了花蝴蝶。對人說話放肆起來，在公開場合宣揚青山下放到戶，好處很多。並經常藉故外出。陽雀子這段時間特別留心這個行動反常的人。爺爺要陽雀子加倍警惕。陽雀子偵察到吳順昌偷偷地在一個地主分子家裡喝了酒。後來，蔣該死的黃粱夢破產了，吳順昌又變成個謹小慎微的君子了，幾乎是樹葉掉下來怕打破腦殼。並多次在會議上滴著渾濁的淚水檢討自己「上了壞人的當，跟著人家說青山下放到戶好處多，忘了本，變了質，忘記了自己是黃連樹底下長大的人。」看那樣子，想搖身一變，要變成個「檢討模範」。為了表示自己檢討深刻，他可以繪形繪色地把自己說成狗屎不如的人。為了巴結人家，他幾乎可以摘下他的黑捲邊紗帽給你擦凳子。到了一九六七年，他又恢復了一九六二年的神態。表現出一番從頭到腳「革命」的樣子。常恬不知恥地說：「沒有我姓吳的汗馬功勞，這林場不會變得這樣有名……」同時授意一個狗屁不通、自以為高明、在偽民國時代差一點成為「知名人士」的老廢物，寫了一篇表揚稿，標題叫「龍口林場英雄吳順昌」。那個舞文弄墨的老廢物，把人民群眾的功勞，全部記在「吳副場長」身上去了。稿子寄出之前，吳順昌還親自過目，並進行了親筆修改，要他謄一份再寄。不料在半路上被陽雀子截住了，問了情況，就把稿子扣下來。那老廢物焦急地問：「拿哪裡去？」陽雀子說：「我給你謄正一份，再寄吧。」陽雀子拿它去見爺爺。老爺爺召集支部委員來研究，指出吳順昌是個文化水準不低的人，此人形跡十分可疑，支部要派出專人到吳順昌老家去外調。同時指出這篇稿子的原稿必須扣下來存檔。這一下，可惹出吳順昌火來了，他四處煽風說：「陽雀子驕傲自大，目中無人，存心埋沒姓吳的功勞。」不多久，吳順昌到外邊「參觀」了半個多月回來，放開喉嚨說：「如今四處學大寨開田開土。我們龍口也應該馬上開田。」他堅持把青山燒掉幾座來開梯田。陽雀子當場批判他這種毀林開荒的荒謬的提議。但吳順昌心不死，蒙蔽幾個人，毀林開荒，燒掉了半邊小山嶺。祥雲爺請示公社以後，開一千多人的大會批判吳順昌的罪行，並在批判會上把外調材料端出來：原來他是潛伏下來的一個偽上尉工兵連長。他自報是四川某處人，其實是雲南某縣著名的吸血鬼大惡霸地主吳八戒的大少爺，他原來並不叫吳順昌。

從此，林場把吳順昌撤了職，退回生產隊去監督勞動。龍口大隊的群眾，都稱讚林場的老獵人功夫好，把一個潛伏的會說人話的禽獸挖出來了。可是，老爺爺要大家繼續提高警惕：

"挖出來並不等於萬事大吉了啊。倒下的禽獸，有的是真倒下了，有的是裝死的，等它喘息一陣，又會撲過來咬人的。"

陽雀子記得那天晚上，爺爺語重心長地叮囑她："要認真學習黨的基本路線，永遠不忘階級鬥爭才是真正的小獵手。"

今天大清早，小獵人陽雀子帶著林場職工在龍口崖洞口外邊發現了些枕木，有說不出的歡喜，心裡有許多的話要向老爺爺和場長蕭大叔說呢。

大荷葉鍋裡面的飯快熟了，香菇快下鍋，可是老爺爺和蕭大叔還沒有回來啊！

三

場長蕭伏生大步流星回場部去的路上，心裡七上八下起伏不定。忽然間，聽到山下有人喊了一聲"蕭場長"。聲音有點熟，又有點陌生，他心裡說："是誰？呀呀，該不是驗收木材的採購員來了吧？我的天呀，如果是他來了，怎麼去答覆人家呢？"

山下剛剛似乎喊過"蕭場長"的地方，又有人千真萬確地在喊：

"蕭場長！蕭場長！請你下山 — 來一下啊！蕭場 — 長！

蕭場長……"

　　蕭伏生手搭涼棚，往山下看去，見是一個比黑熊還笨的漢子，再走下個山坡仔細一瞧，站在野魔芋樹邊的漢子正是吳順昌這老狐狸。

　　蕭伏生心想這傢伙來者不善，善者不來。為什麼遲不來、早不來，偏偏桃花水沖走我四十幾個立方米枕木的時候來了呢？是不是他想出點力氣立功贖罪？那呀……嗨，不能輕信；不過，爛棕不是也可以搓牽瓜的繩嘛，他想變好也說不定。

　　蕭伏生一步步走下山坡。山路邊有些長刺的藤卻時不時地鉤扯他的青布衣褲，好像要挽住他講幾句知心話似的。

　　野魔芋樹邊的吳順昌，見蕭場長向他走下來，心裡樂滋滋地說："只要你肯下山來，我就不怕你不上我的圈套。"

　　山風乍起，山谷的灌木都憂鬱地搖擺起來，單純而潔白的楝木柴花，無聲地在蕭伏生身後顫動。乳白色的瘴霧也無聲地飄起。

　　但是樹上的桃花，地上的映山紅，它們卻在夾道歡迎從另一條道上山去的老獵人祥雲爺。天上的金鱗鯉魚雲也像在揮手致意。

　　瞧，像千年古松般堅韌的祥雲爺多威風啊！他就像那烽火連天戰場上英勇的騎手，跨上了千里龍駒揮刀衝殺一般豪情滿懷。他腰繫虎筋編成的腰帶，雪亮的腰刀插進虎爪掐成的"刀卡"，大褲腿用山裡雪花藤的藤皮束紮著。腳上穿的，是蘆芒芯和筍殼葉扭起來的草鞋。胸前，還掛一副望遠鏡，這是解放初期剿匪當中一個解放軍指揮員留給他的。

　　昨夜在床上一聽山洪咆哮聲，他一骨碌就起了床。察看了好些山頭之後，他弄清楚枕木被沖走了，他便沿著水路去找，跟蹤追去，弄清楚枕木進入了龍口崖，黎明時便毫不猶豫地進崖洞去找。過去，他進過這個洞子。這個崖洞很不平常，爬到一百米深的地方，接連是幾個險洞。第一個洞叫"雷洞"，裡面狼牙石林立，一進去，只聽得四處有驚雷一般的響聲，如果膽小人進了洞，你會駭得魂不附體。接著前面一個是："風洞"，裡面的怪風特別大，一不小心會把你頭上的帽子吹得無影無蹤，過去稱作是"鬼抓帽的地方"。過了這個洞，往左邊一拐，是"火洞"，這地方，你打個火把進去，可以看到崖洞四壁在噴火，你就像置身在火爐的烈焰中一般可怕。過了"雷洞"、"風洞"、"火洞"之後，面前就是"雨洞"，奇形怪狀的石筍間，四處是雨水，上面漏，下邊噴，左右都是風雨夾攻，這個洞子特別長，有十八個大彎。過了"雨洞"，裡面就是神秘的陰河。這崖洞裡面有瀑布，有激流，也有小溪。過去的人稱呼這裡面叫"魔洞"，稍不小心被陰河激浪捲走，那就等於進了魔鬼的嘴巴。

　　祥雲爺並不把這些險洞看在眼裡，解放初期，他就給一班解放軍帶路進入這些洞子裡，擒了一個大土匪頭子，殲滅了十幾名頑匪。

　　今日黎明進洞後，發現枕木橫七豎八地擱著。他一根一根把它們搬在洞裡面較方便啓動的地方，數了數，有幾根失蹤，七找八找又在陰河的角落裡找到了。他從陰河的激流裡撿起一根枕木時，愜意地對枕木開玩笑：

　　"傻瓜，你躲到這裡來幹什麼？回洞子外邊去，噢？到鐵道上去站崗，才真有臉啊！"

　　他爬出崖洞後，就往場部找人去。一路上，有說不盡的歡喜。爬到杉樹坳時，在坡地上撿著一隻黃嫩嫩的長嘴巴小啄木鳥。他把小啄木鳥放在手心上看來看去。發現這是只受過敵人襲擊的小東西，腿上流著鮮血。祥雲爺在山溪邊尋了一點止血藥草，輕輕的擠出藥汁，塗在小啄木鳥的傷口上，再把小啄木鳥放到楓樹樹枝上去。

　　老獵人愛啄木鳥，也愛山畫眉，因爲它們都是吃蛀蟲和松毛蟲的能手。他說話比年輕人緩慢些了，但他對於青山的一草一木的愛，卻跟年輕人一個樣。他的氣力仍舊大得驚人，去年冬季，一隻崗豹咬住了花寨生產隊一隻小黃牛，激怒了老獵人放了一箭，崗豹中箭後慌忙逃竄，老獵人帶著幾個年輕獵手，沿著崗豹腳印追過十幾重大山，走在最前頭的是老獵人。有個年輕獵手說：“追不上了，算啦！”老獵人說：“追，追到底，獵人手下不應該放走這些凶貨。”受傷的崗豹流了大量血，邊喘氣邊爬在山溪邊飲水；見獵人們不放鬆它，一時獸性勃起，吼叫一聲，直向走在前頭的老獵人撲去。後幾步的助手著了慌，生怕老獵人吃虧。誰知老獵人眼明手快，熟練而英勇地舉叉迎豹，不歪不斜，叉鋒頭捅穿了崗豹的花頸子。助手們拍手叫絕的時候，老獵人風趣地說：

“哈哈！給生產隊送化肥來了！”

說著，從容地拔出虎叉來。不到兩天，豹皮換成一大堆化肥。

回到場部，雙腳還沒有越過門檻，一夥年輕的職工就湧過來迎接這位老爺爺了。大家七嘴八舌詢問老爺爺從什麼地方來，老爺爺對他們說：“你們猜猜看羅！”

年輕人猜不出，追問他，他笑道：

“好，我告訴你們，我探寶回來了”

這就更使大家莫名其妙了。

祥雲爺又笑道：“四十幾個立方米的枕木，不都是林場的寶貝嗎？”

這時正和炊事員在鍋灶邊炒辣椒的陽雀子，從廚房笑著迎了出來，一見爺爺就說道：

“爺爺，大家四處找你哩！告訴你好消息，今天早晨吃香菇！”馬上又補充一句，“還告訴爺爺一個最好的消息：枕木的去向找到了！”

“找到了？”祥雲爺笑問孫女：“在什麼地方？”

年輕人異口同聲爭先回答說：

“枕木進了龍口崖！我們吃了早飯，就要進洞子裡去搬枕木。"

幾個正在搓粗麻繩的小夥子說:"祥爺,你看這繩子結實不結實?"

"結實!"祥雲爺說,"能把金龍一根根拴回來!"

陽雀子見爺爺衣服濕了好幾處,忙問:"爺爺,衣服爲什麼濕了?"

祥雲爺沒有正面回答她:"忘了在'火洞'裡烤一烤啦!"

陽雀子驚喜地拉住爺爺的粗手問:"爺爺,你剛從龍口崖回來?"

祥雲爺高興地點點頭。大家稱心地笑著。

祥雲爺把枕木的下落向大家一講,個個拍手叫好,決心把枕木全部搬回林場來。

這當兒,場長蕭伏生也回林場來了。他一見老獵人,就高興地說:

"呀呀!總算見到老爺爺了,你老人家去哪兒去了?"場長心裡有急事,拉著祥雲爺便說:"我想跟你老人家商量件事。"

這時陽雀子又給爺爺端來一盆洗臉水,並熱情地向場長匯報今早晨的工作:"蕭大叔,大家把枕木的去向找到了,爺爺他……"

蕭伏生卻打斷她的話,說道:"讓我先說吧,好不好?"

祥雲爺邊洗臉邊說:"行,你就先說吧。"

陽雀子倒了一大碗公冷茶給場長。

場長蕭伏生一口氣喝了下去,咂著嘴巴說道:

"嗨,向你們匯報一個新情況,枕木問題,可能好解決了。"他又自己倒了一碗冷茶喝下去,我今早晨正愁著找不到人砍樹的時候,有人找上來啦!他要求爲革命出把力氣,他答應讓他找上幾個力氣好的,有砍樹經驗的人來幫忙。"

"這人是誰?"陽雀子笑著問。

“吳順昌。”蕭伏生應聲說。

“真有意思，”陽雀子笑道，“爲什麼要他插手林場的事？”

蕭伏生馬上說：“自從揭開他的畫皮以後，好像也沒看到他有什麼新的破壞活動。

既然他有悔改的可能，加之他力氣大，讓他上山來砍幾天樹，我看也還可以。”又捎上一句，“反正他在山下是生產隊監督勞動，到林場來，監督他砍樹，也是一樣嘛。”

陽雀子開門見山地說：“吳順昌素來鬼頭鬼腦，不安好心，再說，我們並不需要砍木頭，我們已經找到枕木落在龍口崖裡面，可以進洞子去撈回來……”

蕭伏生不等陽雀子把話講完，就急切地說：“枕木落在龍口崖，早聽說了，你們年輕人沒有進過那崖洞不曉得厲害。那裡不是公園、戲院子，隨便去耍的。裡面有風洞、火洞、雷洞、雨洞、魔洞。我過去躲壯丁進去過一回，那不是鬧著玩的地方，弄不好，有個閃失……”

陽雀子不信邪，揚著柳葉眉笑道：“管它什麼洞，既然過去躲壯丁可以去，今天爲革命撈枕木，爲什麼就不能去了？”

蕭伏生想耐心地說服對方：

“你這種精神是好的，可是，要切實；今天你不是個普通職工了，是林場的負責人 —— 黨小組長，責任重大。”

“正因爲責任不小，”陽雀子執著地說，“我才提議進洞打撈。”

蕭伏生火了，悻悻地說道：“作爲場裡的頭，不能不考慮後果，萬一死了人，負不起責！”又鄭重其事地說，“明擺著，下洞子去撈枕木，是冒險。”

陽雀子耐心地說：“只要工作做得細，死不了人，也出不了事。我們不能大手大腳，動不動又砍一片樹！”

這時候,炊事員敲鐘吃飯。蕭伏生求援地望著祥雲爺說:

"祥爺,你講講看。"

祥雲爺從容地說:"吃了飯再討論,香菇冷了不是滋味哩。"

吃飯當中,各想各的心事。

祥雲爺正集中考慮一個問題:為什麼吳順昌要在這個時候來"幫忙"?他葫蘆裡究竟裝的什麼藥?

吳順昌自從被撤職離開林場後,一直想進林場來,但沒有進山證,只能在山下瞪眼睛。因為林場的山口是把得很緊的。

前年冬季,吳順昌下定狠心趁黑夜摸到林場範圍的龍口崖上頭的竹林邊,但當場被陽雀子捉拿了,批鬥當中,吳順昌只承認想進竹山去偷挖幾根冬筍吃。

去年深秋,吳順昌穿一身黑衣褲,頭上纏塊黃鼠狼皮,裝扮成四腳獸,又鑽到龍口崖上頭的竹山裡邊。這一次,碰上了祥雲爺安裝的"獸套子",這是把粗長的活竹扳下尖來,彎成一把弓,把竹尖尖埋一部分在土裡,就在這個地方安上了"機關",過路的野獸一碰上,"機關"一鬆,竹子就會"噢"地一聲彈直,把野獸套住腳懸掛在空中。往往可以套到羚羊、麂子、野豬、刺蝟等野物。這一次,找上門的野獸吳順昌險些送了命。他在地上爬呀爬,終於出其不意地碰上了"機關",特製的"獸套子"剎那間,他乎失去知覺,駭得屁滾尿流,倒懸在空中哀鳴:"救命呀!救命呀!"

老獵人祥雲爺聞聲趕來,從容地將他解下來,問他為什麼又偷偷進山?

"我,我……想來偷幾根竹子賣……"吳順昌渾身像篩糠似的抖動。

從此以後吳順昌又假裝老實了,很長時間不敢再偷進林場來了。

祥雲爺一直琢磨這件事:吳順昌兩次去龍口崖上頭的竹山

裡，難道真的是為了偷筍陽竹嗎？一場桃花水，竟能叫吳順昌變成個要"立功贖罪"的人了？這裡面難免沒有奧妙啊！

蕭伏生並不因香菇增加了飯量，相反一碗飯也沒有吃完。祥雲爺叫他多夾點菜把飯吃下去，笑道：

"不吃飽，打起仗來你哪來的力量？"

吃完飯，祥雲爺又召集場長蕭伏生和陽雀子來商量。他掏出發光的羚羊犄角煙斗來抽煙，慈藹地看著場長和孫女，問道："伏生，陽雀子，黨的基本路線，你們可記住？"

場長和黨小組長同時回答："記得住……"

"這就好了。我們眼前，也得站在黨的基本路線的高處看問題。有個問題值得重點討論一下，為什麼這次吳順昌這樣主動找上門來'幫忙'啊？"

陽雀子說："我看他是不懷好意。"

蕭伏生說："可能……不過也不一定嘛！"

祥雲爺又提示性地問："兩年內他偷進林場幾次？"

"兩次！"蕭伏生很快記起。

"那兩次他的檢討，"祥雲爺問，"你們還記得嗎？"

"都說是想偷點東西。"蕭伏生先作回答。

"那傢伙詭計多端，他的話不可信。我們不能放鬆警惕！"陽雀子激動得臉都紅了。

祥雲爺輕輕地吧嗒著煙，點頭說："是呀，必須把吳順昌進山的目的弄清楚。雖然查出他是偽上尉工兵連長，但他的原形，還沒有完全揭出來。階級鬥爭是長期的、尖銳的、複雜，一刻也不能疏忽。圍山狩獵，要勇敢，更要有心眼啊！"

陽雀子忙問："爺爺，你看下洞撈枕木行不行？"

祥雲爺斬釘截鐵地說："進了洞的枕木，要千方百計地撈上來，就不能不下洞。"

蕭伏生忍不住又問道："祥爺，那不能讓吳順昌進山來了？"

祥雲爺細心收拾好小煙斗，抽出雪亮的腰刀來，用汗巾輕輕擦拭著刀刃，從容不迫地說：

"放他進來看看，不更好嗎？"

陽雀子興奮地站起來，對場長說：

"蕭大叔，爺爺的意見好！放他進山來，讓他表演表演，是花臉、白鼻子，更可以看清楚。"

這時的蕭伏生，心裡的疙瘩還沒解開，緩慢地說："好囉，那就看一看吧。"

祥雲爺有神的眼光，認真地盯住場長，說："伏生，冬筍子是挖出來的，楊梅是摘來的。面前的事，是一場嚴肅的階級鬥爭。我們要指揮這一場圍獵，什麼地方開放口子，什麼地方埋弩箭，什麼地方吆喝，什麼地方放槍，什麼地方追擊，都有個全盤的安排。"

這時候，門外遠遠近近的山峰，又掀起了驚人的松濤聲，從密林深處，一股一股沖上天空，奔流、呼嘯。

四

早飯後，雷鳴電閃，下了場大雨，倏然又明朗了。滿天都是桃花色、紫蘿藍色的雲彩。

遍山遍嶺的櫻桃花，凋落了一層前一天的花瓣，重新又開了一層紅豔豔的鮮花。風雨無窮，花朵好像也是開不敗的。

雨絲停歇片刻，杉樹林高高的樹尖尖上，陽雀子們正熱情洋溢地唱著催春的歌。

同時，白雲深處也飄起了年輕人無憂無慮的歡笑聲。

幾座鬱鬱蔥蔥的杉林基地挖土的人們也在縱情地唱著山歌。

但是，像黑熊似的，咧著一口堅固的黃牙、戴捲邊黑紗帽的吳順昌，拿著場長蕭伏生給他的進山證進入了林場。他幾乎把手心裡的進山證捏出油來。多乖啊，如果沒有它，吳順昌的腳哪能夠再進山來呢？

這呆過多年的山，陌生了似的，樹也確實高了，山也比幾年前更綠了，一切都叫他吳順昌不順眼。那些杉樹葉子上的刺，都對著他，好像要刺瞎他那核桃殼似的眼睛。

他最驚奇的一點，也是最愜意的一點，是他進入林場以後，看不到任何跡象有人到龍口崖去撈枕木。這就好了，去了大半心病啊！他輕輕地、幾乎近於無聲地吹著口哨。

吳順昌一時得意忘形地亂想：你老獵人厲害？咳，今天你卻中我的計了，滿以為我姓吳的要來幫你們的忙嗎？世界上哪有那麼便宜的事啊！他一邊走著，眼睛瞪得溜圓的四處張望。

吳順昌的一舉一動，都讓山頂上密林深處的老獵人憑藉望遠鏡看得一清二楚。

今天上午的戰鬥，是由老獵人指揮的。

早飯後，一群幹勁衝天的林場職工，湧到老獵人身邊，一個個想爭取下龍口崖去撈枕木。

“祥爺，看我這股勁，夠不夠條件下洞？”

“祥爺，我也不錯吧？”

“讓我下洞去！”

但老獵人對他們說：

“行動聽指揮。枕木，今天不去撈。”

他話音未落，引起了強烈的反響：

“老爺爺，時間不等人呀！”

“爺爺，應該儘快撈出枕木來……”

老獵人便只好把底交給他們。他派蕭伏生帶人去挖土，教蕭伏生如此這般地跟吳順昌周旋；要陽雀子派一班人上茶山培土，幾處地方埋伏好民兵。

一切都準備好了，單等吳順昌登臺表演了。

場長蕭伏生在山腰與吳順昌相遇了。。

吳順昌第一句話就問道："場長，你們不派人下洞子撈枕木了？"

蕭伏生板著臉說道："你答應幫忙砍樹，又何必下洞子去冒那個風險呢？"

"是呀，還是場長你考慮得周到哩。"吳順昌咧著那口堅固的黃牙說。

"爲什麼只來你一雙手呢？"蕭伏生問："你不是答應帶幾個伐木能手上山嗎？"

吳順昌說："明天會有幾個來幫忙。今天，我先進山看看，把可以伐的樹標記下來，等到明天人手一到，就可以一口氣砍了。"

"你看要砍哪一片山的樹好呢？"蕭伏生掩飾住心頭的火氣問。

"依我說，"吳順昌溜圓的眼睛軲轆轆一轉，口是心非地說，"不固定砍那一片山樹，要從愛護森林出發，從便於搬運著眼，先去一株一株地標記下來……"

蕭伏生順水推舟地說："那倒也是，不成片砍，從整片的林子裡去選一些，這個辦法好，那你就標記去吧，要不要派人幫你的忙？"

吳順昌咧開黃牙，假惺惺笑道：

"春耕大忙，一個人當十個人用；我一個人爲革命多吃點苦算了，不用派人了。"

"半天時間搞得完嗎？"蕭伏生問。

"場長，我儘快地幹，保證叫你滿意。"吳順昌盯住場長又問，"你上哪裡去？"

蕭伏生顯出個忙碌樣子說：

　　“下山去，茶山人手不夠，我看看山下還能不能抽出人來幫忙。”說著便去了。

　　吳順昌這時候樂得發了懵，心裡說：真是天助我也！睜開他那核桃殼似的眼睛，四面一瞧，沒看到有人注視他，便鑽進原始森林區去了。

　　他在幾株松樹幹上削了點皮，用粉筆標上數目字。賊眼再往四面瞧瞧，還是沒發現被人監視的一點痕跡，他才完全放心地繞過幾個坡，溜到龍口崖的竹林子裡去。他想方設法進山來，就因為這場桃花水來勢很猛，擔心埋藏在洞子裡的一口“寶箱”被大水沖出來。近幾年來，一直沒有辦法進洞去看個實在，去年深秋和前年冬季兩次被生擒，也正是因為擔心這件事。這次聽說林場要派人下龍口崖撈枕木，更是著急。在他心目中，這口埋在崖洞裡的“寶箱”，是他日後邀功請賞、飛黃騰達的證物啊！

　　站在高處瞭望的祥雲爺，見到吳順昌鬼鬼祟祟下洞子去了。不到半個小時，早就埋伏好在崖洞深處的幾個民兵把吳順昌押出洞來了。有個民兵手裡抱了一口大箱子。站在前頭的陽雀子按照原定的信號，朝天放了一槍，全場職工，心中有數，知道這是抓到凶禽猛獸的信號，剎那間，從四面八方湧了過來。

　　陽雀子向老獵人及全場職工報告戰績：他們見吳順昌在“火洞”裡面挖出“箱子”來，這是一口不銹鋼皮製成的箱子，很沉重，不知裝些什麼玩藝。這時，場長蕭伏生氣喘咻咻地奔來了。

　　老獵人兩眼噴火似的喝令吳順昌立即把箱子打開。吳順昌還想耍無賴，說無法打開。

　　這時，氣憤中的蕭伏生猛一斧頭把箱子劈開了，裡面是蔣該死匪幫授給他的“鐵血男兒”獎章，還有兩枝美造手槍，半箱手槍子彈。

　　吳順昌核桃殼似的眼睛裡，現出了絕望的綠光，他像個原形畢露的狐狸一般，在獵人面前發抖，又像一堆沒有靈魂的死肉。

老獵人主持在現場開了批鬥大會。結合進行了一次生動的黨的基本路線教育。

會後,這個巍然如山,比千年古松還堅韌的祥雲爺,揮動雪亮的腰刀,發出豪邁的笑聲,說:

"伏生,陽雀子,趁早組織人馬下龍口!"

兩天后,龍口林場盛開著石菖蒲香花的小溪邊,堆放著打撈回來的四十幾個立方米的枕木。祥雲爺躬著腰不聲不響地用山溪裡的桃花水,多情地擦洗沾在枕木上的泥漿,一根根擦洗得像金條一般發亮……

（原載《湘江文藝》1973 年第 4 期）

風呼火嘯

孫健忠

一

雷霆師傅把三歲多的孫女子小雷鷹擱在肩膀上，在露天影院、籃球場或小公園裡一出現，立即就會有許多親熱的聲音向他包圍過來，你且聽聽：

"雷師傅！"

"雷老師傅！"

"老老師傅！"

各種各樣的喊法都有。因爲這喊他的人裡面，有他親自帶出來的徒弟，也有他徒弟的徒弟，還有他徒弟的徒弟的徒弟。這時候，雷霆師傅爲這種熱烈的氣氛感染著，眼角上聚起密密的魚尾紋，板刷似的硬鬍子朝嘴兩邊傾斜開，一陣春風化雨催得他心花怒發了。於是，雷霆師傅照例要問問這個，問問那個："你那爐子還好吧？風口出沒出毛病？今天又出了多少鐵？焦比高不高呀？"如果逢上星期天，雷霆師傅的家裡更有一番熱鬧。休班的徒弟們都來了。雷霆師傅把特意準備的好煙，教孫女子小雷鷹一枝一枝送到叔叔們的手裡。隔壁的灶屋裡，飄過來腥油香，和雷師母和善的埋怨聲：誰個今天爲什麼沒有來呀？把我們這沒用的老骨頭忘丟哪！聲音裡又透著母親般對兒女們的想念。當然也有另一種時候，雷霆師傅就得親自上門去看望他的徒弟了。誰個入黨啦,當上模範啦,他便到書店裡買上幾本學習書,特意趕去道個喜;誰個病啦,住了醫院啦,他就提著一袋鮮果跑去看望;可是誰個如果腦殼裡結了"瘤"啦,工作上出了錯啦,好傢伙,雷霆師傅跑來了,臉色鐵一樣凝重,眼睛裡幾乎要噴出火來,那炸雷般的聲音也就朝對方轟去:"你你你……你搞些什麼名堂呀,你可要給工人階級爭氣呀!"

奇怪,奇怪,這幾天,雷霆師傅為什麼上牙片老是咬著下口皮呢?走路的步子為什麼比平日放慢了許多呢?他會有什麼心思呢?

事情是這樣引起的,那天中午,三號高爐黨支部書記老高突然撥動了他的心事,說:"老雷,你帶出來的鼓風工、捲揚工、爐前工算是不少哪。你現在當的是工長,這個'工種'也不能後繼無人啊。"老高這麼一提,就像鐵水漏進渣池裡,在他心裡噗噗地爆炸開了。是哇,這倒是件頂要緊的事。可是究竟該挑個什麼樣的後生子呢?他腦殼裡轉開了走馬燈:三號高爐一個個魁武的年輕人,笑呵呵地走到他面前來,站住,讓他仔細地打量,品評。這年輕人走掉了,接著又走出另一個年輕人來……老師傅承認,這些年輕人,無論從哪方面說,都是很不錯的,能軋出一截好鋼材來的。"哎哎,誰個好呢?誰個好呢?"夜深,睡在床上的時候,雷霆師傅常常自己問自己。雷師母卻在旁邊搭了腔:"我當是什麼大不了的事情呢!隨你挑一個不就成了。又不是大妹子挑姑爺。"雷霆師傅笑了,說:"老婆子,你這想法錯哩,錯哩。今天這事情呀,頭等重要哩!比大妹子挑姑爺還當緊哩!"

雷師母再沒說什麼了,她懂得,老倌子一直記著幾年前的那件事呢。那時候,由於劉少奇反革命修正主義路線的干擾,高爐上竟然有一條這樣的"金科玉律":當工長必須有大學以上的專業文化程度。就是說,工人少喝了墨水,不懂得"愛克斯加歪",不能當工長。文化大革命的浪濤,把劉少奇反革命修正主義路線摧毀了。鋼鐵廠為了發揮工人階級的領導作用，把一批工人提拔到領導崗位上：雷霆師傅就是這一次當上三號高爐甲班工長的。工人們把這件事看成自己的一個重大勝利，真叫人揚眉吐氣啊！當然，不高興的也有那麼個把人。三號高爐就有個叫許壽之的工長。解放前，他父親為了開一座小鐵廠，特別把他送出去"留洋深造"。五年後，這位資本家的大少爺就喝了一肚子洋水，戴著近視眼鏡，提著一皮箱大部頭技術書，回到他父親的身邊，當上了這座私辦小鐵廠的廠長。解放後，黨和政府對小鐵廠進行了社會主義改造，開始了大規模的擴建，到現在，已經變成比原來大上幾十倍的鋼鐵聯合企業了。許壽之因為手裡還有點技術，一直被留在三號高爐當工長。可是，他就倚仗著這一點，尾巴翹得比捲揚機還要高。在他當班的時間裡，高爐總愛出些毛病，風口燒啦，爐缸進了水啦，鐵水從渣口沖出來啦，燒壞料坯凍傷了爐子啦，工人們嚴厲批評他，要追究責任。他卻冷冷地"哼"一聲，鏡片裡橫著一對三角眼說："這爐子是個神奇古怪的傢伙，它裡邊你看又看不見摸又摸不著，誰能保險不出點毛病呢？不信的話，你們哪個就來當兩天工長試試看！"他那雙三角眼在鏡片裡滴溜溜轉著，視線挑釁地在工人們身上掃過來掃過去，彷彿在掂量著誰能有這個勇氣。

這種時候，雷霆師傅全身的血管都在炸裂哪，滿嘴的硬鬍子一根一根豎起來，兩眼噴得出火來，一對鐵錘般的拳頭捏得格格響哪！他怎能容忍許壽之這樣放肆地污辱工人階級？！驀地，他跨前一步，一手摘掉墨色防護眼鏡，敞開喉嚨喊道：

"許工長！"

許壽之驚駭地抬起鏡片裡的三角眼。

"你要我們當兩天工長試試，好呀！"雷霆師傅推開頭上的防護風帽，豪爽地說，"說實話哩，這活我們還沒幹過，可是什麼都是可以學會幹的呀！依我說，我們把工種兌一下，我替你當工長,你替我當爐前工!"雷霆師傅說到這裡,提起手裡的大鐵鑱,"通"地一聲插在許壽之面前,"接住!"

許壽之惶惑地抽回右手,倒退著。

"哈哈哈哈……"

在工人們奚落的笑聲中,許壽之臉膛上紅一陣白一陣跑回值班室,"砰"地關上了門。他又羞又惱。可是他怎麼也沒想到,幾年之後,那個拿大鐵鑱唬他的雷霆師傅,竟然被提拔為高爐的工長。他在心裡說:嘿嘿,等著吧,不鬧出大笑話來,那才古怪哩!

這些話,許壽之雖然沒有說出口來,然而,雷霆師傅卻從他掛在嘴角上的輕蔑的微笑裡,鏡片下悠然自得的眼波裡,看到了這裡面隱藏著什麼樣的意思。就這樣,雷霆師傅第一次跨進牆壁上掛滿儀錶的值班室,感覺到兩個肩膀上的擔子是這樣沉重。在過去,這值班室是一塊禁地,工人是不能隨便進來的。今天,他代表著中國工人階級,昂起腦殼,挺起胸脯,堂堂正正地走進來了。他可不能給工人階級丟臉!不能讓資產階級看笑話!為著學會這一整套十分複雜的操作技術,他拼命地用心看,用腦子記。據說有一天他病了。工人們都催他去保健站裡看看。他只好去了。女醫生一面用聽診器按住他的胸膛,一面問:"雷師傅,哪裡不好?"你猜他怎麼答?他說:"有些消化不好。"女醫生摸摸他的額頭,又問:"燒不燒?"雷師傅說:"燒哩,燒到一千四百多度哩!"女醫生愣了,轉念一想,就忍不住咕咕笑起來:"雷師傅呀,我在給你看病,不是問的你那寶貝高爐呀!"雷霆師傅自己也笑了:"是呀是呀,我剛才說了些什麼呀!"惹得滿診室裡的人都哈哈大笑啦。此後,人們就說:雷霆師傅心裡窩著兩件寶貝,一是爐子,一是他的孫女子。

這話雖然不假,然而,雷霆師傅也有同爐子及孫女子生氣的時候。這是一件現在想起來還使人既痛心又憤懣的事情。那一天,雷霆師傅正在值班室裡值中班，突然發現水壓表上的指標正在急劇往下降，跑到高爐邊一看，風口排水管冒著蒸汽。他心裡一驚，估計是篩檢程式出了故障，水管已經被關死了。按說，當時本應該關住三套風口的進水閥門，然後再將被燒壞的十套風口都換下來，那麼這也就沒事了。可是那陣子他偏偏不清楚這一點，急得一時沒有了主意，便問站在旁邊的乙班工長許壽之：“怎麼辦？”穿著的確良白襯衫的許壽之，手裡搖著一把黑紙扇，三角眼在鏡片裡梭了梭，冷冷地說：“哎呀呀，這可怎麼辦呢？你自己加減著處理吧！”那意思很明白，就是要等著看你雷師傅的笑話。雷霆師傅又急又氣，便叫配管工打開過濾器，通通水。沒料到這一下就拐了場，像高燒的病人，猛地多喝了冷水，立即作起瀉來。只見風口的蒸汽冒得更濃，冷水漏人爐缸，一爐上好的鐵水受了些損失。

雷霆師傅心裡有多麼難過！回到家裡，飯不吃，茶不飲，聲不吭。臉色像鐵一樣凝重，眼睛裡又幾乎要噴出火來，滿嘴的鬍子一根一根地豎著！要在平日，他看見睡在搖窩裡亂蹬亂抓的小雷鷹，早就捺不住地奔過去，搔她的胳肢窩，捏她胖嘟嘟的小腿巴，親她的小臉盤兒。在小雷鷹格格格一串的笑聲中，把她抱起來，放在胸脯裡窩著。今天，小雷鷹怎麼也引不起公公的半點興趣。她朝公公笑，公公不笑；她又朝公公哭，公公“嗨”地一聲，火啦：

“哭死呀，哭！丟進漣河裡餵魚去！”

他第一次生氣地罵了孫女子。這次事故，把他的性子也明顯的改變了。在值班室裡，他很少說話，卻更多地用心思。每當他按動一隻電鈕，發出一個指揮訊號的時候，眼前便浮現出一張臉孔，近視眼鏡的鏡片下，有一對三角眼狡詐地轉動著，鼻樑邊隱藏著輕蔑的冷笑。這時候，雷霆師傅便用上牙刂把下唇一咬，口問心，心問口：“這個訊號是正確的嗎？幾秒鐘後，爐子裡將會發生什麼樣的反應？不會出現意外的情況吧？雷霆呀雷霆，你可千萬要小心，謹慎呀，要給工人階級爭氣，不能讓資產階級看笑話呀！！"

　　想起這一番往事，雷霆師傅怎能不痛心不憤懣呢？現在，他要挑一名徒弟，怎能不翻來覆去地考慮，把它看得比"大妹子挑姑爺"還要慎重呢？

二

　　沒過幾天，雷霆師傅終於挑中了一個叫萬均的後生子。他把這想法告訴黨支部書記老高。老高兩手一合，笑著說："你硬真有眼力啊！"其實，這萬均也沒有什麼很特別的地方，如果給他填一張履歷，只有這麼簡單幾欄：二十五歲，共產黨員，父親是鐵路工人。參軍前在鋼鐵廠當爐前工，去年復員，又回到高爐上。算起來他還是雷霆師傅徒弟的徒弟哩。他的經歷是這樣平凡，沒做過一件驚天動地的事。他樸實得像一塊煤，平日裡無聲無息地埋藏在地心裡，可是一投進爐膛，就燃燒起來，放散出熾烈的光和熱。休息時，他總好一個人坐在僻靜的地方，膝頭上擱著紅皮小本本，埋起腦殼畫呀畫的。他提出了"在爐前安裝吊車，解決出鐵和出渣矛盾的倡議，並且把一張很工整的設計草圖交給了黨支部。

　　於是乎，在雷霆師傅挑選徒弟的"走馬燈"裡，萬均笑呵呵地站在面前不走了。雷霆師傅也笑著點點頭："好嘛，就是你，就是你。"這一天，剛剛放完了第一爐鐵水，雷霆師傅把萬均叫到值班室裡，非常嚴肅地說：

　　"你，你，你又在搞什麼名堂？"

　　萬均不知道出了什麼事，這時被爐頭，鐵水烤紅的臉盤兒變得更紅了。驀然，他發現雷霆師傅眼瞪瞪注視著自己的右腳。原來他左腳穿了一隻防護水牛皮鞋，右腳穿的是一隻棉鞋，看起來實在滑稽得很。

「你這樣，符合安全條例嗎？」雷霆師傅生氣地說，「棉鞋脫下來，讓我看看！」

萬均難爲情地笑笑，一動不動地站著。

「怎麼？要我給你動手嗎？」

萬均沒有辦法，只好怯生生的脫掉棉鞋，露出了被鐵水燒起大水泡的右腳背。雷霆師傅彎下腰去，拿手指頭往水泡上按了按，又難過又抱怨地說：

「你看你看，我就曉得這裡頭有鬼！爲什麼不上保健站敷點藥呢？穿不得防護皮鞋，你可以跟班長說一聲，回宿舍去休息休息嘛！」

萬均像一個小孩子，在大人面前做錯了事，又得到寬容一樣，高興地將棉鞋穿回右腳上。這時候，雷霆師傅倒了碗開水，往萬均前頭的桌子上一擺，咧開了佈滿鬍子的闊嘴，說：

「你喝。我要問你個事：你從部隊回來又當了一年多爐前工。說實話，你對這個工作有些什麼意見嗎？」

「沒有意見。」萬均懇切地說。

雷霆師傅很高興徒弟這個回答，可是又問：

「有些什麼想法？」

「想法？沒有，我願意當一輩子爐前工！」

「可是不行，」雷霆師傅鄭重地說：「黨支部要我告訴你，從明天起，你的工種要換一換。」

「好的，換我幹什麼我就幹什麼。」

「你跟著我當見習工長。」

「這個呀，」萬均語塞了，「我幹得了嗎？」

「爲什麼幹不了？」雷霆師傅睜大了眼睛。

「我文化不夠，看不懂那麼些符號。」

"照你這麼說,我這個老粗,早該離開值班室哪!"又放緩語氣說:"學嘛,學嘛,誰又是一出娘肚子就曉得幹哩!"

次日,萬均懷著既新鮮又嚴肅的心情,跨進了值班室。牆壁上那麼多圓的方的儀錶,針筆自動地在表上畫出不規則的曲線,高爐裡每一點兒變化都在這上面反映出來。一張桌面大的《作業日誌》上,用各種不同的符號,將爐況記載的那麼詳盡。這些都是他今後要認真學習的課題。還有直接與高爐服務的各個部門,稱量車啦,捲揚機啦,鼓風機啦,各種管道啦,水泵啦,油泵啦,熱風爐啦,都必須去瞭解它們,熟悉它們。他覺得這好像一個人,高爐是他的心臟和胃,這值班室就是他的大腦,其他部門就好比血管啦,腸道啦,肺啦,肝啦,神經系統啦……他現在就在這個大腦裡。他每時每刻,都要依靠神經系統的傳遞,去掌握高爐內部的變化,指揮它朝著正確的方向發展。他正這麼想著,就聽到雷霆師傅在喚,轉身看時,見老師傅站在滾燙的高爐邊,弓起腰子,拿著藍色有機玻璃觀察鏡,對著風口上的觀察孔,往爐缸裡看。等萬均走攏身邊,他才直起身子,把觀察鏡遞給萬均,鐵扇子似的右手擱在年輕人的肩膀上,說:

"這個給你。你就先從看火學起吧!要煉出一雙火眼金睛來。看火的顏色,就能判斷出爐溫是高呢,還是低呢,爐子順行呢?還是不順行呢,"又說:"你當了工長,黨和人民把這座爐子交給你了,是高產是低產都攥在你手板心哪!別的呢,我也沒有什麼要說的,只一宗,要發狠,要用心,嶄勁把技術學到手。有什麼不懂的,你只管問我,我是不會嫌麻煩。呵呵,還有一宗要記著,做事要牢靠,要穩當,不能冒跑。我說的這些,你都聽清了嗎?"

"聽清哩。"萬均依順地應道。

"那好,還要擱在心裡。"雷霆師傅在說上面這一番話時,心情是激動的,這是一副多麼感人的望鐵成鋼的心腸!末了,他又鄭重地說：

「伢子，你是中國工人階級裡的一員，你可要為我們工人階級爭氣，為毛主席爭氣呀！」這才是最要緊的一句話！

萬均激動地點點頭。能跟著這位老師傅學習，他很滿意，也很幸福。因之，他走進這間被複雜的儀錶包圍著的值班室，並沒有感到陌生和迷惘。他想有著這樣好的師傅，只要自己嶄把勁，是能夠駕馭必然，取得自由的！

便說：「師傅，你的話我都記住哩。」

「好！以後看吧！不過，你可要留神點，我這個人火氣大，喜歡拉熱風啊！」

雷霆師傅這麼說，是有意給萬均打個招呼，不要到了以後「拉熱風」的時候，沒有一點思想準備。只過了幾天，雷霆師傅就真的拉了一次「熱風」。事情是這樣發生的，雷霆師傅想考考萬均這幾天的成績，把他拉到一個觀察孔邊，出了一串題目要他答。萬均答一道題，雷霆師傅就笑眯眯地點一點頭。被爐頭、鐵水映紅的臉膛流露出他滿心的喜。可是他突然兩眼一瞪，又粗又黑的眉翅往上一飛，急促地說：

「什麼什麼？你再說一遍。」

萬均又把答題重說了一遍。

「你在說些什麼呀？如果依你說的辦，爐子早凍死啦！」雷霆師傅的臉色又變得鐵一般凝重，嘴上的短鬚又一根一根豎起來啦，他心情沉重地感歎著：「唉唉，工長呀，工長呀，黨和人民把爐子交給你哪，爐子攥在你手板心裡哪！」歇了一會兒，又說，「往先，一個普通工人，能不能當上工長？不能哇，連個一瓦斯工（注）也要挑大學生技術員哩，值班室這道門限就根本不準工人進呢！今天，唉唉，你可要給工人階級爭氣，給毛主席爭氣呀！」

事後，雷霆師傅熄了火，冷靜地一想，又十分懊悔。這萬均伢子並不是個偷懶的人，他整天都在圍著冒火焰的爐子打轉轉，拿個小小的觀察鏡，對正觀察孔往爐子裡看呀，看呀，一會兒又掏出小鋼筆，把每次觀察到的情況，往紅皮小本子裡記呀，記呀。直到把自己弄得很疲憊，熱得滿頭滿身汗水淋淋，眼眶上烤起了兩個紅圈兒，他都不肯回到值班室去歇歇。再說，人家才來這麼幾天，就能把什麼都學到手呀？自己剛來的時候又是怎麼樣呢？這時，雷霆師傅又想起那天他"拉熱風"時，萬均勾起腦殼，撥著手指甲，一幅非常難過的樣子……想到這裡，老頭子動感情嘍，他找著萬均，很抱歉地說：

"那天，哎，你曉得，我這脾氣！'，

"不哩，"萬均撲眨著亮亮的眼睛，很感動地說，"您要嚴格些，才對我有好處。"

"嗨，你算摸著了你師傅的心。"又心痛地望著他眼眶上的紅圈兒說，"你也要注意點身體，你看，你這眼睛，保健站去看看吧！"

在高爐上，季節的交替不甚分明。它總是那麼熱烈，有"閃電"，有"雷鳴"，風在呼，火在嘯，隔一會兒，就有一輪"紅日"從爐臺升起。我們從值班室掛著的日曆上，才看得出來，春天匆匆地過去了，夏天又急急地趕來了。初夏的一天，雷霆師傅對黨支部書記老高說："這伢子飛靈的，你只給他說一遍，指給他看一遍，他就記住了。"還說，"人家也'見習'了這麼久了，翅膀骨也長齊紮了，讓他自己飛去吧！"就這樣，萬均被排上了主班。師傅是甲班的工長，徒弟是丙班的工長。師徒倆碰在一起的時間少了。可是師傅估計著徒弟有困難的時候，少不了趕去扶他一把。徒弟在師傅面前，還是一隻剛學飛的小雛，技術上碰著什麼難題，一時拿不準主意，他就一扭頭："找師傅去！"

三

落日含山。徐徐的晚風，驅散了白天的燥熱。鋼鐵廠的小公園裡，正是涼爽時候。休班的鋼鐵工人們，一幫一幫到這裡來了。雷霆師傅把小雷鷹擱在肩膀上，在公園中心的噴水池邊站住。那銀白色的泉水，從崢嶸峻峋的石頭上噴向天空，跌落下來，在大理石砌圍上碰成一朵朵玉蘭花。驀地，雷霆師傅聽到有人喊他，轉過身來，見是萬均這伢子笑哈哈地來了。

"師傅，竹林底下坐坐吧，那邊涼快。"

於是他們便往公園西頭那一小片竹林走去。竹林邊有一塊乾淨的草坪，草坪上放著一堆書，一個紅殼面小本本。不要問，雷霆師傅就知道這是萬均放的，並且知道他一定在這裡用過很久功夫了。他們在草坪上坐下。雷霆師傅順手拿起一本書，見是毛主席的《矛盾論》，翻開看時，扉頁上抄了一條語錄："人類總是不斷發展的。自然界也總是不斷發展的，永遠不會停止在一個水準上。"雷霆師傅小聲念了一遍，就合上，興奮地說：

"好呀，你學習抓得緊，比我強。"

"哎呀，"萬均靦腆地說，"我還差得蠻遠哩。"

雷霆師傅又拿起一本《反杜林論》，說：

"今後，在這上頭，你要多幫我一點兒。"

"師傅，今後我們就在一起學習吧！"

這會，雷霆師傅拿起了一本厚厚的《現代煉鐵學》，翻開，眯起眼看了半會，什麼也沒有看懂，便皺了皺眉頭，抬起眼皮問：

"你也在看這個？"

"是呀！"萬均興奮地說。

"許壽之就是看這種書！"

萬均忍不住呵呵笑了，說道：

　　"這種書他許壽之能看，我們也能看！"

　　最近來，雷霆師傅似乎察覺一點兒什麼。在車間裡開會時，這年輕人發起言來，聲高了，話衝了，左一個"建議"，右一個"建議"。他又發現這後生子腿勁更足了，有事無事，總愛往鼓風房、熱風爐、稱量車那邊跑，和師傅，師兄弟們一起，在商量一椿什麼大事情。難怪黨支部書記老高昨天碰見他，就似開玩笑非開玩笑地說："哈哈，老雷，你可要加油呀，不然，徒弟伢子就會超過老師傅哪！"雷霆師傅笑著回答說："新事物總要戰勝舊事物的呀，自然規律抗拒不了嘛。"老高打著哈哈，又把嘴湊到他耳朵根上，像告訴他一件機密似的說："你曉得嗎？人家真是敢想敢幹，正在研究趕上世界先進水準的事呢。"是的，這些天，萬均確在研究一椿大事。可是他有一個習慣，在自己還沒有把方案想好之前，是不願意對人宣揚的。就是說，到他對人提出一個方案來的時候，那已經有了相當的把握了。所以直到昨天，他才找到黨支部書記老高，說出了自己的想法。老高立即給了他很大鼓勵，並囑咐說："多找雷師傅商量商量。他的經驗多。"萬均點著頭說："我正要找他老人家哩，他會給我出許多好主意哩。"現在，在公園裡撞見了雷霆師傅，他心裡十分高興，準備談談這個事了。

　　"師傅，我今天去家裡找您哩。"

　　"哦。"

　　"我要找您商量個事哩。"

　　"唔。"

　　萬均正要往下說，卻又被小雷鷹纏住了。不知什麼時候，這丫頭從書堆裡翻出了一本小人書，這下子她可歡喜了，從頭起一頁一頁翻著，翻完了又從頭起一頁一頁翻著。驀然，她把一頁圖畫送到萬均鼻子下，瞪著眼說：

　　"美國鬼子！"

“對，是美國鬼子，”

“他在做什麼呀？”

“屠殺越南的小孩。”

“這個不是刀呀？”

“是大炮。”

“大炮是什麼做的呀？”

“鋼鐵做的。”

“我們也有鋼鐵呀！”

“有。還要多多煉。”

“多多做些大炮呀！”

“做。支援越南，打美國鬼子！”

“我長大了，也要……”小雷鷹滿意了，她從小口袋裡掏出一個用碎玻璃做的藍色觀察鏡，閉起一隻眼睛瞄著，表示她已經是個鋼鐵工人了。

“莫鬧，莫鬧，叔叔有事呢。’ 雷霆師傅親昵地罵了她一句，就轉過頭高興地對萬均說：

“這本小人書也成了你的隨身物啦。時時刻刻翻著它，記住帝國主義和社會帝國主義，為世界革命多生產鋼鐵吧？”

萬均靦腆地嘿嘿笑著。雷霆師傅又問：

“值班室壁上那粉筆字，是你寫的嗎？”

萬均含笑著點頭。

“是呀，一看那筆劃，我就曉得是你的把戲。” 又問，“那些一二三四五，又是什麼意思？”

“那是世界上最先進的焦比數（注）。”

“呵呵，你寫那個做什麼？”

“掛在壁上，時時都可以看著哪。”

“呵呵，你說吧，你說吧！”

“師傅，我這樣想，降低焦比，多煉鐵，是個頂重要的事兒，許多國家都在這上頭做文章。"

"哎，他們是在這上頭做了蠻多文章！"

"這個文章，我們也可以做做嘛。"

"你說說，這個文章怎麼做？"

於是，萬均像小學生回答老師的考題似的，對雷霆師傅說出一個"三大三勤一高一低"的新操作方案來。什麼大風量、大料坯、大噴油哪，勤檢查、勤分析、勤調節哪，高風溫哪，低料線哪，說得個經緯分明。他一邊說，一邊注視著上牙片咬住下唇的雷霆師傅，'儘量讓自己的話有說服力些。末了，他望著老人炯炯有神的眼睛，探詢地問：

"不曉得這樣行不行呢？"

這時，雷霆師傅的上牙片在下唇上咬出了深深的齒印。在薄薄的暮靄裡，還可以看清他鐵一般凝重的臉色，兩眼裡炯炯的目光消失了，卻浮上一層雲翳。他那鐵扇子似的大手，一大把一大把地拔著地上的陽雀草。他傷心哩！他傷心哩！見著這情形，萬均心慌意亂了。

四

月亮已經升得很高了。在這樣迷人的月夜裡，有多少鋼鐵工人正揮著汗水，在高爐上、轉爐邊和連鑄機旁鏖戰呀！又有多少下了班的工人，因爲多煉了一爐鋼鐵，興奮得躺在床上徹夜不眠呀！這一夜，萬均就這麼坐在宿舍的視窗邊，望著天上圓圓的月，一直望到它落下去的時候。對降低焦比，攀登世界冶金技術高峰這件事，雷霆師傅會不會同意呢？第二天一早，雷霆師傅就到高爐上來了。老人家的眼圈紅絲鎖了邊。他圍著高爐轉了一圈，這裡看看，那裡摸摸，然後走進值班室，在一張長靠椅上坐下，旁邊留出了一點位置。他對正在填作業日誌的萬均招呼說：

"來這裡坐一會兒，師傅跟你說說話。"

萬均掛起作業日誌，在師傅身邊坐下了。他心裡惴度著老人會說些什麼。可是雷霆師傅什麼也沒有說，卻把個小小的觀察鏡放在手指裡旋轉著，旋轉著，好像在研究這觀察鏡為什麼能旋轉似的。年輕人忍耐不住了，就說：

"師傅，我知道你昨晚沒有睡好覺！"

雷霆師傅好像沒有聽見，卻說：

"伢子，你剛來的時候，我跟你說的那些話，你還沒有忘記吧？"聲音是懇切的。

萬均感動地說：

"不會忘記哩，師傅。那天，您把觀察鏡交給我，您說：要發狠，要用心，嶄勁把技術學到手；做事要牢靠，要穩當，不能冒跑。"

雷霆師傅點點頭，欣喜地說：

"呵呵，你都把它記住了。是呀，從你當上工長那天起，黨和人民就把這座爐子交給你了，這座爐子就攥在你的手板心裡了。我們要給工人階級爭氣！給毛主席爭氣！"到這時，萬均的心裡豁亮了，完全明白昨天雷霆師傅生氣傷心的緣由了，便說：

"師傅，您這話我更加記得清楚。鏡子底下那對三角眼，時刻都在我面前晃動呢！"萬均想了想，又說，"不過，我還想哩，我們可不能老跟在他的屁股後面，踩著他的步子走。我們要從他的頭頂上跨過去！他又算個什麼玩意哩！"

雷霆師傅被萬均這一番話激動起來了。這年輕人說起話來有多重的分量啊，有多大的氣魄啊！可是一想到他那個既奇特又有些冒險的操作方案，不禁又有些擔心。萬均這靈泛後生子，已經看透了師傅的心思，揚了揚眉毛說：

"師傅，我曉得，你是怕鬧出了事故，給黨給人民造成損失吧？"他不等回答，又說，"是哩，這高爐是不好惹的哩。你一點沒弄好，它就發脾氣，傷料啦，凍壞啦，出廢鐵啦，燒壞鐵道啦，水池爆炸啦，造成多大的損失呀！"

雷霆師傅喘了口氣說：

"嗨，這幾年來，就不知擔了幾多心！"

萬均笑了笑，接著說：

"師傅，你是想，這一回要是沒弄好，闖出個大禍，那可怎麼得了？我說師傅，不會哩，不會哩。許壽之說，這爐子裡頭看不著，摸不著，是個神奇古怪的傢伙。這全是唬人的鬼話哩。我們只要認真讀馬列的書和毛主席的書，就可以把它摸著，把它看透，把它的內部矛盾規律找出來哩。"

雷霆師傅那又黑又粗的眉翅，向兩邊額角上展開了，炯炯有神的眼睛放亮了。但是，稍稍沉默了一會兒，他就很嚴肅地向萬均提出一連串問題來：礦石一時趕不上來怎麼辦？風口突然結了油它怎麼辦？爐子裡發生了意外變化怎麼辦？萬均又像小學生在老師面前答考題似的，一一作了回答。雷霆師傅眯起眼睛細細地聽，有時點頭，有時又搖搖頭，有時又連連追問下去，簡直不讓萬均喘過一口氣來。

這都是他昨天夜裡翻來倒去想過的問題。看來，萬均這伢子也認真地想過了。老人心裡很滿意。最後，他站起來，在桌子上倒了兩碗汽水，自己端著一碗喝了，又坐回靠椅上，動情地說：

"昨天，在公園裡，你說：革命形勢發展得這樣快，黨和人民多麼需要我們增產鋼鐵……嗨，就是這麼回事。一九五八年，我們搞鋼鐵大躍進，為了什麼？不就是為了那個一千零七十萬噸嘛！今年的元旦社論，公佈了我國去年鋼鐵生產的數字：二千一百七十萬噸。看著這個數字，我心裡盤算啊，盤算啊，從一千零七，到二千一百七，這發展有多快！可是從我們建設社會主義的需要來看，從支援世界革命的需要來看，這又不夠得很，不夠得很。你爸爸是修鐵路的，那鐵路每天在往前伸，要多少鋼鐵去鋪它啊！你坐上火車一看，那鐵路兩邊，一幢一幢新工廠，一部一部拖拉機、抽水機，這都是些什麼做的？又不是泥巴做的，豆腐做的，全是鋼筋鐵骨做的啊！」

聽了師傅這話，萬均非常激動地說：

「師傅，你這話說得很對。昨天在公園裡，小雷鷹說，她長大了，也要當鋼鐵工人。這又使我想起五八年的一件事情哩，這件事我一輩子也不會忘記哩！那時我才七歲，跟爸爸住在銀盆山鐵路工地。有天傍晚，我在倉庫邊撿了個小道釘，蹲在地上當鋤頭挖土玩。爸爸正好下工回來看見了，瞪著眼問我：『你，你，你從哪裡拿來的？』說實話，爸爸還從來沒對我發過這麼大的火氣。他用打雷一樣的聲音吼我，『給我！以後不準再拿，聽見了嗎？』我還記得清楚，爸爸從我手裡接過那顆小道釘，拿著往衣服上揩呀，揩呀，接著掏出小手帕，把小道釘包好，小心地放進衣荷包裡了。當時我真不懂，一顆小小的道釘，爸爸為什麼看得那麼重呢？到晚上，爸爸讓我坐在他腿上，問我：『小均，你曉得這道釘是什麼做的嗎？』我說：『鋼鐵呀。』爸爸說：『對，是鋼鐵做的。』又說，『你看，爸爸和伯伯叔叔們把這截路基早修好了，可是到現在還沒有鋪軌，火車還開不過來，你曉得這是為什麼嗎？』我搖搖頭。爸爸歎了口氣說：『哎，就是因為缺少鋼鐵呀！帝國主義就是仗著他們多有幾噸鋼鐵，才敢這樣欺侮我們呀！』爸爸的話，深深烙在我心裡，我想，等我長大了，就去當一名鋼鐵工人，為祖國多煉鋼鐵。我記得，就在這一年全國大辦土高爐的日子裡，我一放學就拿把小鐵錘，去給土高爐捶礦石，或是挎個竹籃籃，到處撿廢鐵。師傅，你一定知道，我自從當上鋼鐵工人以後，什麼時候心裡都是甜蜜蜜的啊！」

不知什麼時候起，雷霆師傅鐵扇子一樣的大手，緊緊地握著年輕人的手板。激動地笑著說：

"你們放勢幹，師傅不會擋路的，你們要超過我，這才好，我才高興。就是這個話。"

五

三號高爐像一尊頂天立地的巨人，披著一身厚厚的鐵灰，翹首向長天呼吼。於是，在它的上空，便經久不息地滾動著隆隆的春雷。它不僅無可比擬地豪邁，而且蘊藏著世界上最偉大的熱力。你走近它放射著火焰的身旁，用一隻藍色有機玻璃觀察鏡，對準風口上的觀察孔往裡看看吧，只見風在旋轉，火在翻騰，一車車鐵礦石在風火裡熔化，匯成了一爐爐白閃閃的熱浪。這氣勢，叫人聯想起太平洋上的大颶風，奔馳在草原上的一萬匹烈馬！

值班室裡，師徒倆又發生一場小小的爭執。

"師傅，"萬均說，"你下班哩，我上班哩。"

"什麼下班上班的！"雷霆師傅沒有好氣。

過一會兒，萬均又提醒道：

"師傅，你回去，小雷鷹在家裡望你哪。"

這下子，雷霆師傅來了火，說：

"不要催哪，告訴你，我不會回去哪。"

萬均的心情是複雜的。雷霆師傅已經在這裡工作過八小時了，應該回去休息了。可是他又實在不願意老人離開。今夜是不平常的一夜，他將按照一個嶄新的操作方案，去指揮這一班生產，創造一個降低焦比，趕上世界先進水準的奇跡。剛才黨支部書記老高關切地問他："怎麼樣？"他照實說："有點兒緊張。"現在有師傅在身邊，那就不一樣了，心裡更踏實了。"大膽，心細，放手操作！"師傅親切的囑咐又在耳邊響起來了。他心裡是平靜的，腦子也是清醒的。他在電燈下認真看了牆壁上的儀錶，研究了上一班的作業日誌。雷霆師傅，已經爲下一班創造了非常好的條件，現在的爐況十分正常。根據這些情況，一個大膽而周密的操作方案，飛快地在萬均腦子裡形成了。他把這方案對雷霆師傅一說，雷霆師傅點了點頭，他就用電話和電鈕，發出了不同的指示和訊號。儀錶上的指針在轉動著。不規則的曲線反映出高爐裡的冶煉強度：風量提到最高，料坯加到最大，重油噴得最足，風溫燒到了一千度。

時間在一秒一分地延續著。萬均不斷地調節著風火。針筆在儀錶上劃出細細的曲線，反映著高爐裡些微的變化。萬均和雷霆師傅走出值班室，拿個藍色觀察鏡，仔細檢查著爐缸裡每一點小波動。看看這個風口，又看看那個風口，圍著高爐轉圈子。爐況正常。……爐況正常。……爐況正常。已經出過了四爐鐵水。再出一爐鐵水，他們就勝利了，歡欣鼓舞的時刻就要來臨了。時間是凌晨五點。爐臺四周的夜空，黑沉沉的，夜色時刻都在向爐臺襲來，但屢次又都被鐵水燦爛的紅光擊退了。

開始出最後一爐鐵水。十來個戴著防護風帽的爐前工人，已經清好了鐵水溝，往泥炮裡裝滿了堵口泥。一個英姿勃勃的爐前工，手握一柄電鑽，從鐵口往爐缸裡鑽打，突突的機聲震顫著夜空。驀然間，像出現奇蹟似的，一輪“紅日”從高爐湧出來，爐臺上噴射著一束束耀眼的金花。望著這朵朵金花，使人想起天安門前五月之夜的焰火，一束束花朵拋上天空，一束束花朵撒落下來。……

鐵水在爐臺轟轟然奔流著。萬均和雷霆師傅戴上有墨色眼鏡的防護風帽，仔細地看著這鐵水的色澤和流勢，憑經驗，他們知道：品質上好。爐前工人們，握著長長的通釺，在火龍上跳過來，跳過去。紅光裹住了他們全身，那一束束金花，就像從他們身上噴出來的呢！一忽兒，高爐上空便升起一團團絢麗的雲霞，燒紅了半邊天。

半點鐘過去了。鐵水該放完了。一個爐前工人緊緊抓著堵口機的起重閥門,只等萬均一聲令下,便要立即啓動泥炮堵死奔騰的鐵流。但是,就在這時候,意外的事情發生了。由於這高爐是按新方案試驗操作的,風壓一下子變得很大,一股鐵水呼嘯著,捲起礦石焦炭從鐵口噴出,整個爐臺被烈火和濃煙吞沒了。萬均的秀眉往上一挑,大聲喊道:"堵口!"那爐前工忙按蒸汽閥,轟隆一聲響,巨大的雙筒堵口泥炮朝著出鐵口猛擊。事情偏有這樣湊巧,壓力一大,泥炮上的鋼絲繩斷成兩截,堵口機完全失靈。霎時,烈火噴得更猛了,鐵流跳過沙壩,向水渣池飛騰而去。

雷霆師傅知道:如果大量熾熱的鐵流碰上池裡冷水,轉瞬就會變成一顆"炸彈",發生強烈的爆炸事故。多麼嚴重的時刻!只見雷霆師傅回頭朝煙霧裡吼喊:"同志們,快些拿白泥和石棉繩來!"這聲音壓倒了風火爐的轟鳴。旋即,他便迎著騰騰烈焰衝了過去,一手拉開失靈了的泥炮,準備進行人工堵口。爐子裡風壓越來越大,火焰噴得越來越猛。只見他縱身跳進水池裡,打濕全身,披起水淋淋的麻袋,端著鐵堵盤,撲向烈焰騰空的出鐵口……萬均也撿起一張濕麻袋,往肩上一披,緊追著衝了上去。爐前工人們把白泥和石棉繩投向出鐵口。半小時後,一場激烈的搏鬥結束了,憤怒的火龍終於被鎖進了高爐裡。

萬均走到雷霆師傅面前,稚嫩的臉膛上閃著紅朴朴的光彩,小聲說:

"師傅,剛才多虧了您,您沒有受傷吧?"

雷霆師傅憐愛地撫摸著萬均濕漉漉的肩頭,又看看他那被火燒爛了的帆布工作服,說:

"看你說的,我怎麼能受傷呢?鋼鐵工人嘛,這身子骨都是鋼打鐵鑄的嘛!"

萬均天真地咬著嘴唇笑了,又開懷地說:

“嘿嘿，師傅，我們終於勝利了！”

“是的，勝利了！”雷霆師傅說這話的時候，眼角上聚起了密密的魚尾紋，板刷似的硬鬍子朝嘴角兩邊傾斜開，又粗又黑的眉翅簡直要飛起來了。他高興地補充說，“嗨嗨，焦比大大降下來，趕上世界先進水準啦！”

萬均輕輕地點了點頭。

“要從資產階級頭頂上跨過去哪！”

萬均又輕輕地點了點頭。

“你說，這許壽之算個什麼，你剛才注意他沒？還沒到他當班的時候，他就來啦。……”萬均搖搖頭，表示沒有注意。

“我倒注意哩，他那對眼睛呀，哈哈哈哈……”

萬均沉思著說：

“師傅，我在想哩，剛才那個事故，說明我們的工作還沒做周全哩。還要好好總結經驗，摸清這爐子的規律，解決風壓增大的矛盾，把堵口機弄好。”

雷霆師傅連連點頭，蠻有把握地說：

“這堵口機，我會給你出一點主意的嘞！”

“好呀！師傅，我得好好跟您學習！”

雷霆師傅搖了搖頭，豪爽地大聲說：

“你跟我學習，我更要跟你學習；我是你的師傅，你也是我的師傅。這才是辯證法的觀點。漣水前浪推後浪，後浪更比前浪高嘛。譬如說，那《煉鐵學》我就看不懂，你要幫幫我。”

他們說笑著，同時朝遠方望去，只見爐臺下裝滿鐵水的“鐵水罐”，正被軌道車攔往煉鋼車間，倒進發出一陣陣嘯聲的轉爐裡。他們彷彿看見，那堆積如山的鋼錠，正在變成一條條鋼軌，一排排鋼樑，一台台機器，夜以繼日地運往湘江大河，洞庭湖濱，武陵山麓……而他們自己呢，手握長鋼釬，正和那轟天的高爐並排站在一起，身邊是呼嘯著的風火，頭頂是滾滾的春雷。……

（原載《湘江文藝》1973 年第 5 期）

金鐘長鳴[1]

立　夏

　　人們常用"一日千里"來形容速度之快。但你可別用它去形容火車的速度，要不，大車們就會不客氣地回敬你一句："唔，那簡直是老牛拖破車！"

　　現在，2034 次列車就以一百一十公里的時速在江南鐵路線上奔馳著。每分鐘一點八公里，依此推算，再過三十一分二十秒，即到今天的十七點五十五分，這趟列車就將通過鄰局的最末一個車站 —— 荷花塘，到達本局的第一個車站 —— 望湖亭。

　　坐落在這個工業大城市近郊的望湖亭車站，頓時忙碌起來。

　　在江南鐵路線上，像望湖亭這一類中小車站的建築大都成一個"凹"字形，右邊一長條是辦理貨運的，中間一橫是辦理客運的，左邊的一長條則是整個車站的指揮中心：行車室。

　　值班員丁寶康端端正正地坐在行車室裡，滿意地在今天的運行圖的最後一格裡，填上了 2034 次到達的時間。丁寶康當然知道，列車還在路上跑，哪能預先填上到達的時間呢？只是心裡激動著呢，等不及，先用鉛筆填上，萬一晚點，再用橡皮擦去。

　　—— 不過，怎麼能容許出這個"萬一"呢！你要知道，望湖亭車站是本局與鄰局的"交界站"，交界站接發列車的正晚點不只是

1　"立夏"，是"文革"時上海市革委會寫作組的筆名。小說的主題是寫"造反派"與"走資派"的鬥爭，鼓吹階級鬥爭的金鐘應該長鳴，為江青反革命集團篡黨奪權製造輿論，是"陰謀文藝"的先聲和典型作品。

一個站的事，還會關係到全鐵路局的成績。如果這一趟，也就是今天最後一趟列[2]，也是正點到、正點發，那就是說，在無產階級文化大革命高潮中修改的運行圖，第一天就創了個滿堂紅！

他抬起頭來，透過環形的玻璃窗，可以清楚地看到月臺兩端、股道、候車室，一排排的大字報專欄，以至一片片正在抽穗的綠油油的大麥，和正在開花的金燦燦的油菜。這一切，對他是多麼熟悉和親切啊！就說月臺中間花壇裡那三棵冬青樹吧，枝壯葉茂，都有齊屋簷高了，那還是一九五二年他到北方鐵路局去學習做值班員時帶回來親手種上的。整整過去了十五年，前七年擔任值班員，後八年又提拔為站長，丁寶康雖然已經頭髮斑白，但他仍像冬青樹那樣，竭力不使自己喪失青春活力。十五年來，他接發了千千萬萬趟列車。每當緩緩地揮動綠旗，目送滿載國家建設物資的長長的列車，吼叫著漸漸遠去的時候，他，一個在舊社會幹了十幾年"扳道夫"的"老鐵路"，心田裡感到多舒坦啊！

但是，出乎他的意料，半年前，文化大革命的浪濤一掀起，他的舒坦的心情突然翻騰起來啦！

"請問丁寶康：你要把我們的列車引到什麼路線上去？"

奇怪，這算是什麼問題呀？我能把列車引向什麼路線呢？當然是鐵路線嘛，誰個曾見過火車在平地跑呢！更使他感到奇怪的是，貼出那張轟動全站的大字報、提出這個責問的人，是一個名叫巧姑的女貨運員。說老實話，丁寶康當時連她姓什麼也早忘啦。只知道她到車站來工作還不滿三年。剛來的那天，還是由她父親陪來的，兩條長辮子，一件紅底白花的土布棉襖，全身都是農村姑娘的打扮。父親走的時候，她還哭鼻子哩！好在她父親是個鐵路上的老司機，當場批評她往後不許再這個樣子。唉，現今的青年人哪，糖水裡養，紅旗下長，難怪，幼稚嘛，提出了這樣不成

---

2 鐵路上的列車運行以十八點即下午六點為界，過了十八點，就算第二天。

問題的問題！

可是，正是這個不成問題的問題，後來卻成了大問題。一夜之間，大字報貼滿牆，掛滿屋，一致讚揚巧姑這一炮轟得好，齊聲責問丁寶康：為啥開口閉口望湖亭車站怎麼怎麼樣，從來不講全市、全國怎麼怎麼樣？為啥抓起生產指標來生龍活虎，提到階級鬥爭一筆帶過？為啥搞各種名目的物質刺激來得有勁，毛主席指示的無產階級政治掛帥偏偏不執行？這些大字報集中起來有個大標題，就叫作：請問丁寶康：你要把我們的列車引到什麼路線上去？

真是晴天霹靂啊，丁寶康一下子給震懵了！整整三天三夜，吃不下也睡不著。十幾年來辛辛苦苦，一直還以為自己是全心全意在幹革命的，可這麼些大問題我怎麼一個也沒有想到呢？這究竟是怎麼一回事呢？這時候，他又想到巧姑，一下子覺得這個青年人還真不簡單哩！記得她剛到站上，一張口就滿面通紅，不久，就活躍起來啦！人們說，巧姑巧姑，七分巧三分火。拿起喇叭筒，向旅客宣傳，又能說，又能唱；搞黑板報、壁報，又能寫，又能畫。站上大掃除，她天不怕地不怕，爬到屋頂把積了幾十年的爛雀窩全給掏出來啦！成了預備黨員後，又在黨支部的領導下，串連了十幾個人，組織起來學習毛主席哲學著作。難怪，她能一眼看出我的問題。可現在，我，晚了！……就在這時，巧姑來到了丁寶康的面前。她端著一碗熱噴噴的米飯，一盆青菜荷包蛋，往桌上一搡，嚴厲地說：「現在我代表貼大字報的群眾命令你：馬上吃下去，不吃，就說明你對抗運動！」丁寶康起先一怔，接著眼前一亮，突然感到從未有過的真正的舒坦，飯也吃得特別香甜，三扒兩扒就落了肚。巧姑一邊利索地收拾碗筷，揩抹桌子，一邊笑著說：「你是個老幹部，應當給我們後輩人做個好榜樣嘛，可是這麼一點小風小浪就經不起。難怪，日子過得太安逸了，忘記了還要繼續革命，怎麼還能瞭解黨的政策，瞭解群眾的心情呢？

我們整你，是希望你早一點回到毛主席革命路線上來嘛！"她走了，突然又回過頭來叮了一句："你好好考慮一下，十天之內，向群眾作出觸及靈魂的檢查！"……

現在，丁寶康回憶起這一段難忘的經歷來的時候，不禁在心裡說："黨，毛主席，培養了多好的一代青年人啊！"

他站立起來，伸出食指，朝著掛在第二顆鈕扣上的閃亮細鏈條這麼一繞一甩，胸前口袋裡立即飛出了一塊足有玻璃杯口大小的火車掛表，同牆上的掛鐘對了對，又一甩，飛了回去。接著，拉衣袖，整帽沿，扣上風紀扣，拿起捲成一筒的紅綠旗，準備去作接車前的線路檢查。—— 遠近幾百公里鐵路線上的同行們誰不知道，丁寶康對這套制度的執行，真可說是風雪無阻，一絲不苟哩！

"丁師傅，水開啦！"行車輔助員小沈捧著一杯熱騰騰的開水，這麼說。

長方形的行車室，靠月臺的一端擺著裝滿一大堆電話機、閉塞機的工作臺，後一端是作為工作人員學習、休息用的，擺著書籍、衣服、盥洗用具，和燒茶、熱飯、冬天兼取暖的小火爐。這個虎裡虎氣的青年人，能扛一百多斤的包子，揮二十四磅大錘，但為了點著牆角落的那只小火爐，並且叫整整一壺水都達到沸點，簡直把命都豁上啦！你看，他脫得只剩一件紅秋衣，還是滿頭大汗，就這樣，兩片腮幫子上還蓋了好幾個煤球印呢！

丁寶康是個嚴肅的人，沒有笑，示意小沈把衣服穿上，一會兒出去要著涼的。他正要伸手去接那杯來之不易的開水，月臺上闖來四五個人，其中一個隔著窗急呼呼地大聲嚷道：

"同志，快，幫我們運一運，季節不等人哪！"

丁寶康聽那講話的口音是外省人，旁邊幾個又像是本地人，都是農民打扮，猜想是哪個人民公社有關托運的事，便打開一扇窗，用紅綠旗指著月臺右邊那一長條平房，熱情、耐心地說"那邊是貨房，你們到那裡去，辦個手續。通過文化大革命，我們改了，手續很簡單。不要急，最多兩三天，我們一定提前給你運。"

"能不能就掛這趟 2034 呢？是稻種呀，晨光推扳勿起，人家等著落穀哩！"幾個本地人幫著這麼說。

原來，在文化大革命中，望湖亭車站附近的紅星人民公社試驗成功了一種"606"新稻種，性子特別好，適宜於多種地區種植，產量又比一般品種高一二成。他們從報紙上看到南陵縣長豐人民公社為了響應毛主席的號召，扭轉南糧北調的局面，準備試種水稻，就主動寫信去推薦"606"。剛才那個外地口音，就是長豐公社派來的，旁邊幾個本地人，就是紅星公社陪來的。

丁寶康聽得心頭熱了。嗨，文化大革命以來新事多，這又是一個新生事物呢！但他一想到那個"萬一"，馬上冷靜下來：搶運這批稻種，自己辛苦一點，麻煩一點，這倒不在乎，萬一耽誤了發車時間怎麼辦呢？要知道這是文化大革命高潮中第一次修改運行圖，今天是新圖實行的第一天，2034 次又是今天的最後一趟列車呀！他相信自己對文化大革命從開始很不理解到現在有所理解，已經把自己的命運同這場大革命聯繫在一起了，感情上也有了很大變化。人們說："交界站上風雲多。"望湖亭車站不僅是個交界站，還是靠近這個工業大城市的一個視窗。城裡的風怎麼吹，這裡的草就會怎麼動。前兩天，就有人從鐵路局帶來了一股風，嚷嚷什麼：文化大革命好是好，就是薪幹部掌權不會牢，不出十天半月，運行圖一改就見分曉。聽聽，這是什麼話？！難道我們的巧姑同志不會掌權嗎？別的不說，就說這次修改運行圖吧，她反反覆覆組織大家學習，從路線上認識意義，說明文化大革命促進了工農業生產，交通運輸更繁忙了，新圖比老圖多了好幾趟列車，交路也更緊了，我們一定要全力以赴，確保安全正點。她不僅向全站九十六個職工反覆說明，還把工作做到家屬宿舍，要她們密切配合，甚至還編了一首兒歌到附近小學校去同孩子們一起唱："火車火車嗚嗚叫，運行新圖改得好。上學放學排隊走，鐵路兩邊不亂跑。工人叔叔都稱讚，毛主席的紅小兵就是好。"……我丁寶康也算個"老鐵路"了，什麼時候想到過要做這麼多細緻的工作呢！不是有人等著"見分曉"嗎？過去，哪一次修改運行圖的第一天，我們望湖亭車站做到全部正點過？今天，再過半個鐘頭，你們就"見分曉"吧！

丁寶康索性把幾扇窗都打開，探出頭去誠懇地對窗外的幾個人說："2034 次實在不能掛，不過，我們一定儘量提前運。"

一直捧著那杯熱騰騰開水的小沈，一聽丁寶康還是這句話，即刻縮回了手，轉過身，把開水送到了長豐公社同志手裡，兩片腮幫子鼓鼓的，可生著氣哩！噢，就是你"鐵路大，大鐵路"，人家這麼求你，你還是鐵石心腸，已經被貼了這麼多大字報，怎麼又跑到"舊軌道"上去了呢？農業是國民經濟的基礎，單憑這一條，就該讓掛 2034 次嘛！你還不知道，昨天鐵路局調度所還有人打電話來，說是今天實行新圖，為了"回答新幹部掌權不會牢的嘲笑，顯一顯我們新幹部的威風"，要把"老當權派"統統換下來，是巧姑費了好大口舌，才把這個意見頂了回去，讓你今天當班，還說為了不影響你的情緒，不要把這件事情告訴你。人家這樣信任你，可你，唉，簡直是……簡直是扶不起來的阿斗！

當然，這一肚子話小沈都沒有說。經過文化大革命，他懂得要正確處理兩類不同性質的矛盾。眼前這個矛盾，總還是屬於人民內部的，鬥是要鬥的，可不能亂鬥一氣。那……那我該怎麼鬥呢？哎，真急人哪！

正在這時，一陣清亮的歌聲從隔壁候車室門外傳來：

鐵梅呀！年齡十七不算小，

為什麼不能幫助爹爹操點心？

好比說：爹爹挑擔有千斤重，

鐵梅你……

　　小沈一聽高興極啦！正要轉身迎出去，巧姑已跳進了行車室後端的那道門口。她的年齡雖說"不算小"，但也不算大，約莫二十剛出頭。圓鼓鼓的面龐，大概剛在外面吹了冷風，顯得格外紅潤。一對機靈的眼睛，兩束用橡皮筋紮著的短髮。全身穿著半舊的藍色的鐵路制服，只是上衣的下端，露著一寸多那件紅底白花的土布棉襖 —— 現在已改成夾衣。腳上穿著一雙高幫膠鞋，大概是從貨場那邊過來的吧，上午下過一陣子雨，鞋幫上濺滿了點點泥漿。

　　小沈正要開口，巧姑突然格格地大笑起來。一邊笑，一邊把掛在肩頭的黃布背包往桌子上一放，從牆角的面盆架上端面盆，提茶壺，倒熱水，拿杯子，摻冷水，輕快利索地一下子把絞好的毛巾熱騰騰地送到小沈面前，說道："打掃打掃你的面孔！"

　　小沈的嘴巴撅得更高了。接過毛巾，往面盆裡一丟，氣鼓鼓地說道："誰還有這份閒心思？你去看看丁師傅，這算什麼態度！"

　　巧姑收住笑容，向行車室工作臺那一端望去，看到丁寶康和幾個陌生人正在向自己望著，這才知道大概出了什麼事，便把黃布背包往肩上一掛，順手掠了掠頭髮，快步向前走去。

　　丁寶康介紹說："這是我們車站的革委會主任，巧姑同志。"

　　幾個社員感到有希望了，隔著窗對巧姑說起要托運稻種的事情來。巧姑沒有立即答應，卻回頭叫小沈代替丁寶康坐到工作臺上來，然後打開行車室的邊門，同丁寶康一起走了出去，回身又把門關嚴了，在窗外同他們面對面交談起來。巧姑仔細聽了幾個社員的要求，心裡一忖，突然嚴峻地、同時又帶著鼓勵地望了望丁寶康，接著熱情地對幾個社員一字一句地說道：

　　"今天是丁寶康同志當班，他有權作出決定。"

　　"那……"一直焦急地期待著巧姑的幾個社員顯然又失望了。他們不安地有的在月臺上東張西望，有的搓著手，有的轉而望著丁寶康。

丁寶康聽了巧姑的話，心裡一陣激動，但越是激動，越是覺得不能改變原來的主意。唉，萬一因為搶運這批稻種而使 2034 次晚點，單是個人的責任問題，我倒願意全部承擔；但現在的問題是，有人要拿它來攻擊我們的巧姑同志，攻擊新幹部，攻擊文化大革命的呀！不，我丁寶康寧願自己戴保守主義的帽子，也不冒這個險！

當他抬起頭來正要重申原來決定的時候，卻碰到了一對嚴峻的目光，他突然猶豫了，把剛要出口的話又咽了回去。

不錯，剛才丁寶康內心的矛盾活動，沒有逃過巧姑的眼睛。她覺得這批稻種是應當爭取 2034 次掛走的，但考慮到丁寶康在舊軌道上走慣了，對新的形勢一下不能適應，本來工作已經不夠大膽，如果我去改變他的決定，就會使得他以後工作更加縮手縮腳，因而想把主動權讓給他，由他自己來改；但現在一看神色，沒有想要改的樣子，巧姑用那樣嚴峻的目光看著他，就是不讓他把話說出口來，免得他陷入更大的被動。

一陣難堪的沉默。

丁寶康伸出食指這麼一繞一甩，胸前口袋裡立即飛出了那一塊大掛表，現在是十七點二十六分，離 2034 次到達本站還有二十九分。這一回，他沒有立即把掛表收回去，兩眼凝視著那掛表表面，金黃色的秒針在急促地移動著：嗒、嗒、嗒……

巧姑忍著笑想：他是在用掛表說他的心裡話哩："我也知道搶運這批稻種的重要，但時間不等人哪！"好，那就讓我來回答吧！她從容而有力地說道：

> "通過文化大革命，我們懂得了，鐵路上安全正點是椿大事情，一定要努力保證；但是，安全正點本身不是我們的目的，我們的目的是要為無產階級政治服務，要為工農業生產服務。"

"是啊，本來倒也沒啥，可偏巧今天是……"

"對呀，今天是我們實行新圖的第一天，就是說，從今天開始，我們都要按照文化大革命的精神來辦事，一切要從無產階級政治的大局，從工農業生產的大局出發，丁師傅你說對嗎？"

丁寶康一怔，猛地把食指那麼一甩，大掛表立即被收進了口袋。頓了頓，輕聲地說出了兩個字：

"好吧。"

"那太好啦！"社員們緊接著說。

這時，巧姑從黃布包裡拿出一個本本，翻開其中折著的一頁，熱情地說道：

"丁師傅，剛才我在裝卸甲班勞動，老師傅們為了保證新圖的實現，討論了一個搶裝搶卸的新方法。根據老師傅們講的，我畫了這麼張作業圖，你看看，我們能不能就在 2034 次上試一下？"

丁寶康迅速接過本子，仔細地看了起來，有幾個疏漏的地方，都用鋼筆作了校正。他欣喜地抬起頭來說：

"好，這個辦法解決問題。不過，還可以同老唐師傅他們商量一下，再加一道作業線，行車室、客運室抽得出來的人，還有家屬，都可以組織起來，參加戰鬥！"

說話時，十幾個裝卸工人已向這邊奔來，走在頭裡的就是本站有名的大個子、裝卸甲班班長老唐師傅。他頭戴柳條帽，身穿打過補釘的鐵路工裝，由於步子跨得大，一條藍色披肩像翅膀似的在左右嘩嘩地張合著，他邊走邊大聲說道：

"老丁，別磨蹭了，快答應，我們包你正點。"

丁寶康搶上一步，握著唐長海的手激動地說："太好啦，太好啦！"

在丁寶康的指揮下，站上幾十個職工和家屬有條不紊地為著搶運稻種而緊張地動作起來：有的到車站左面的河埠頭去幫助把幾木船稻種扛到月臺上來,有的就在月臺上幫助搭跳板,按作業劃線路。唐班長歡樂地領唱著的號子聲,震盪著車站的上空。現在,巧姑又幹起了她的貨運員工作。她把兩隻用舊土布縫成的袖套往手臂上一套,索性把磅秤推到月臺上,一手貨運單,一手算盤,就在現場核算起來。那麼平凡,又那麼專心。能相信,這整個戰鬥的決定,正是在她這樣一個普通工作人員的促使之下做出來的呢!

"巧姑,快,電話!"

巧姑回頭看去,只見小沈從行車室的玻璃窗裡探出頭來,一手捲在嘴上大聲叫著,一手拼命地搖晃著電話聽筒。她一面把算盤上的最後一筆數字記到貨運單上,一面回道:

"咋呼什麼!你沒有耳朵嗎?幫我聽一聽!"

"不行呀,他一定要你來聽嘛!"

的確,這是一個不尋常的電話。巧姑一拿起聽筒,就突然一怔。"你是小喬嗎?"巧姑雖然姓喬,但人們叫她卻極少有帶姓的;這是誰呢?她疑惑地應了聲。又聽對方說:

"那好。我想同你商量一件事……"

噢,想起來了,巧姑不禁高興地叫了起來:

"你是鄭老師嗎?"

是的,他是一年前巧姑到鐵路局貨運員訓練班學習時的技術老師。這個三十剛出頭的鐵道學院畢業生,戴著一副深度近視眼鏡,幹什麼都有那麼一股子衝勁,但就是容易偏激,人家輕輕一挑,他就會一蹦三丈高。聽說,文化大革命初期,鐵路局走資派為了保護自己,抓住他的這個弱點,整了他一通。後來他帶頭造了劉xx資產階級反動路線的反,經過一月革命風暴,現在是鐵路局調度所的臨時負責人。他打電話的意思,仍然是"為了顯一顯新幹部的威風,立即把老當權派撤下來"。昨天,他已叫一位調度員打電話來過了,但望湖亭車站沒有執行;為此,他今天要親自再打一次，並且非找巧姑親自來聽不可。

巧姑一直熱情、誠懇地聽著對方的話，這時她不解地問道："鄭老師，我不知道你們為什麼一定要這樣做？"

"怎麼是'你們'呢？難道你忘記我們都是革命造反派嗎？現在你已經是車站的革委會主任了，難道不應當幹點名堂出來嗎？"

巧姑開朗地笑了起來："鄭老師，你也來觸我霉頭了。什麼'主任'，什麼'名堂'，我連想都沒有想到過。"

"笑什麼！"對方嚴肅起來了。"我請你注意：不要忘記自己的身份。"

巧姑收住笑，覺得氣氛不對；但對這位老師和上級，還是應當保持應有的尊重。她平靜地、認真地說道：

"鄭老師，我不懂你的意思。什麼'身份'呢？一個普普通通的青年工人唄！不過，我沒有忘記自己是一個新人黨的共產黨員，應當把大家團結起來，把工作做好。"

"死了張屠夫，不吃帶毛豬。你為什麼對老當權派這樣有感情？"

"不，你這樣說，缺少分析。對頑固不化的走資派，我們應當說，死了張屠夫，不吃帶毛豬，踢開他們，我們革命和生產可以搞得更好一些。但是，丁寶康同志是我們黨的幹部，目前，他是我們站的革委會副主任……"

"好一個副主任！他究竟在跑哪股道你知道嗎？就拿剛剛發生的事情來說吧，他竟敢公開反對支援農業，扣壓稻種，這不是舊軌道是什麼？！同志，可不要給人家牽著鼻子走啊！"

從聽筒裡傳來的聲音越來越高了，顯然對方已經光火了。巧姑不禁倒吸了一口冷氣：怎麼，剛剛在站上發生的事情，他就知道了？誰報告的呢？……鬥爭很複雜哩！不能激動，讓我冷靜地想一想，怎麼回答好呢？

巧姑胸口突突地跳著，牙齒緊緊地咬著下嘴唇。對付眼前這樣複雜、激烈的鬥爭，她畢竟太年輕了。但半年多來文化大革命大風大浪給人的鍛煉，是不能以普通的時日來計算的。她緩了口氣，盡力保持平靜的語調說道：

"關於剛才發生的事情，我相信領導上總可以調查清楚的。但是，我還是不能同意把他撤下來，因為第一，這是不符合黨的政策的；第二，現在撤下來，就等於要 2034 次晚點。"

一個短暫的沉默，接著對方說道：

"那好吧，請你準備紙和筆。"

鐵路上的人都知道，這是一個嚴肅的信號；而在現在，對年輕的巧姑來說，又是一個考驗的信號。因為它說明，這位調度所臨時負責人將要以"調度命令"的形式來發表自己的意見了。也怪，現在，巧姑倒反而一點也感覺不到緊張，就像兩年多前，由於經過刻苦的學習和實踐，接受這位嚴格的老師的考題時也毫不慌張一樣，旋開鋼筆套，回答道：

"請講吧！"

一九六七年三月二十五日第三號調度命令：為了保證新圖的勝利貫徹，在新圖實行的頭三天內望湖亭車站必須全部由新幹部當班。此令調度員：

巧姑認真地記下每一個字，並且按鐵路規章規定，用清晰的聲調複誦了一遍，然後說道："鄭老師，我覺得你這個調令是錯誤的，同今天第一號、第二號兩個要保證運行正點的正確的調令是矛盾的。而且，這是調動人嘛，應當有局革委會的正式決定。所以我不能執行你的這個錯誤的調令。當然，你可以把我作為違反調令論處。下個月月初開匯報會，我就到鐵路局來接受處分。"

她掛上電話，就像交上考卷那樣，感到一陣輕鬆。抬起頭來一看，只見行車室的那道邊門門口，不知從什麼時候起，已經站著從貨場回來的丁寶康、裝卸班長老唐等十幾個人，和那幾位農民同志，他們的肩上、頭髮上，都還留著扛過包子的痕跡。顯然，剛才的電話，丁寶康已約略地聽到了一些，現在他出神地望著巧姑，彷彿想說：這怎麼行呢，還是讓我下去吧！

巧姑笑著親切地問道："都準備好了？"

丁寶康沒有回答，卻從後面飛來了老唐的大嗓門："都好啦，沒得問題！"

巧姑搬出幾隻搪瓷口杯，一面倒開水，一面說："大家先加點水吧，一會兒 2034 一到，還有場緊張的戰鬥呢！"

丁寶康端過一杯水，沒有喝，他嘴唇顫抖著，激動地說：

"巧姑同志……"

巧姑知道他要說什麼了。人們通常認為，在這種時候，巧姑是有權接受對方說些感激之類的話的，但她不需要。難道這是個人與個人之間的關係嗎？"我連想都沒有想到過呢！"她不希望丁寶康說下去，緊接一句：

"丁師傅，你同荷花塘車站聯繫一下，2034 次運行是不是正常？"

"好！"丁寶康這一回答是這樣響亮，自己也感到意外。他覺得身旁這個年輕人，有一種巨大的精神力量促使著自己快步前進。是啊，一個人，只要他全心全意為革命，毫無自私自利之心，他就是一個最聰明的人，最勇敢的人。他能夠比一般人更迅速地掌握真理，更敏銳地接受新生事物，他能夠更緊密地把周圍的人們團結起來，更堅決地去同一切錯誤的、反動的勢力進行鬥爭。我們的黨，我們的黨所領導的無產階級文化大革命，正造就著這樣一代新人。當然，這位從舊時代艱難地生活過來的丁寶康，現在還只是模模糊糊地感覺到了這一點。但即使這樣，他也感到了多大的鼓舞啊！他用力地搖動著黑呼呼的幾台電話機中間的一台電話機，興奮地同荷花塘車站的值班員通起話來。突然，從候車室後面傳來一陣嘈雜的人聲，隨著有幾個人湧到了行車室後端那道門口，嚷嚷了一番，其中一個闖進行車室來，氣勢洶洶地問道：

"主任同志在嗎？"

正在《運行日誌》上記著什麼的巧姑，微微回頭掃了一眼，只見來人約莫四十七八歲，略矮，微胖，穿著一身灰色的幹部服，拎著一個油亮的黑提包。噢，原來是他！他姓范，是鐵路局派來的調查組的負責人。這麼說，剛才鄭老師那裡，也是他加油加醋地打的電話囉！巧姑竭力地思索著眼前這個人。噢，記起來了：前年，在鐵路局參加貨運員學習班時，不是就聽說有一個姓范的，一九五七年犯過嚴重錯誤，從那以來，一直長期病休在家的貨運處副處長嗎？怎麼現在當起調查組負責人來了呢？從這個人的表現來看，對文化大革命是不滿的，對新幹部恨不得一棒子打下去，現在怎麼會對新幹部突然關心起來了呢？很可能他是反面文章正面做，而我們那位鄭老師，人家稍稍用激將法一激，就上當啦！怪不得，早已聽有些群眾反映，調查組中有些人，名義上是來總結望湖亭車站在一月革命風暴中的先進經驗的，但暗底裡，卻專找少數幾個對文化大革命不滿的人要"材料"；一面傳播一些"文化大革命好是好，就是新幹部掌權不會牢"之類的流言蜚語，一面又大講新幹部要在實行新圖中顯一顯威風。好哇，現在再看看你怎麼表演吧！

那姓范的見巧姑還不抬頭招呼他，加重語調追問一句：

"你們的革委會主任巧姑在嗎？"

行車輔助員小沈瞪了他一眼："你眼睛長在頭頂心還是怎麼的！"

如果說，巧姑剛才在同那位鄭老師交鋒的時候，開始還有一點緊張的話，那麼現在，她覺得問題已經明朗，對眼前這個人只有蔑視。她不慌不忙地合攏本子，收起鋼筆，旋上筆套，別到胸口。然後仰起頭來，微笑著說道：

"我就是巧姑。我們不是早認識了嗎？有什麼事吧？"

　　"哦，巧姑同志在這裡，看我這眼睛。"那人嘻嘻地笑著，忽又臉一沉，說道："聽說，剛才路局調度所向本站發了第三號調令？"

　　"你消息很靈通呀。我們不準備執行這個調令，大概你也知道啦？"

　　那姓范的人沒料到眼前這個黃毛丫頭竟會這樣先發制人。為了不使自己陷入被動，他沒有順著巧姑的問話說下去，慢慢地從那個油亮烏黑的提包裡捧出了一個足有兩寸厚的硬本本，"啪"地往桌上一放，說道：

　　　"這是鐵路規程。按規定，像當你們這麼一個站的領導人，不說全部背出來吧，至少也得熟記。這方面，老丁是過來人啦，你，巧姑同志，是文化大革命湧現出來的新生力量，當然也不會不懂嗽！"

　　這不是有意刁難青年人嗎？丁寶康氣憤極啦！他正要站出來講幾句公道話，一想事情都是由自己的問題引起的，不便說話；但又想，應當學習巧姑，對這些混賬話，不能避嫌疑，一定要鬥爭。他激憤地站起來責問道：

　　　"你，你，你這是什麼意思？！"

　　巧姑脫下兩隻用舊土布縫成的袖套，平平整整地疊好，放好。抬起頭來，盯著那人，冷靜地說道：

　　　"是的，我很幼稚，許多事情不懂。不過，你剛才說的意思我懂。你是說，按照規定，調令就是法律，違反調令就是犯法。是這樣嗎？"

　　那人完全處於被動了，兩手一攤，說道：

　　　"那好，明人不必細說。怎麼辦呢？"

　　電話鈴響了，巧姑拿起一聽，原來是鄰局荷花塘車站打來的，2034 次已經快要通過他們車站，問望湖亭車站能不能接車。巧姑把話筒遞給丁寶康，站起來嚴肅地說道：

"值班員丁寶康同志，請你執行接車任務！"

丁寶康接過電話，有力地回答了對方的請求。然後把電門一按，在這一瞬間，望湖亭、荷花塘這兩個相隔幾十公里的車站的行車室裡，同時發出"啪噠"一聲，兩架用紅漆漆得通紅的閉塞機，同時突然打開，同時跳出兩片形狀相同、但打著不同的記號用純鋼做成的路牌，這是表明兩個車站的值班員都同意某次列車在本區間內運行的憑據。路牌，就是火車司機的通行證。

巧姑一邊匆匆地寫著一張紙條，一邊說道："老唐師傅，請你準備隊伍。"

老唐答應一聲出去了，月臺上立即跑來了十幾個健壯的裝卸工人。那姓范的不禁一嚇，向後縮了一步。但是，他又估計錯了，裝卸工人們在排隊、報數，檢查各自的安全護，這是他們戰鬥前的準備。

巧姑把寫好的紙條折成方塊，同路牌一起，塞進了帶有一個橢圓形的硬環的路簽袋。又對那姓范的後面幾個人親切地說道："調查組的同志願意參加勞動，我們歡迎。" 幾個人都站出來表示願意參加。行車輔助員小沈拖長聲音說道："跟我走吧！ ── 耽在這裡等飯吃嗎？"巧姑笑著說："小沈，不許這樣。他們第一次勞動，要注意安全。給他們每一個人找一個墊肩。"

一切安排停當。巧姑從牆上取下短柄鐵錘，一步跨到門口，又回身盯著那個還攤著兩手，顯出一副尷尬相的調查組負責人說道：

"剛才你不是問我怎麼辦嗎？我們就按照你那本鐵路規程
裡的規定辦吧：在接發列車的時間之內，禁止任何閒人停
留在行車室！"

那人突然一震，慢慢地轉過身來，向後門出去。巧姑指指桌上那個兩寸厚的硬本本說道："別忘了帶上你的規程。"

一分鐘之後，望湖亭車站傳出了響亮的鐘聲：當當當！ ── 當

當當！── 當當當！

我們的巧姑，揮動著那短柄鐵錘，用她那青春的力量，擊撞著掛在月臺上一根有三尺多長的鋼軌。

十分鐘之後，從遠方隱隱地傳來了越來越洪亮的鐘聲：瞠！── 瞠！── 瞠！── 2034 次列車的司機大概是太興奮了吧，破例地打開了金鐘閥，於是掛在火車頭上那個閃亮的銅鐘，就自動地翻滾起來，發出了那樣動聽的聲響。

望湖亭車站兩旁的行人，都以好奇的目光，遠望著 2034 次這個遠方的來客。一隊剛放學出來要通過鐵路的紅小兵，遠離著軌道，排著整齊的隊伍，拍著手唱著：“火車火車嗚嗚叫，運行新圖改得好。……”

列車一停靠月臺，裝卸班長老唐師傅發揮了他的全部指揮才能。按照新的裝卸法，在四分鐘之內，卸下六七噸零星貨物，裝上十幾噸稻種，當從車廂架上拖下最後一塊跳板時，正好是按新圖規定 2034 次的本站發車時間：十七點五十九分。

車頭上的司爐，發現路簽袋裡有一張折成方塊的紙條，攤開一看，又神秘地遞給司機，笑道：“喬大車，你閨女來信啦！”

正在抽著煙的老司機，倒掉了煙斗裡的煙灰，又吹了一口氣，接過那紙條一看，只見上面寫著：

親愛的戰友：

讓我們共同為毛主席革命路線而戰鬥，請務必保證本次列車正點到達終點！

老司機向司爐啐了一聲：“糊塗觀念！那上面明明寫的是‘戰友’嘛！── 準備戰鬥，注意汽水！”

“準備戰鬥！注意汽水！”司爐響亮地複唱著。

丁寶康嚴肅地站在規定的方位上，雙目緊盯著列車，展開綠旗，徐徐地劃著一圈，二圈，三圈……

汽笛一聲吼叫，長龍似的列車，經過短暫的休息，立時動作起來,奔騰起來。

丁寶康目送列車繞過了一座青山,才慢慢地捲攏旗子,回轉身,習慣地伸出食指在胸前這麼一繞一甩,口袋裡立即飛出了那塊掛表,現在是十八點還差十秒。猛一抬頭,只見月臺上一個人,拿著掃把,彎著身,細細地、輕輕地掃著,沙 —— 沙 —— 沙。圓鼓鼓的臉龐,兩束用橡皮筋紮著的短髮;全身穿著半舊的藍色的鐵路制服,上衣下端露著一寸多紅底白花夾衣……

那青山背後,隱隱地傳來了一聲遠去列車的汽笛聲。掛表的秒針已經走到正十八點,行車室內的掛鐘當當地敲了六下,不多不少。

親愛的讀者!作為短篇小說,故事可以到此結束了。惟一需要補充的是,三天以後,鐵路局革委會收到了一封群眾來信,題目是:《走資派還在'走' —— 2034 次列車背後的陰謀必須查清》。內容是揭發鐵路局死不改悔的走資派,怎樣暗地裡通過那個姓范的人,上竄下跳,妄圖在望湖亭這個交界站上打開缺口,攪亂新運行圖,破壞文化大革命的。署名是:望湖亭車站喬巧姑和調查組裡三個起來造反的同志。

(原載《金鐘長鳴》,上海人民出版社 1973 年 8 月版)

強大的電流

楊　光　偉

一

　　初春的早晨，木棉吐豔，朝霞滿天。江濱發電廠革委會副主任、生產組長關成，忙碌了幾天，總算把三號發電機母線安裝工程，承包給機電公司了。

　　這天，關成揣著剛剛簽定的合同，心頭彷彿落下了一塊大石，騎上自行車，興沖沖地往廠裡蹬去。他剛踏進廠門，便看見綠蔭掩映的宣傳欄前，一群人正踮著腳、伸長脖子在觀看什麼。關成自言自語地說：「唔，綱舉目張嘛，準又是那個車間在貼什麼喜報啦！」他跳下車，擠進人群一看，呵，原來是在電修車間工作的女兒志華和她的夥伴春英，正提著漿糊桶，在刷大字報。老關瞪大驚奇的眼睛望去，一條醒目的標題 ——《試問這是啥路線？》頓時撲入眼簾。在大大的問號下面寫道：

　　　改造電機架母線，

　　　計畫何時能實現？

　　　組長忙得團團轉，

　　　群眾力量看不見；

　　　不靠群眾靠外援，

　　　試問這是啥路線……

關成萬萬沒有料到女兒會「將」自己的「軍」，臉孔刷地漲得通紅。"啥路線?提得才怪哩!"關成心裡說。他還沒有看完大字報,就不以爲然地嘀咕了一聲:"哼!這丫頭真不知天高地厚!"猛地一轉身,蹬上自行車,風快地跑了。

"瞧!志華,"有人打趣地說:"這一炮擊中要害啦,你爸爸給轟跑了!哈……"

正在貼大字報的志華,辮子一甩,圓圓的臉上映動著一雙火辣辣的眼睛,顯得既剛毅又倔強。她抬頭看時,爸爸的自行車已經跑遠了。她望著爸爸的背影,驀地從心裡翻騰起一陣波瀾:在批林批孔運動推動下,廠裡掀起了以大批促大幹的熱潮。爲了當好工農業生產的"先行官",大夥日夜奮戰,把三號舊式發電機,改造爲先進的雙水內冷發電機。眼看改機的任務已經搞得八九不離十了。它投產後,發電量一下子就能提高一倍。光增產的電力,每天就可供鋼鐵廠多煉二三百噸鋼,供公社排灌八九萬畝土地,供一個五十萬人口的城市照明呢!可是,輸送電力的母線工程,卻遲遲沒有動工。這就像人體缺少一根主動脈一樣,有了電也輸不出去啊!志華和大夥都急得像滾油澆心。一天晚上,關成在家裡給自行車換一條新的外胎,志華眼睛一眨,開門見山地問道:"爸爸,三號母線到底什麼時候安裝呀?"

"快啦!快啦!"關成嗔怪地看了女兒一眼:"唉!潘書記學習去了,我一個人左右開弓,忙得團團轉。你沒見我整天往外跑,連單車輪胎也磨破了,還不是爲了母線工程?"他噓了一口氣,接著說:"這幾天,經過我七磨八磨,機電公司總算答應把工程承包下來。如今是'諸葛亮借箭',萬事俱備,只欠東風。能不能按時發電,就看你們車間改機的工作進行得怎樣囉!"關成說完,臉上露出得意的笑容。

"什麼?把工程包給人家?"志華一聽,開朗的眉頭擰了個疙瘩,"這怎麼行!"她想:機電公司眼下正擔負一項國家重點工程的建設,任務重得很哩,咱們怎能和重點工程搶設備、爭勞動力呢？再說，自力更生、艱苦奮鬥是建設社會主義的基本方針，爸爸不和群眾商量，在本廠挖掘潛力，而是伸著手掌等外援，這難道是執行毛主席的革路線嗎？她這麼想著，一句話就衝口而出：「爸爸，我反對你這個做法！」

「喲，反對？」關成心裡格噔一下，放下鉗子，兩手一攤：「那好，我的團支部書記同志，你說說，該怎麼辦吧！」

志華手一伸，挺著胸脯，說：「把安裝工程交給我們。青年突擊隊保證開弓不發回頭箭！」原來，志華早已經同夥伴們合計過，還把她們的想法，向車間黨支部書記李滔作了匯報。李滔聽了，高興地說：「好哇！花盆難長萬年松。青年人就是要在鬥爭中摔打摔打嘛⋯⋯」

這會兒，關成的眉心打了一個結，慢慢地說：「三號機母線安裝，可是關係到支農的大事啊！俗話說，一手難打八面拳！時間緊、任務重，萬一不能按期完工，可就誤了大事啦！何況眼下改機的任務並不輕鬆，只要你們把發電機改造好了，就是腳板掛銅鑼 —— 當當響。至於安裝母線，志華，你們可不要逞能呀！」

志華聽爸爸這樣說，又氣又惱，又難過，幾種感情交織著湧上心頭。她沉默了半晌，用微微有些顫抖的聲音說：「眾人拾柴火焰高嘛！越是時間緊、任務重，就越是要全心全意地依靠工人群眾。爸爸，我看你呀，在文化大革命中受到衝擊的不相信群眾的錯誤思想，在新形勢下，又回潮啦！」

「好了！好了！」關成截住志華的話頭，沒好氣地說：「我是管生產的，要對工程負責。我說不行就是不行，這跟回潮是兩碼事！」

志華和他爸爸的這場談話，就這樣不愉快地結束了。今天，天才麻麻亮，她就趕回工廠，找到了春英她們，一道研究寫出了批評關成的大字報。現在，關成看了大字報之後，究竟會怎樣想呢？志華多麼迫切地想找她爸爸再談一談啊！

二

　　一石激起千層浪。志華她們的大字報，在廠裡引起了強烈的反響。全廠各車間、班組的工人都紛紛貼出大字報，對志華她們的革命行動表示支持。

　　下班鈴聲響過以後，關成從辦公室出來，穿過廠區大道，只見宣傳牆上、飯堂四周，大字報一張接一張，一片接一片，在陽光照耀下，恰似爐膛裡冒出的火苗，把個廠區"燒"得熱氣騰騰。這情景不禁使他吃了一驚。可不是嗎？早上，當他看到志華她們的大字報時，還以為只是年輕人放放炮而已，並不怎麼把它放在心上。如今，看到這麼多人支持志華她們的意見，不由得倒吸了一口冷氣，心裡煩躁起來。他感到事情有點棘手了，把合同退掉，任由他們去闖吧？實在不放心！堅持合同吧？群眾又有那麼多意見。瞎！倒真是騎虎難下、左右為難哪！他歎了一口氣，呐呐地說："好端端的計畫，這下子給志華這丫頭打亂了。"怎麼辦呢？關成臉一沉，心裡劈劈啪啪地打開了小算盤。唔，燈不撥不亮，話不說不明嘛！還是召開一個生產會議，來解決這個問題。他自信各車間管生產的同志，不會像志華那樣浮躁、蠻幹，只要把情況擺清楚，他們一定會支持自己，那時候要說服群眾就容易了。想著，想著，他眉頭舒展了，臉上掠過一絲微笑。於是，他連忙找人分頭通知有關人員，下午到廠部開會。

　　廠部會議室裡。霧氣騰騰，人聲喧鬧，一個討論三號機母線安裝工程的會議正在進行。問題一提出，會場就像熱鍋炒豆一樣爆開了，很快就形成了兩種對立的意見，相持不下。

　　"志華的大字報，好就好在揭到了修正主義辦企業路線影響的要害……"李滔毫不含糊地說。

　　"別一隻筷子吃蓮藕 —— 專揀眼兒挑。"有人反對。

　　關成用眼睛掃了一下會場，覺得是自己發表意見的時候了。他慢條斯理地從提包裡掏出一本工程計畫擺在桌子上，然後點燃了一根香煙，用他一慣持重的口吻說：「自力更生當然好，但特殊情況要作特殊處理嘛！」他把工程計畫打開，在大家面前晃了晃：「單說三號機母線的變壓器吧，這傢伙就有一層樓那麼高，光挖土方、澆注鋼筋水泥，自己幹最少也得二十來天。何況母線的安裝，技術要求嚴、難度大，眼下人手又緊，一個蘿蔔頂一個坑……再說，這個工程如果在洪水到來之前搶不上去，就會打亂珠江三角洲農田排灌的規劃，時間迫人哪！你們說，不包出去行嗎？」

　　關成說完，會場沉靜了片刻。有些人在冷靜地思考，有些人則默默地點頭。關成剛站起來，正想說個結論性的意見。這時，門「砰」地推開了，一群人嘻嘻嘻地闖了進來，志華身穿一套褪了色的工作服，走在最前頭。她腳跟還沒站穩，就大聲說：「報告爸爸！不，報告主任同志！我們青年突擊隊請戰來啦！」說著，她利索地把一疊圖紙遞給關成：「這就是我們在『老工人參謀隊』的幫助下製定的施工方案。喏，母線就從這裡架設。我們還合計過，最費工時的變壓器基礎工程，可以用機械化代替人力。啊，對了，爸爸！還有一個好消息呢！」志華興奮的臉紅得像天空的早霞，一把抓住爸爸的手，激動地說：「起重、泥水班的老師傅們呀，聽說我們要搞『突擊』，把胸脯一拍，『嗨！豬骨頭全叫你們搶光了，那怎麼行！製造簡易挖土機、攪拌機的任務，咱們老頭子包定了！』這會兒，他們正在廢料堆裡找『對象』哩！……」

　　「哈……」大夥一陣哄堂大笑。

　　「說正經點。」關成尷尬地說。

　　「誰不正經！」志華把辮子甩到腦後，滿懷信心地說：「這樣，不僅可以節省大量的人力，而且只需要五天時間，就可以把變壓器基礎工程拿下來……"

志華這一番很有分量的話，像一串炮彈，把剛剛站起來了的關成又轟得坐了下去。他眉毛輕輕一挑，截斷了女兒的話頭，反問了一句："那母線安裝的技術問題呢？要知道，這是'電老虎'，可不像安裝一般線路那麼容易對付！"

"怕什麼，就是真老虎，我們也掰它幾個門牙下來！"志華爽朗地說。

"同志，還是現實一點吧！別總是電線杆上吹口琴 —— 唱高調！"關成把手一甩。

"唱高調？不！我們不只要摸'電老虎'的屁股，為了替國家節約更多的銅，還準備用鋁母線代替銅母線哩！"

"這……"

志華胸有成竹，微微一笑。迎著參加會議者的十數雙眼睛，鎮靜地卻又是不容辯駁地說："不錯，技術上是有些困難。但我們有黨的領導，有廣大幹部和群眾的支持。俗話說，'眼過千次，不如手幹一遍'，過去，我們都參加過小型銅母線的安裝，這就為大型鋁母線的安裝，積累了經驗。"志華頓了頓，把嗓音提高："更重要的是，批林批孔運動進一步提高了大家執行毛主席革命路線的自覺性。職工們對林彪效法孔老二'克己復'禮'，陰謀復辟資本主義的罪行越發激起仇恨，抓革命、促生產就越發起勁。這樣的力量，是無法估量的。"

志華火辣辣的話，霎時間使會場熱烈起來。"哎！這才是咱們工人階級說的話。""多好的苗子啊！"李滔望著志華稚氣中帶著幾分剛毅的臉龐，感到一種由衷的喜悅。志華這神情，同她在黨的'十大'前夕激戰"火山口"時，是多麼相像啊！當時，正是炎陽似火的三伏天。為了改進一號鍋爐的管道，提高發電能力，要把爐牆拆下來。那天，鍋爐房像揭蓋的蒸籠，熱浪滾滾，煙霧騰騰。一號爐剛停，爐牆還是火燙燙的。按往常情況，要停爐一個晝夜才能拆磚。但志華頭一昂，斬釘截鐵地說：「時間就是電！咱們要用實際行動，向『十大』獻禮！」說著，她把辮子一紮，「呼」地帶著青年突擊隊，衝了上去。好傢伙，她剛一伸手，便聽見「嗞」的一聲，厚厚的帆布手套燒了一個窟窿。志華把牙一咬，二話沒說，回過頭，把手套往消防桶裡一泡，說：「瞧你還咬不咬人！」格格格地笑著，又沖了上去……就這樣，青年突擊隊在志華帶領下，一夜功夫，就把上萬塊爐磚搶拆了下來，配合老師傅們提前實現了這項重大的技術革新專案……

「好，有志氣！」李滔想到這裡，又稱讚了一句。他回過頭來，看看大夥，又看看關成，重覆地說：「志華她們這個方案，我看行得通，應該支持。」

「對！」

大夥興奮地議論著。早先那些持反對意見的同志，也都頻頻點頭。關成看到自己的意見得不到大家的支持，臉孔繃得緊緊的。他心裡嘟囔了一陣，只得勉強地答應了志華她們的要求。接著又補充了一句：「這可不是雜技團開打，鬧著玩的。出了問題，我可要追究你們的責任！」

「是！」志華和她的夥伴們「啪」地一個立正，響亮地回答了一句：「保證完成任務！」寬敞的會議室，蕩漾著志華她們爽朗的笑聲……

三

這天，是江濱廠的休息日。往常，除了發電車間發出雄渾的、隆隆的吼嗚聲外，整個廠區都是一片靜謐。可是今天，雖然寒潮襲來，北風呼嘯，冷雨紛飛，三號機母線工地卻是一片龍騰虎躍的景象：沸騰的人聲、突突的馬達聲、叮噹的鐵錘聲，交織成一曲動人的樂章；那飛濺的電焊弧花、迎風飄捲的紅旗，更加為你追我趕的勞動場面，增添了熱烈的色彩。

李滔推著滿滿的一大車泥土，呼著"哎咳喲哪個呵嘿！"的勞動號子，走在最前面，青春煥發的志華挽高褲腳，緊緊跟在他的後頭。他們踩著泥漿，剛剛把車子推上陡坡，發現春英、小張他們的車子深陷在泥濘裡面。志華連忙跑下去，用手扳著車輪，一步一步地把車子推上陡坡。志華站在高處一望，唓！黑壓壓的人群裡面，有許多是兄弟車間的同志，當中還有白髮蒼蒼的退休工人，和歡蹦亂跳的紅小兵。這時候，她覺得彷彿有一股戰鬥的熱浪迎面撲來。年輕人的心啊，激動得卜通卜通的直跳，眼睛也閃耀著喜悅的光芒。她感到自己處在這樣一個戰鬥的集體之中，渾身都充滿無窮的力量。

人忙日月短。眨眼功夫，半個月過去了。人們灑遍了汗水的工地上，巍然聳立著一座巨大的變壓器，宛如長虹的母線橋，又壯觀，又美麗，在金色的陽光下分外耀目。眼看著只要把三排近千米長的鋁母線安裝、焊接上去，工程就可以勝利完成了。在這節骨眼上，關成心裡波翻浪滾，起伏不停：想不到困難這樣大的變壓器基礎工程，果真被志華她們搶上去了，這幫小青年，也真有股強勁呀！不過，他轉念一想，眼下還樂觀不得，最難啃的"豬骨頭"，還在後面呢！因此，他有事沒事，一天都要到工地跑好幾次。

這天，晨曦初露，枝幹挺拔的木棉樹上，青翠欲滴的新葉，正在晨風中搖曳。志華她們開始鋪設、焊接母線試驗。關成一大早就趕來了。志華和春英攀上八米高的母線橋，焊接了一段母線接頭，然後取下樣來，交給化驗員化驗。這中間，不過是一頓飯功夫，但志華她們卻彷彿感到時間過去了很久。

"隊長，"春英拽了拽志華的袖子，調皮地朝關成努努嘴，悄聲地說："這下成功了，你爸爸可是'濕水棉花 —— 沒得彈'啦！"

　　志華笑了笑說：“嗯，好事多磨。說不定還會有問題呢！來，同志們，趁這點時間，咱們先琢磨琢磨，來個未雨綢繆，兩手準備！”

　　果然，過了不久，化驗員拿著焊件，氣喘吁吁地跑來了：“經過通電、鍛打、抗彎驗，”化驗員報告說：“發現焊口嚴重爆裂，影響輸電安全……”這消息，像一盆冷水潑到關成頭上，頓時使他涼了半截。本來，他就認為年輕人嘛，往往不夠踏實。不大相信志華她們能夠完成這項工程。如今出了問題，他真是後悔莫及，越想越生氣，怒火一下子向靠近過來的志華噴射出去：“關志華！”他把“關”字叫得特別響，“你算算，離輸電的日子還有多少天？”

　　“十天”。志華眉棱一聳，目光銳利地瞟了她爸爸一眼，冷靜地回答。

　　“你想過沒有，像你們這樣粗糙的‘突擊’，能輸電嗎？”關成慍怒地瞪著志華。春英看著關成這副模樣，也為志華捏了一把汗。可志華卻還是那樣聲色不露，用平和的口吻說：

　　“爸爸，青年突擊隊焊不好母線的結論，你別下得太早。剛才我們琢磨過，鋁是最易氧化的金屬之一。而我們由於設備條件的限制，採用氧氣焊接，這就有可能因為氧化，影響焊口品質。何況，我們的試驗才剛剛開始，若是氧焊不行，還可以試驗氬弧焊嘛！”

　　“是啊！經一事，長一智。”李滔接過話茬，支持她說：“一切真知都是從直接經驗發源的。既然志華她們心中有了一個譜，就一定能夠一步步攻破它！，

　　關成正被志華說得無話可答，憋得滿身冒汗。再聽李滔這麼一說，更是火上加油。“哼！火都快燒到眉毛啦，還搞什麼試驗？”關成心裡說，“何況氬弧焊這玩藝，廠裡還沒有人摸過，能行嗎？萬一弄不好，成了駝子跌跤 —— 兩頭不著地，叫我怎麼

交代？還是機電公司熟門熟路，保險啊！"想到這裡，他衝著志華說："我的隊長同志！現在首先要想的，是怎麼樣保證按期輸電！這才叫向人民負責，懂嗎？"關成不管志華她們還有什麼話要說，當場下令要她們停止試驗，撤出工地。說完，頭也不回地跑了。

關成走後，大家把志華圍了起來。春英、小張拉著志華的手說："隊長，我們堅決不撤！"說著，把一條毛巾遞了過去。

李滔把一隻大手搭在志華肩上，關切地說："志華，能頂得住嗎？"

"這算啥？"志華說："要是成了四平八穩的不倒翁，那還能夠衝鋒嗎？"一句話，把夥伴們給逗樂了。

"對！把腰桿挺起來！"李滔滿意地說，"戰鬥打響以後，革命戰士的責任就是 ── 衝鋒；就是 ── 前進！"

志華望著大夥投過來的鼓勵的目光，想起了毛主席"不管風吹浪打，勝似閑庭信步"的壯麗詞句。她覺得胸襟頓時開闊，一股熱流湧進胸膛。她既是感激，又覺得自己責任的重大。是啊，圍繞著三號機母線的安裝，大夥主張自己動手，爸爸卻要伸手；大夥要試，爸爸卻要停；大夥要上，爸爸卻要撤。這是一場多麼尖銳的兩種思想、兩條路線的鬥爭啊！想到這裡，她鏗鏘有力地說："同志們說得對，咱們當然不撤，也不能撤。如果咱們從三號母線工地上撤下去，那就是從'硝煙瀰漫'的路線鬥爭的戰場上撤退，就是從捍衛毛主席革命路線的陣地上撤退。"志華越說越激動，彷彿胸中窩著的一團烈火，迸發了出來。末了，她說："眼前的這點困難，算不了什麼。我再找我爸爸談談去！"

志華來到生產組辦公室門口，聽見她爸爸正粗著嗓門打電話："喂！總機，快接機電公司……"

志華眼睛閃動了幾下，撅起嘴巴想，爸爸準又是請外援啦！於是一個箭步跨進門："等等！"聲音未落，就"哢嚓"一聲，把電話按斷了。

關成回頭一看，又是她女兒，頓時怒不可遏：“你……”

“爸爸，”志華含著熱淚，懇切地說：“我若做得不對，你可以批評，可以處分。但這電話打不得，不能給群眾潑冷水啊！”

“志華，你越來越胡鬧了。你沒見洪水季節即將到來，工期一天天迫近？難道要依了你，搞‘煲無米粥’的試驗，才叫相信群眾？”

“不！爸爸，這是路線問題啊！”志華一點圓場也不打，照舊是牛頭刨開車 —— 直來直去的捅過去：“隨著電力工業的發展，今後將會有更多的鋁代替銅。就算機電公司的同志可以替我們焊一次、二次、三次，可是，革命不是一陣子，而是一輩子的事，難道我們也一輩子伸著巴掌不成？正因為工業等電，農村盼電，我們才要抓緊試驗呀！哪能碰到一點困難就走回頭路呢！”

關成和女兒正在相持不下，突然，“鈴鈴鈴 —— ”，電話鈴響了。黨委書記老潘從學習班打來了電話：“老關嗎？市委指示我們：在批林批孔運動中，要聯繫本單位工業學大慶中兩條路線、兩種思想、兩種作風的鬥爭，進一步執行獨立自主、自力更生的方針……請你先到工地去聽聽群眾對三號機母線安裝的意見。我隨後就回來。”

關成聽了不覺一愣：莫非自己的決定錯了？他見志華正眯著眼睛望著他，好像在頑皮地說：“爸爸，怎麼樣？”他沉吟了一下，心想，事到如今，也只好走著瞧啦。便硬著頭皮朝她揮了揮手，說：“試就試吧……”

志華走後，關成心亂如麻，在辦公室踱來踱去。就在這時，老潘從學習班回來了。他和關成打過招呼後，幽默地說：“呵，剛才我老遠就聽見這裡雷聲隆隆，怎麼現在就雨過天晴了？哈……”過了一會兒，老潘收斂了笑容，說：“三號機母線安裝的情況，我已在工地上聽李滔說過了。志華這幫年輕人，打響了頭一炮,我看就是好得很嘛!"關成說:"你剛回來,還不知道,這是一門啞炮!"

老潘笑了笑說:"不見得吧?革命的征途,從來就是坎坷不平的,沒有什麼輕車熟道。新生事物的成長,怎麼會沒有曲折呢?多轟幾炮,啞炮不就變響炮了!走,咱們到車間轉轉去!"

老潘拉著關成的手,來到水流千轉、機聲隆隆的發電車間,在六號機前停了下來。此刻,雄踞在平臺上的六號機,彷彿像一顆熠熠發光的明珠,正放射著瑰麗的霞光。老潘指著它,對關成意味深長地說:"你不想想,文化大革命前,由於修正主義路線的影響,你曾經犯過'只信專家,不靠大家'的錯誤。文化大革命中,廣大群眾起來造了你的反,幫助你回到了毛主席的革命路線上來。當大夥豪情滿懷地提出'發電廠也要造發電機'時,你不僅支持了群眾的革命創舉,還和大夥同一條戰壕作戰。那時候,不是也有人吹冷風,說什麼'土設備攀高峰,竹籃打水一場空',奚落你們這些啞炮打不響嗎?結果又怎麼樣呢?你和大家一道,不僅打響了這一炮,而且把一些人的花崗岩腦袋也砸開了。當大夥披紅結彩,歡慶六號機勝利運轉的時刻,你是怎麼說的?"

"群眾是真正的英雄唄!"可今天……怎麼就看不到群眾的力量和智慧呢?關成的心彷彿被什麼東西螫了一下。是修正主義辦企業路線在自己思想上的影響?還是腦袋中有林彪、孔老二"上智下愚"思想的流毒?關成在低頭深思著,他覺得臉上熱辣辣地難受,一下子還找不出正確的答案來。

四

深夜,一勾彎彎的月牙兒,掛在木棉樹的枝頭,把一抹清輝灑在正頑強地向"電老虎"進攻的志華身上。

今早,試焊失敗後,李滔組織大夥在現場開了個諸葛亮會,證實志華的判斷是正確的，並一致贊成志華的建議，用氬弧焊代替氧焊。可是，廠裡沒有氬弧焊接機，怎麼辦呢？說話間，志華汗涔涔地從生產組辦公室跑回來了。"困難九十九，難不倒咱們工人一雙手。"她把手一攤，笑說："還是咱們的老規矩 —— 自力更生！"說罷，從挎包裡掏出一張氬弧焊接機的圖紙。

"唷！咱們的隊長想的可周到啦！"小張驚喜地說。

原來，志華心想，試焊可是一場嚴峻的考驗啊！焊口雖小，但每一個都緊連著毛主席的革命路線。為了做好兩手準備，昨天下班後，她飯也顧不上吃，便邀同春英到兄弟單位取經。"我們也還在試驗哩！"機電公司的同志抱歉地說。最後，她們終於在一間燈泡廠瞭解到氬弧焊這個新工藝。

在燈泡廠明亮的車間裡，一個老師傅一邊幫助志華畫草圖，一邊說："嘿嘿！好閨女，你們多生產電力，我們多生產燈泡……"志華接過話說："咱們一定要發出更多的電力支援生產，把祖國的南大門，裝點得更加燦爛、更加輝煌！"

"唔！對啦……就是這樣……"在氬弧焊接機前，老師傅一邊手把手地教志華操作一邊告訴她，氬弧焊輻射強，一次操作，不能超過三個鐘頭。兩代工人火熱的心，就像一朵朵焊花，在閃光，在歡跳……

打了閃就響雷，說幹就幹。當太陽偏了西，絢爛的晚霞把天空染成玫瑰色時，一部用土辦法製成的氬弧焊接機，終於投入試焊了。

誰知，志華把焊鉗剛剛舉起，便"啪"地一聲，閃出一道使人昏眩的弧光。志華的手猛地一震，只覺得刀剁一樣地絞痛。原來是焊鉗上一顆螺絲鬆動了，每秒鐘震盪十萬周波的高頻，衝了出來。"志華，快把焊鉗甩掉！""不！"她知道甩掉焊鉗，脫離人體的接觸，可以減輕高頻灼傷的痛苦，但這一甩，焊鉗可能斷了，試驗豈不受到影響？她咬咬牙，把焊鉗握得更緊，直到同志們把高頻切斷……第一次試焊就這樣失敗了。志華手上留下了雞蛋大的水泡……

在這同一時刻，關成卻在家裡生悶氣。海關鐘樓的大鐘已經響過了三次，關成還是輾轉反側地睡不著覺。今早老潘的一席話，像重槌敲鼓，句句打在他的心上，他開始有點震動了。可是，當他想到志華這丫頭對他一點情面也不講，心裡又覺得有點難過。飯時，老伴給他捎來一件志華挑燈趕織的毛褲，上面夾著一張紙條：

爸爸：還生氣嗎？氣象臺預報，這兩天有強冷空氣南下，你那受過傷的腿，要當心啊！

志　華

關成看著這張紙條，心裡覺得有一種說不出的滋味。志華的一件件往事，就像"過電影"似的在他眼前浮現：那是文化大革命前夕，志華還在一間中學裡念初中。一次，物理期中考核，老師出了一道這樣的題目："當你用上電爐、電風扇、電熨斗時，你就會對電發生興趣。現在問你，電動機運轉時，怎樣才能使轉子溫度保持正常？"

志華推開試卷，"霍"地一聲站了起來："報告老師，我對這道題目有意見！"一下子把課堂上那種沉悶的空氣打破了。

"意見嘛，歡迎提。不過……現在是考試，不是討論會。有什麼問題，考完再說吧！"女教師勉強地笑了笑。

"不！"志華毫不退讓，忽閃著火辣辣的眼睛，理直氣壯地說："這道題沒有一點無產階級的政治。什麼電爐、電風扇、電熨斗的，究竟向我們宣揚什麼？我們知道，工農業生產需要電，社會主義建設事業離不開電……"，就像點了一把火，把整個考場給燒開了。那一次物理考試，終於沒有考成。不久，毛主席親自發動了無產階級文化大革命，志華帶頭起來造了資產階級舊教育制度的反，和革命師生一道，清算了劉少奇修正主義教育路線的流毒。一天，老師病了，志華去替她煮飯、煎藥，通宵達旦地守候在她的床前……後來，志華帶著一支紅衛兵小分隊，來到電廠接受工人階級的再教育。當她瞭解到擔任副廠長的爸爸，由於"只信專家，不靠大家"，使一台汽輪發電機葉片報廢時，氣憤極了。在批判會上，她頭一個跳上講臺，和他展開了面對面的鬥爭。這真是晴天霹靂，一下子把關成震懾了……在廣大群眾和志華的幫助下，終於使他回到了毛主席的革命路線上來。志華畢業後，恰巧又被分配進了發電廠。廠裡正在開展奪電戰鬥，關成把一顆心都撲在製造六號發電機上面去了。大夥身上有多少汗水，他身上也凝有多少汗花。工人們都說："關廠長變了。"就在這無論是朝陽東升的清晨，還是弧光閃閃、鏖戰正酣的夜晚，工地上都是那樣熱火朝天、那樣充滿戰鬥氣息的日日夜夜裡，志華常常半夜裡跑進車間，說一聲："爸爸，給你！"就把飯盒塞在他手上。揭開一看，呵，不是熱氣騰騰的肉絲湯麵，就是又軟又香的大米飯。那時候，他的心裡是多麼舒坦啊！……沉緬在回憶中的關成，這時一肚子的氣，早已經消了。他開始從心裡覺得志華是對的，自己腦子裡那種只抓母線，不看路線的錯誤思想，不正是受了叛徒、賣國賊林彪鼓吹的"唯生產力論"的毒害？想到這裡，關成痛心地拍了一下腿，自語地說："都怪自己沒有刻苦攻讀馬列和毛主席的書啊！……"如今，志華她們的試驗，進行得怎麼樣了呢？這個謎她們能解得開嗎？關成再也躺不住了，他一骨碌爬起床來，捎起老伴剛準備好的盛著雞蛋糖水的飯盒，便往廠裡走去……

這時，電修車間靜悄悄的。工作臺上放滿了經過試驗的焊口。這些編了號的檢樣告訴人們，志華她們的試焊，已經失敗七次了。試驗、失敗；失敗、試驗，多麼叫人著急啊！第八次，焊口總算燒成了，但是一作九十度的拉彎，又"嘣"地一聲，斷了。

"啊！……"大夥心裡像灌了鉛那樣沉重。一雙雙眼睛在望著志華,好像在說:"怎麼辦哪?"

正沉靜地端詳著化驗報告的志華,耳邊彷彿又響起了潘書記親切的聲音:"志華,要牢記毛主席的教導:'我們的同志在困難的時候,要看到成績,要看到光明,要提高我們的勇氣。'……"對啊!我們的眼睛不能老盯在失敗上,要看到失敗中有成功的因素。志華眼睛一亮,說:"同志們莫急,乍一看,我們的試驗又失敗了,可是,瞧這化驗報告寫得多清楚:氬弧焊強度比氧焊大。這就說明,咱們的試驗,大有希望,大有作為啊!"

"對!志華說得在理!"大夥心裡像開了一扇窗,驀地亮堂了。

這會兒,春英飯碗裡的筷子,突然觸發了志華的思路,她蹦跳起來,把兩根筷子一接,說:"瞧!這兩根母線準是靠得太緊了,焊條的溶液滲透不到裡面的縫隙,所以影響了焊口的強度。"志華說到這裡,拿起小刀,把兩根筷子的接頭削成棱形,"喏,要是咱們也把母線接頭剪成棱形,讓焊條的溶液把剪去的地方重新填滿,接觸面大了,焊口的強度豈不是更好?"

"嗯,有道理。這重槌可敲到響鼓上啦!"志華的話像一陣春風,吹散了人們臉上的陰雲。新的戰鬥又打響了。

小小的燒焊房,被大夥圍得風不透、雨不漏。志華的心跳得像擂鼓似的。那護罩底,一雙雙晶亮的眼睛;那墨鏡下,一張張屏聲靜息的面孔,對她寄託著多麼大的希望啊!

"劈啪!…'劈啪!"焊呀!焊呀!慢慢地,志華覺得頭在發漲,兩腿沉甸甸地哆嗦著,腳像踩在棉花上一樣。

"看來,是氬弧焊的輻射在作怪啦!"志華心裡算了一下,試驗已經整整進行十幾個鐘頭了。

好閨女,氬弧焊這玩藝,輻射強,一次操作,只能二三個鐘頭啊!"燈泡廠老師傅慈祥的笑臉,又在她眼前浮現了。

"不啊!一個革命戰士,怎麼能在戰鬥最緊張的時候休息呢？"志華心想，要是在這關鍵時刻，把老師傅的話說了，大夥準要"命令"她休息的。因此，她打了一個埋伏。試驗開始後，潘書記和李滔雖然一再勸她回去休息，但勸她，她不走；拉她，她不動。她把胸一挺，倔強地說："不攻下氬弧焊，決不下火線！"

此刻，志華的眼睛更加模糊了，豆大的汗珠，順著護罩一串串地淌下來。"不能倒！堅持！……"志華咬咬牙，在暗暗地勉勵自己。她心裡明白，這母線焊接工藝，要求十分嚴格，每個焊口都要一次焊成，若是中間突然停頓下來，焊點溫度一變化，試驗就得不出準確的答案啦！志華呀，這焊鉗，是革命戰士手中的武器，它對準的不是母線，而是修正主義辦企業路線的影響，是林彪、孔老二"上智下愚"思想的流毒啊！想著，想著，她覺得有一股巨大的力量，在支持著她向"電老虎"進攻！進攻！……當又一束湛藍的弧光閃過以後，最後一道焊口，終於燒好了。就在志華把護罩挪動的一剎那，她只覺得天旋地轉，眼冒金星，身子一晃，便倒了下去……

"志華！志華！你怎麼啦？"

關成剛踏進車間，便從燒焊房裡，傳來李滔、春英他們一陣焦急的喊聲。關成一愣，不知道發生了什麼事情，連忙跑進去。啊！只見志華撲倒在工作臺上，手中還緊緊地握住一把焊鉗……

關成被突然發生的事情嚇了一跳，忙和李滔一起扶住女兒，喊道："志華！志華！"志華像在昏迷中喃喃地說："春英……氬弧焊……"這時，關成才注意到，志華的眼睛紅腫得像兩隻核桃，臉上沾滿油污。

一會兒，志華醒過來了。她一眼看見李滔、春英、小張他們，還有爸爸都站在自己的面前，忙問："春英，剛才燒的氬弧焊口檢驗過沒有？"

"志華，氬弧焊成功了！廠黨委熱烈祝賀你們！"代替春英回答的是黨委書記老潘。只見他手裡捧著一個母線焊口，樂呵呵地走了進來，"化驗室報告，品質完全符合標準！"

　　志華聽著、聽著，靦腆地笑了。

　　小張心裡一熱，猛揮手："把批林批孔鬥爭進行到底！"
"毛主席的革命路線勝利萬歲！"

　　頓時，車間裡爆發出一陣陣熱烈的歡呼聲。

　　"志華，給你！"關成把飯盒裡裝著的雞蛋糖水送了過去：
"趁熱喝吧！"

　　"爸爸！……"

　　關成望著志華那棱角分明的臉龐，望著眼前這激動人心的場
面，心裡像一壺開水，翻上滾下地攪騰著，真是有說不出的負疚
和羞愧。是啊，這是一堂多麼深刻的路線教育課啊！志華說得對：
路線對了頭，更上一層樓。只有堅持毛主席的革命路線，全心全
意地依靠工人階級，社會主義的企業，才能生機蓬勃、萬馬奔騰
啊！

　　清晨，藍天如洗。滔滔南海托出一輪紅日。江濱發電廠凌空
飛架的母線橋欄杆上，張掛著"抓批林批孔，促工業生產"的巨
幅標語。今天，是三號雙水內冷發電機改成投產，向大電網送電
的日子。中央控制室裡聚滿了人群。關成、李滔、春英對準備工
作進行了最後的檢查。志華英姿颯爽地站在配電盤前，隨著潘書
記一聲送電的命令，只見她輕輕地按動電鈕。剎那間，一股強大
的電流通過在陽光下閃閃發光的母線，送進了電網。這時，志華
彷彿看見了三號機發出的電力，正源源不斷地送往鋼鐵廠，化作
了通紅的鐵水；又彷彿看見了強大的電流，通過崛地撐天的鐵塔，
送往一馬平川的珠江三角洲，化作了翻騰的金色稻浪……

　　　　　　　　　　　　（原載《山東文藝》1973 年第 10 期）

猛 虎 添 翼

李 存 葆

一

　　"猛虎團"冒雨強行軍一百六十三華里，抵達牛角山。師指揮所傳來命令：部隊就地休整三日，隨時待命出擊。

　　今天的強行軍，是夏季野營訓練後，進入戰鬥演習的頭一天。說實在的，副參謀長王立環是手捧著心、拳攥著汗闖過來的。他直擔心指揮員指揮不得方，會使"猛虎團"老虎拉碾 —— 亂了套。你想想，這次全師範圍內進行的演習，師黨委點名要你"猛虎團"當主攻，任先鋒，這寄予多大的信任呀！你瞧瞧，"猛虎團"的老團長 —— 咱們的軍長也帶人趕來啦。來幹啥？還不是看你"猛虎團"在繼續革命的征途上能不能殺出新的虎威來！這可千萬別捅漏子！

　　當王立環得知各連順利抵達預定地域，才長舒了口氣。有道是：是騾子是馬拉出來遛遛看。今夜凌晨一點離營開拔，剛上路，師首長就給了點厲害的 —— 要"猛虎團"由急行軍變為強行軍，把兩天的路程一天拿下來。這不，闖過來了！還提前半小時呢。

　　按計劃，晚飯後要召開指揮員碰頭會。王立環拖著一身泥水朝團指揮所奔去。今天，他跟隨本團的尖兵連 —— "羊角山戰鬥英雄連"強行軍，既要指揮又要聯絡，路也是全靠他那"11"號拿下來的。此刻，他覺得雙腿像灌滿鉛似的沉，肚子也咕咕直叫。

強行軍使他所帶領的尖兵連沒有吃上飯，他自己也是邊跑路邊啃過一個冷饅頭呀。

　　團指揮所設在牛角山腰的岩洞裡。通訊兵在洞外忙著檢查線路，裡面還沒人。王立環進洞就抓起電話："接羊角山戰鬥英雄連。── 你是雷鳴山嗎？好，告訴你，今晚你不想法讓戰士們吃好睡好，當心我摘你！好啦，停會我去檢查。" "是！"電話裡傳來了雷連長震人耳膜的回答聲，王立環當即放下了電話。適才他對雷鳴山貌似嚴厲的聲色裡，帶著很大成分的讚賞。他打心眼裡喜歡雷鳴山 ── 那真是周身的汗毛眼都像是朝外冒勁，沒有衝不上去的山頭哩。

　　然而，強行軍一天吃不上飯不能不是個問題。這，急待在碰頭會上解決。可此刻，既不見代理團長周志浩的影，也不見這次演習的總指揮 ── 新任參謀長宋傑的面。他坐下來，焦急地等待著。這時，重炮連的一個戰士急乎乎地闖進來，交給他一張紙條。上面寫著：

　　　　下午三時，我急著趕往團指揮所，乘坐重炮連的四號車。
　　　　因指揮不慎，造成炮車陷進深溝的事故，幸好還沒傷人。
　　　　我正處理此事，怕不能按時趕到指揮所，碰頭會你們可先開。

　　"嗡 ── "，王立環腦瓜子像炸開一樣，心中呼地湧起一陣燥熱。真是怕捅漏子偏捅漏子，漏子又偏偏是總指揮員捅的！這咋交代呢？想到這，他更是抱怨他一貫敬佩的老上級、老戰友、代理團長周志浩，不該挑選宋傑任總指揮。

　　"猛虎團"團長因工作需要調走後，上級任命周志浩為代理團長。這次接到演習命令，團黨委召開了緊急會議，對有關事宜進行了研究。會上，周志浩提出一個問題：這次演習誰掛帥？按王立環的想法，這不是明擺著的事情麼！老周是當年攻奪羊角山的戰鬥英雄，有著豐富的實戰經驗，這次重攻羊角山，他不掛帥誰掛帥？可還沒等王立環發言呢，周志浩接著提議讓新來的、二

十八歲的參謀長宋傑任總指揮，劉副政委和王立環任副總指揮，
他本人當參謀。也許事先老周和政委碰過頭吧，政委第一個支持
老周的建議，事情就這樣定啦。政委呢，一頭紮到三連，親手解
剖麻雀，摸索戰時的政治工作經驗。劉副政委光政治處那一攤子，
什麼演習戰報啦，群眾工作啦，等等，就夠他忙活的。這一來，
整個演習部署：制定行軍路線，組織隊形開進，領會上級意圖，
形成戰鬥決心，上傳下達，瞻前顧後……就全落到宋傑和王立環
身上了。雖說王立環當連長時，宋傑曾在他手下當過班長、排長，
兩人很處得來。但現在畢竟是職務不同了。作為一個老同志，王
立環覺得左右為難：說淺了吧，真擔心年輕人完不成任務；說深
了吧，又覺不合適。他本來想，雖說老周不掛帥，但他畢竟是一
團之長，有些問題可直接讓他拿章程，哪知事與願違：王立環曾
幾次在步話機上向老周請示匯報工作，得到的回答很乾脆：「找
老宋！」想到這些，王立環也更迷惑了。老周呀，團長調走後的
四個月來，全團上上下下都盼上級早給你下團長的任命。論思想
講能力，論威信講資歷，你哪一條都滿夠。誰知在這當口，你來
了個團長當參謀，這到底唱的是哪一齣「戲」呢？

二

霏霏細雨籠罩著牛角山，天黑得見早。

周志浩在一棵紅松樹下停住腳步。他右手按腰，向前望去。
那魁梧的身材，像是一尊在風雨中屹立的青銅鑄像。

警衛員小陶手牽嗎嗎嘶叫的「草上飛」，嘟嘟嚷嚷地跟上來。

「小陶子，」周志浩吩咐說，「前面就是指揮所。你先去給
『草上飛』安排飯。」

「讓它吃飽有啥用，反正你又不騎。」小陶嘴兒鼓得老高，
見團長手按腰部，愛護地說：「看吧，腰又疼啦。」

"真是個小機靈鬼。"周志浩忙把手放下，笑著說："腰疼又不是走路走的。不是告訴過你，我腰上有部'小氣象臺'嘛。"

"我才不信哪，準是累的。"

"不信？"周志浩突然來了個立正，竟像孩子似的天真："陶樂天同志，周志浩'氣象臺'向你報告，最近幾天內將有一場大暴雨……"

小陶忍不住咧開嘴笑啦。攤上這樣的首長，真是沒法兒。今天強行軍中，小陶軟的硬的都使啦，可你有千條妙計，人家有一定之規：馬一步都不騎。團長，你年紀大了，腰上還有沒取出的彈片，不能跟小夥子一樣拼呀！想到這，小陶又嘟囔開了。

"嗚嗚嗚嗚"，"草上飛"前蹄騰空，仰天嘶叫。小陶猛捋馬韁，手牽"草上飛"就走。

"陶子嗽，"周志浩滿面笑容地說，"一會鬧點米到指揮所去，今晚咱要自己動手，豐衣足食味。"

周志浩走進指揮所，見王立環獨自抽悶煙，便問："他們還沒趕到？"說著，看看錶，"別急嘛，還不到五點半呢。"

王立環沒有吱聲，扔給周志浩一枝煙，算是打招呼。周志浩打火吸起來："夥計，神色不對嗽，出事啦？"

王立環仍沒吱聲，只把宋傑的紙條遞過去。周志浩看完後，沉思了會："車是怎樣陷進深溝的？"

"這還用問，上邊寫得一清二楚，因指揮不慎嘛！"王立環開口就憋不住，"這個鬧法，我對你有意見！"

"有意見你就提，我又沒把你的嘴封住。"周志浩和王立環是老戰友了。一九四八年攻奪羊角山的戰鬥中，周是班長，王是戰士，一九五〇年又一起參加抗美援朝。按大家的話說，當年的"猛虎團"在團的還有兩員老虎將，用他倆的話說，現在的"猛虎團"在團的還有兩塊老骨頭。兩員虎將，戰爭年代裡一起闖過刀山，和平環境中一塊打過"硬仗"。為革命，都具有一往無前的精神。但兩員虎將又有明顯的差距：一個善於學習，認真讀書，在繼續革命的征途上飛步前進；一個煩用腦子，只願猛幹，在新形勢下難免要因循守舊。為這，兩人沒少鬥。而鬥來鬥去，感情更深，團結得更好。難怪，兩人說起話來，就像坑道裡推炮 —— 直著捅。

「照這個鬧法，有好 '戲' 看！」王說。

「你是看熱鬧的呀？態度就錯了！」周說。

「要是看熱鬧，早不這麼心焦啦！」王說，「這次演習的分量有多重，每人都能掂得出來！'猛虎團' 到咱手裡砸了鍋，對得起誰？」

「如果兩眼只盯著咱們這個團，換句話說，只盯住自己的榮譽，而看不到整個無產階級的革命大業，那又能對得起誰？」周說，「說穿了吧，根本問題還是對新生力量的態度不對。」

「什麼？我對新生力量的態度有問題？」王立環很激動，「你該清楚，我幾次對你談過，老宋從師裡回團當參謀長，過去的下級變成我的上級，我是舉雙手歡迎！」

「咱不能說起來明白，做起來糊塗呀！」周志浩放平了聲說，「這不，新生力量真上來了，這也擔心那也怕，這不是 '葉公好龍' 嗎？」

這話可能觸動了王立環，兩人沉默起來。

停會，王立環說：「你的用意我明白，但我覺得眼下不是時候。」

「呵，培養新生力量還得看時候呀。要說看時候，我覺得任務越艱巨，情況越複雜，越應該把他們推上第一線。」周志浩的話像汽錘打鐵，鏗鏘作響，顯示出他那不可動搖的決心。

正說著，劉副政委和幾個參謀走進來，問碰頭會幾點召開。周志浩說：「老王，我看還是等老宋回來吧，他今天走了好幾個連隊，掌握情況更多些。」

"好吧！"王立環說，"大家先去吃飯，晚上八點再到這裡碰頭。"

人們走出指揮所。周志浩輕聲對王立環說："聽說你今天沒吃上飯，我先在這裡值班，你快去找雷鳴山塡塡肚子吧。"

三

小陶手端小行軍鍋，提溜掛搭地走進指揮所："團長"分分工吧，你燒火，我去淘米洗菜。

"好。"周志浩邊應邊支起鍋。小陶左手拿著行軍途中採來的野蒜苗，右手提著用塑膠袋裝著的大米到溝邊去了。

周志浩點著火，手提馬燈揭開鍋：呵，鍋裡漂滿薑片片，水是紅的。小陶這機靈孩子聽說大薑紅糖水能防著雨感冒，就不聲不吭地鬧來了。

鍋底下火苗呼呼炸響，鋁鍋裡的水吱吱叫起來。周志浩的心思卻全不在這上面，他惦掛著宋傑。已經五點四十分了，宋傑怎麼還沒來呢？宋傑向來大膽潑辣而謹慎細心，難道真的會上陣頭一天就出事故？他深思著往事：

一九六二年春，宋傑入伍被分到本團二營部當通訊員。當時周志浩是營長。宋傑，這個在舊社會只頂十二斤高粱米被人販子賣掉的孤兒，黨把他哺育成人，讀完了高中。入伍頭一年就榮立了三等功，並由周志浩介紹人了黨。爲進一步培養鍛煉宋傑，周志浩又把他放到"羊角山戰鬥英雄連"當班長，之後提升爲排長、連長，工作幹得十分出色。去年初，被調到師作訓科任副科長……宋傑，真是棵好苗子呀！

"嗤 ——"薑湯頂開鍋蓋，打斷了周志浩的遐想。

"團長！"宋傑渾身沾滿了泥水，闖進指揮所："我遲到了二十分鐘。"

“老宋，你來得正好。”周志浩忙打招呼，順手倒了兩碗薑湯，遞給宋傑一碗：“快，幹掉它！”宋傑接過碗。周志浩又催促：“幹呀，來點虎勁，一氣讓鼻尖上冒汗。”說罷，他自己也大口喝了起來。不知是心情緊張，還是這碗薑湯管了用，宋傑喝下去，鼻尖上果真沁出了汗珠珠。

“老宋……”周志浩剛想說啥，宋傑卻不自然地說：“團長，您，您以後還是喊我小宋吧。”不知怎的，宋傑對老首長這樣稱呼自己，還感到有點彆扭哩。

“哈哈……”周志浩爽朗地笑起來：“怎麼，不該這樣叫嗎？”他打量著面前的宋傑：略瘦的臉盤，黑中透紅，兩道劍眉下，一雙犀利的眼睛炯炯放光，加上跟年齡不太相稱的黑胡荏，更溢滿虎生生的英氣。

“瞧你，”周志浩說，“剛參軍那陣子，嘴唇上還沒有茸茸毛呢，現在都鬍子荏荏的啦。事物都在發展變化麼，你小宋就不能變成老宋啦。哈哈……”不知怎的，從老首長這又甜又響的笑聲中，宋傑覺得有股力量在鼓舞著他呢。

“怎麼？有點壓力啦？”周志浩收住笑聲問。

“團長，這次演習還是……”

“還是我掛帥好，是不？”周志浩略帶嚴肅地說，“宋傑同志，這是團黨委的決定呀！”

“……”

“對黨委的決定，你是咋想的？”周志浩又問。

宋傑抬起頭，同周志浩的目光相遇。此刻，他覺得老首長的目光裡，含著信任，含著希望，也含著鞭策！

“團長，”宋傑鼓足勇氣回答說，“我堅決完成黨委交給的任務。”

“好。就等你這句話！誰生下來就會走，哪有不跌幾跤的？實踐出真知，大膽地幹吧！”停會兒，周志浩又問：“聽說你坐的炮車出了點事？"

"是我指揮不慎造成的。"

"經過呢？"

"我是指揮員，責任全在我。"宋傑說到這裡，就停嘴了。周志浩深知宋傑在錯誤面前向來爽直，從這個過於簡要而不吐露真相的回答中，他覺得其中似乎有點文章，所以也不再問。

這時，小陶淘好米走進來。他把鍋裡的薑水倒出來，將米下了鍋，撥旺了火。見首長在說話，就溜出去了。

"小陶子！這碗薑水是你的。"周志浩追出來喊道。

"俺不喝嘛，怕辣！"

"聽話，快喝了，我交給你個任務。"

"啥任務？"小陶睜大雙眼。

周志浩湊在小陶耳邊，低聲說："停會你到重炮連去，讓他們給咱倆留點飯，鍋裡的米留給參謀長，他肩上擔子重，省得再去跑。"

"是。"小陶轉身跑了。周志浩自語著："這小傢伙！"……

走回岩洞，周志浩靜聽著宋傑談強行軍的情況。他覺得宋傑對問題抓得準，解決得及時，便問："你們今天是怎樣吃上飯的？"

跟大家一塊琢磨的點子。宋傑說，"按一般軍事常識講，應該是兵馬不動，糧草先行。"

"對呀。"

"可今天的強行軍是上級臨時決定的，情況突變，糧草先行已來不及，我們就來了個兵馬先走，糧草斷後。"

"好，朝下講。"

"強行軍的命令下達後，我們把炊事班就地留下做飯，做好後再帶飯追趕部隊。因強行軍中間，休息時間少而短，如果讓炊事班跟部隊一起行動，飯沒做熟，部隊又要走啦，肯定不行。這樣機動了一下，問題就基本解決了。”

　　“是個好法子。”周志浩稱讚說。其實，他今天跟隨五連，也是這樣解決問題的。但當時他並沒有急著把這法兒告訴宋傑，為的是讓青年人去獨立思考。此刻,他才從筆記本裡撕下兩頁紙，遞給宋傑：“這點意見，供你在碰頭會上參考吧。”

　　宋傑接過一看，只見上面寫著：突然接到強行軍的命令，如何保證部隊吃飯和休息的幾點參考意見……

　　鍋裡的米飯冒出股股熱氣。周志浩站起來說：“老宋，飯熟了，你吃吧。我還有點別的事，今晚的碰頭會我就不參加了。”說著，匆匆走出指揮所。

　　“團長，你……”

　　“別管我，我的飯連裡留好了。”風雨中傳來周志浩的回音。

四

　　夜深了。周志浩冒著細雨，一腳深，一腳淺地走回指揮所。碰頭會早已散了。王立環正和師指揮所通話：“好。……大後天頭午十二點前，將方案報師指揮所審定。”他放下電話，對周志浩說：“師指揮所要我們兩天內看好地形，擬好戰鬥方案報師。時間夠緊的！”

　　“打仗嘛，不緊哪能行。”周志浩問，“碰頭會開得還好？”

　　“不錯。我到處找你，聽說你到重炮連去了。”王立環極滿意地說，“你那幾點參考意見可真解渴，我已交司令部，讓他們馬上印發各連。我說嘛，生薑還是老的辣！”

　　“什麼老的嫩的，人家老宋解決強行軍的吃飯問題，總結得更有條理。”

　　“什麼？辦法不是你預先告訴他的？”

　　“你呀，活見鬼！”周志浩說，“怎麼，老宋自己就不能想辦法啦？青年人掌握了馬列主義、毛澤東思想，知道依靠群眾，照樣幹得很漂亮。俗話說，後生可畏眛！"

"噢！"王立環有些驚訝。

"我還要建議師黨委通報表揚宋傑呢。"

"對！這事應該表揚。"

"我說的是重炮連四號車陷車的事！"

"什麼？"

"這次陷車，是正當的措施呀。"周志浩壓抑不住心頭的興奮，"從這件事中，我學到了老宋不計個人功利，和嚴於責己的革命品質！"見王立環進了迷惑陣，周志浩就講開了事情的經過：

下三點，宋傑乘重炮連四號車趕往牛角山。在一座山頭急拐彎處，司機鳴笛預報後，拐過彎順著下坡公路向前駛去，突然發現對面一個趕車的社員，因馬受驚迎面馳來。馬車也是下坡。炮車與馬車相距不超過二十米，眨眼間，即將在公路的低窪處相撞！急煞車，已來不及了。為保護人民生命財產，宋傑當機立斷，命令司機急扭方向盤，炮車一頭陷進路旁深溝，避免了這場撞車事故！……

周志浩最後說："我到重炮連時，當地的群眾正冒雨到那裡送感謝信，趕車的社員激動得熱淚滾滾。"

嗨，老宋呀！剛才的碰頭會上，你還直檢查自己呢。這哪是捅了漏子？這是給咱"猛虎團"添了光彩呀！王立環心裡火燒火燎，一把抓過電話："馬上向師部報告，建議表揚宋傑！"

周志浩擺擺手："不急，等政治處鬧份詳細材料報上去。"

"那我去找老宋做個檢查，我錯怪他了！"

"瞧你這勁頭，都十一點了，去休息吧。今晚我這當參謀的先值班。"

"今天老宋鬧得挺漂亮。"王立環餘興未盡，"後邊的路，咱更得保證不讓他出半點岔兒。"

“你呀，還不放心？”

“這……”

“我明白。”周志浩接上說，“對老宋的思想品質和革命精神，你是很佩服，卻擔心他剛上陣拉不開栓，是嗎？”

王立環微笑默認。

你呀，”周志浩笑著說，“不過黃河你是不放心了！”

五

下弦月牙兒躍上山頂，星星在深黛靛藍的夜空中眨著眼睛。這是“猛虎團”進入待命出擊地 —— 牛角山的第三日夜晚。

指揮所裡吊起兩盞汽燈，桌子上鋪滿作戰地圖。戰鬥打響前，指揮人員特別緊張忙碌。兩天來，宋傑和王立環各帶一個組，兵分兩路去勘察地形。眼下，他們聚集在一起，擬定長途奔襲路線和羊角山阻擊戰戰鬥方案。但是，因為宋傑和王立環發生了尖銳爭執，戰鬥方案一時還定不下來。

事情是這樣引起的：據上級意圖，“猛虎團”從牛角山出發，必須在一晝夜的時間內強行奔襲一百八十華里，抵達羊角山以北、黃河對岸的雀山口。然後，尖兵連借夜色飛渡黃河，炸掉羊角山下的“敵堡”，全團再渡河攻佔羊角山，迎頭阻擊“逃敵”。按這個宗旨，“猛虎團”決定分兵兩路向雀山口開進。一路是重炮車輛，沿牛角山北面的大道向前開；一路是尖兵連、步兵連，沿牛角山南面的小道朝前插。宋傑是沿牛角山北面大道去勘察地形的，他勘察得分外細緻，甚至連路上每座橋的負荷量都做了計算，以防重炮車輛通過時發生問題，貽誤戰機。王立環是沿牛角山以南，抄小道去勘察地形的，他帶著幾個參謀乘馬走了五十里路就急著返回來了。這倒不是他怕走路，是他覺得對這一帶的地形早已熟悉了。當年他和周志浩在這一帶打過仗，哪一座山頭上沒有他的腳印？最近，爲了寫"猛虎團"團史，王立環又帶人在這一帶奔走了兩個月，二十天前才回來。不是吹，這條路他閉著眼也能摸下來！他回來後，就忙活著標好奔襲路線，又忙著部署兵力，經過周密思考，直感到萬無一失時才擺到宋傑面前。他想自己是個老同志，又是副職，應當儘早把工作做到頭裡，一則減輕宋傑的負擔，二則好讓宋傑有時間審定。那知宋傑看後卻搖了頭，說沒有經過仔細勘察，沒有把握。

"老宋，你儘管放心，不會錯！"沉默了一會子，王立環說，"要是錯了，責任由我負！"

"不是誰負責任的問題，萬一錯了，就會影響整個戰役的進行。"宋傑仍然心平氣和地說，"我鬧的這個也肯定會有漏洞，你先審定一下，我帶上幾個同志連夜抄小路去重新察看，時間還來得及。"

王立環的臉漲得通紅。說實話，要不是顧及新老關係，這陣子他準能發火。你想想，這不是要找王立環的好看嗎？明天頭午十二點前，整個戰鬥方案就要報師審批，這又要去勘察，哪能來得及呢？是的，老宋到任後對自己是十分尊重的，可眼下⋯⋯難道真像老周說的那樣，宋傑很善於團結同志，但在原則問題上又不讓步。難道我王立環是犯了原則性的錯誤？不可能。老周呀，你倒好！兩天來，一直見不到你的影，你騎著你那"草上飛"飛到哪裡去啦？⋯⋯

眼看事情要形成僵局。周志浩風塵僕僕地闖進指揮所，十幾雙眼睛一齊期待地望著他。周志浩聽完大家的意見，又看了看王立環擬定的奔襲路線和兵力部署，一語雙關地說："老王呀，可不能光想走老路子啊！"

"怎麼，老路有問題？"

"可不！如果按你這條路走，"周志浩指著地圖說，"剛奔襲七十里，部隊就要迎頭受阻，無法通行。"

“無法通行？”眾人急問。

“可不。”周志浩指著地圖又說，“你們瞧，就在老王定的這條奔襲路線上，大珠峰和小珠峰之間，新建一座寬有十里、長有五十里的大水庫，三天前剛開閘放水……”

猛地，王立環額角上冒出串串汗珠。自己險些捅了事關全局的大漏子呀！是的，光想走老路不行，光憑老經驗辦事不靈！可眼下，要是重新去勘察地形，時間來不及了！這，這可咋辦呢？……

周志浩從挎包裡取出一張地圖，送到宋傑和王立環面前：“我這兩天和小陶一起沿路走了走，也給尖兵連和步兵連隊擬了條奔襲路線，供你們擬定方案時參考。”

王立環無聲地望著周志浩。是慚愧，是激動，他的心情難以言狀。此刻，他對宋傑的擔心化爲敬佩：老宋，做爲一個新同志你敢於堅持原則，正是對老同志的真正尊敬！眼下，他對周志浩的抱怨化做感激：老周呀，你對待新生力量，不僅是熱情歡迎，而且是牆裡的柱子 —— 暗使勁啊！

六

烏雲翻滾，急雨傾盆。剛剛踏上征途，投入長途奔襲戰鬥的“猛虎團”，借著閃電，伴著雷鳴，兵分兩路直朝黃河北岸的雀山口插去。

經一晝夜飛奔，下午四時，兩路兵馬在雀山口集結。周志浩、宋傑和王立環，帶連長雷鳴山來陣地前沿觀察“敵情”。透過雀山口望去：只見黃河如同巨蟒，呼嘯翻捲，濁浪排空。河對岸的羊角山，峭壁陡崖，“敵堡”密佈，居高臨下，鎖山截道。真是場硬仗呀！

雷鳴山，你這尖兵連連長，能把那些釘子拔掉嗎？”王立環問。

"能！"雷鳴山又亮開汽笛嗓門。

"小聲點，這是敵前偵察。"

"是。"雷鳴山伸了伸舌頭。

"你打算怎樣去啃那些硬骨頭？"王立環又問。

"只等上級下命令，我帶著全連猛向前衝！"

"衝，衝，你就光知道衝。"王立環有點自責地說，"嗨，也怪我影響了你。你瞧，浪濤這麼猛，你把一個連放進去不成了一鍋粥？你能在預定點登上陸？"

"這……"雷鳴山心裡撲通撲通直跳。

又看了會，周志浩說："老宋，你跟雷連長研究研究吧，我和老王分頭到各陣地上去轉轉。"

走出不遠，周志浩笑著問王立環："怎麼樣？這回你該放心了吧？"

"我相信老宋，也相信雷鳴山能夠在戰爭中學會戰爭。"王立環深沉地說。周志浩笑了笑，兩人便分頭到各陣地上去了。……

王立環漫步在隱蔽的陣地上。他想到宋傑在這次演習中組織得如此周密，指揮得那樣果斷，特別想到師黨委對他們擬定的方案十分滿意時，心中無比高興。再看，雀山口在夕陽的映照下，活像一幅濃淡相宜的水彩畫。山坡上各種野花相依交妍，爭豔競放，紅的火紅，白的雪白，藍的靛藍，紫的醬紫……從大自然的一派生機，又聯想到革命的新一代正在鬥爭的風雨裡成長，他覺得樂滋滋的。

這時，只見雷鳴山虎步跑來："副參謀長，渡河的點子，參謀長和我們開'諸葛亮'會，想出來啦！"

"快，說說看。"

"第一，因洪峰到來，水流太急，為保證在預定點登陸，我們根據水的流速，決定把渡河點向上移動三百米。"

"好。"

　　“第二，爲保證戰鬥小組浪打不散，我們根據大家泅渡技術水準的高低，實行了人員類編組。每組中，把技術好的放在下游，形成一道擋浪壩。既可以保護前邊的同志，又可以協同前進。登陸後，即可按組分頭偷襲‘敵堡’。”雷鳴山比比劃劃地說完了。

　　“呵，都鬧得一套一套的啦。”王立環加重語氣說，“雷鳴山，你以後要多注意向宋參謀長學習，要善於動腦子，都是年輕人嘛。好啦，快去準備戰鬥吧。”

　　“是！”雷鳴山飛似的跑去。

　　王立環正想趕到團指揮所的陣地上去，只見警衛員小陶跑來，雙手遞給他一個檔夾，說是師部剛送來的命令。戰鬥情況有變化？他急忙打開，躍入眼簾的是：

　　任命參謀長宋傑同志爲團長。

　　是感到突然呢，還是感到高興呢，這份命令他連看了兩遍。但使他愕然的，是上級對老周怎樣安排呢？當他翻到第二頁，一切都明白了。在師黨委的按語下，轉發了周志浩的一封信：

師黨委：

　　這些天，我一直在想著這樣一個問題：和平環境中，我們在提拔幹部的問題上，容易受“論資排輩”的影響，不注重提拔年輕有爲的同志。

　　剛好，今天宋傑同志由師調我團任參謀長。根據我團領導幹部年齡較大的情況，我建議師黨委提升宋傑同志爲團長，我仍任副職。我覺得這樣做更有利於革命事業。

　　我們黨的事業任重道遠，需要我們像跑接力賽那樣一代一代往下傳。想想我自己吧，如果離開了黨的陽光雨露，離開了老一代無產階級革命家的辛勤栽培，又怎能由一個放牛娃而成長爲黨的幹部？難道今天我們不應當按照毛主席提出的五項標準，大膽地培養無產階級革命事業接班人？提拔了新的幹部，我們這些老一點的同志肩上的擔子就輕了嗎？不。應該說更重了！我們應該在革命的實踐中和他們積極合作，努力給他們當好參謀。這是黨的大局，革命的大，這是責無旁貸的！

以上是我的態度，也是我的決心。請師黨委採納我的建議。

　　　　致

敬禮

　　　　　　　　　　　　　　　周　志　浩

　　　　　　　　　　　　　　　一九七三年三月四日

　　王立環看著信上的每一句話，如戰鬥的號聲激起了他心頭的浪花；透過字裡行間，他看到了周志浩那大海般的胸襟，烈焰般的紅心。

　　“老王，戰鬥就要打響，咋還不去吃飯？”王立環猛回臉，見周志浩和宋傑走來。此時此刻，他有多少話要說呀，然而，他什麼也說不出來了。他忽地站起，把文件夾遞給周志浩，又猛撲向宋傑，緊緊攥住宋傑的雙手，像從心裡蹦出來一句話：“老宋，勇敢地把革命重擔挑起來吧！’

　　槍聲，炮聲，喊殺聲迴響了一夜。

　　“猛虎團”用新的勝利，迎來了金色的黎明。

　　晨曦裡，“猛虎團”戰旗如火，在羊角山頂呼呼飛捲。周志浩，宋傑，王立環並肩站在旗下。

　　軍長、師長前來祝捷，和他們一一握手。軍長拍著宋傑的肩：“小宋，指揮的不錯唻！”又轉臉對周志浩和王立環，“你倆是咱‘猛虎團’的兩員老虎將嘍。這次戰鬥，使我覺得，咱這猛虎又插上了新翅膀哩。哈哈……”

　　啊，旭日東昇，山河盡染。站在羊角山頂舉目遠眺，黃河東流，波翻浪湧，磅礴澎湃，氣象萬千。風在呼，浪在喊：向前！向前！向 —— 前！

　　　　　　　　　　　　　　（原載《山東文藝》1974 年第 1 期）

青 春 似 火

未　央

一

　　離白露節只有幾天了，正是天碑山藥場搶收黨參的緊張日子。藥地裡到處是人，挖的挖，撿的撿。那一根根淺黃色的黨參又肥又長，裝滿了背簍，堆滿了籮筐，曬滿了禾場。空氣中飽和著一種特有的香味，令人心醉。

　　這天早晨，藥場知青分隊的分隊長朱正亮很早就醒了。窗外茫茫一片，不知是晴還是雨？如果再出三天大太陽該多好，分隊的黨參就可以完全趕在白露前收回了！老貧農譚伯曾幾次叮囑他，成熟了的黨參在地裡過了白露是要空心的，不及時採收便會減產，叫人怎能不著急。東方剛露出一抹熹微的曙色，他便敲響起床鐘，將青年們從甜夢中催了起來。

　　霧很濃重，整個天碑山淹沒在乳白色的海洋中，十步之外不見人影。知識青年們到泉水邊洗了臉，有的做廣播操，有的攀著樹枝翻槓子，然後扛起鋤頭上山挖藥。

　　“大司令！”樓上視窗裡一個紮著兩條翹翹辮子的姑娘向霧中喊道。她叫周琴，是分隊中年齡最小的一個，都稱她么妹，嗓音裡還帶著幾分童聲。不見人答應，她又演戲似的拖著腔大喊一聲。

　　“他就在這裡”霧中不知是誰說。

"別人有重要事情告訴你，還不理人。" 周琴咕噥道。

"我提出嚴重警告，再有叫大司令者，格打勿論！" 朱正亮半開玩笑半認真地說。在文化大革命中，高大結實的朱正亮帶頭起來造走資派的反，在學校裡組織紅衛兵團，擔任負責人。因他個兒大，紅衛兵有時就親熱地叫他 "大司令"。一九六八年十月，他又組織 "大寨兵團"，帶領紅衛兵來到艱苦的高寒山地安家落戶。雖然到了鄉下，青年們仍喜歡那樣叫他。

"人家早已轉業不當司令，現在是分隊長了。" 不知是誰緩和氣氛說。

"周琴同志，什麼重要事情，請談吧。" 朱正亮故意用辦公事的腔調說。

周琴笑著對下面喊道："昨天晚上方場長搭信來，說他這兩天拆遷房子，要我們今天去幫他扛木料。"

朱正亮沒有馬上回答，他要考慮一下。周琴從樓上下來，穿過濃霧走到他面前問："去不去呀，分隊長？" 一個擔籮筐的胖小夥喊道："這幾天長兩雙手都忙不贏，誰去給他幹私人的事！" 他是林孟瀾，嗓子粗，力氣大。開荒挖土比誰都衝得快，姑娘們叫他 "開山機"。站在他旁邊的周琴也說："是呀！拆遷房子什麼時候都可以幹，何必擠在這幾天？" 矮個兒伍堅說："方場長想搶個晴天，我們去扛吧。" 林孟瀾堅決不同意："現在的晴天，誰也不能給！"

"對！我再去找譚伯商量一下。" 朱正亮說。每當有什麼疑難的時候，他總是去向譚伯請教。譚伯也總是每次都給了他信心，力量和辦法。

譚伯是場黨支部再教育領導小組組長，六十來歲了，身板很剛健，他支持青年們說："要是老方問你，就說我不同意這急如搶火的時候去給他扛木料！"

知青分隊出發上山了，譚伯和幾個老貧農夾在他們中間。走了幾步，伍堅跑到朱正亮面前說："正亮，我一個人去給方場長扛一天吧，做個代表。"朱正亮同意說："也好。你告訴方場長，挖完黨參我們全分隊都去給他突擊！"

在陡峭曲折的山路上，稀稀拉拉地走著幾個扛木料的人。最後的兩個人抬著一根粗大的杉樹。抬大頭的是藥場場長方求生，中等個兒，精力旺盛。四十多歲了，只看得三十多歲。抬梢尾的是劉尚高，五十多歲，枯瘦如柴。他當過藥場的保管員，因盜賣藥材被罷了官。但方求生很喜歡他，群眾說他是場長的狗頭軍師。前面的方求生力氣大走得快，劉尚高弓著腰，在後面吃力地拖著兩條長腿。

"抽根煙吧，場長，"劉尚高想歇口氣。他們上坡後，便將杉樹擱在兩塊大石頭上。方求生脫下藍卡機布幹部服，選了塊石頭迎風坐下。劉尚高一屁股就地坐在茅草上，又擦汗又喘氣，摸出一包飛馬牌香煙，丟給方求生一根說："我早知道，朱正亮他們不會來。"方求生說："這幾天要搶收黨參，是難得抽出工夫。"劉尚高冷笑一聲："天把兩天，要抽也抽得出的，就是故意和你作對。"方求生沒答話，猛抽了一口煙。

劉尚高又說了，嗓子像打破鑼："對這些學生，你也沒虧待過。添這麼多勞力，你打心眼裡歡迎。他們呢，過河拆橋，翅膀一硬就不認人了。你把房子拆遷到知青分隊來也是為了好領導他們嘛，他們卻劃給你巴掌大一塊狗都不去的荒坡做屋場。是我給你出主意，才搞了那塊向陽地，還不知道他們給不給。"說完歎了口氣。方求生也擔心："那塊地我很滿意，只怕他們不願給。他們想種黨參。"劉尚高停了吸煙："你要堅持，這不是一塊地的問題，這是你的威信問題。這一步讓了，你就莫想管住他們了！"

方求生點了點頭，他想起了一些不愉快的事。朱正亮在剛來的幾個月對自己還是很尊重的，兩個人相處得較融洽。後來朱正亮翹尾巴了，常愛給自己提意見。在別人家裡喝口酒，他要提。開點荒土種幾苑包穀，他也提。

"他們不是來接受我們的再教育，倒像要我們貧下中農接受他們的再教育哩！"劉尙高知道方求生有氣了，惡狠狠地說。

"別說了！"方求生冒火地把煙蒂一丟。

這時，從高處傳來一陣歡笑聲，方求生和劉尙高抬頭看去，知青分隊和一些社員正在坡上採挖黨參。他倆趕緊抬起杉樹走了。

朱正亮擔著一堆擔黨參向山下走去，他個子高大，動作敏捷。那扁擔的閃動，那步伐的穩健，那堅實的背影，和天碑山的貧下中農差不多少。他下一個坡，走在一段平路時，突然一個人從旁邊衝來，接過了他的擔子。他扭頭一看，是藥場黨支部書記向家國，笑著說："支書同志，怎麼攔路打搶！"

"這麼好的黨參，我不眼紅呀！"向家國挑起擔子飛跑。他是文化大革命中湧現出來的新幹部，才二十多歲。身體健壯，穿一身家織的粗藍布衣服，褲腳挽得高高的，一雙大腳把草鞋耳子脹斷了幾個。見著人喜歡打打鬧鬧，還是青年人的脾氣。

朱正亮追上去抓著扁擔往回拉，兩個人你爭我奪，堆尖的黨參撒到了地下。向家國連忙放下擔子，一面撿拾黨參一面說："你們分隊的黨參快收完了嗎？" "再出三個大太陽，全部解決問題。"向家國用力揮了一下手說："一定要趕在白露前收回！"

一支八哥飛來，落在很近的烏桕樹上，對著他倆歡叫。向家國望瞭望八哥，對朱正亮說："你給支部的申請書我們研究了，希望你繼續努力。"朱正亮很激動："請黨嚴格考驗我！"向家國撿起一粒小石子向八哥打去，八哥飛了一圈，又落在原地方喳喳的叫。向家國又對朱正亮說："我明天要去縣裡開會。我們藥場是縣裡第一批開展農村鬥、批、改的單位，縣裡的會一散便開始。農村中兩個階級兩條路線的鬥爭很激烈，你要在這次運動中鍛煉自己。"朱正亮聽了心怦怦的跳，他喜歡火熱的鬥爭。他感到又一場暴風雨要來臨了。向家國站起來說：“現在大家對老方有些意見，你看到什麼問題，要及時向他提出。”他說著去擔黨參，朱正亮急忙抓著扁擔說：“我來擔。”向家國一把上了肩：“這麼漂亮的黨參，讓我擔擔。”

山下突然傳來喊聲：“老向，公社來電話，上縣裡開會的馬上到公社集合！”向家國高聲回答道：“聽到了！”放下擔子惋惜地說：“小朱，真不湊巧，只好明年再來擔你們的黨參了。”他緊緊握著朱正亮的手：“小朱，有事多和譚伯他們老貧農商量。”

說罷，他邁開一雙大腳往山下跑去。

三

第二天早上，方求生搭信來，要知青分隊去給他立屋，並說已煮好早飯。朱正亮和譚伯商量後，決定早飯後去幫他的忙，屋架子立起就回來，不在他那裡吃飯。吃過早飯，朱正亮和譚伯帶領幾個小夥子去了。他們翻過小山坡，看到了一個熱鬧的場面。劃給方求生做屋的地方，用舊木板搭起的棚子裡，飄起一縷縷蒸氣，送出魚肉的香味。並排擺著的四張大方桌旁邊，一些人正圍著喝酒吃飯，又笑又嚷。幾條狗在桌子底下搶骨頭，爭得打起架來。旁邊原來一塊準備種黨參的向陽坡地，已整得平平光光，擺著用新木料裝成的五排屋架。這架勢，哪是拆遷，完全是起新屋！

朱正亮望著新屋架驚呼道：“他要把屋起在那塊向陽地裡！”譚伯問他：“給你講過嗎？”朱正亮說：“沒有。”林盂瀾一聽很氣：“豈有此理！”朱正亮望瞭望又說：“看，地主分子黃老七也來了。”伍堅說：“他昨天就來扛木料了，是跟著劉尙高來的。”譚伯聽了連連搖頭：“太不像話！”

方求生正在喝酒，看見知青分隊的人來了，放下酒杯迎上去："等你們好久了,快喝酒吧。"朱正亮擺擺手："我們不喝酒的。"方求生又把酒杯遞給譚伯,譚伯把酒杯推回說："這幾天咳嗽,喝不得。"劉尙高的乾兒子劉小高看他們不願喝酒,喊道："今天方場長做新屋,喜慶日子,你們別講客氣!"劉尙高一聽喝道:"你別亂說,場長可不是做新屋,是把舊屋擴大一下。"方求生也急忙聲明:"對,是擴大舊屋。"

朱正亮越看越不是滋味,想起了老向臨走時講的話:兩個階級兩條路線的鬥爭很激烈!他想要找方場長談談,但人多眼雜,沒有機會。他從口袋裡摸出小本子,撕下一頁,寫了一張字條。念給譚伯聽,譚伯連連點頭,向剛吃完飯的方求生喊:"老方!"方求生以爲他等急了,答應道:"馬上開始。"譚伯招手說:"你來一下,小朱找你有事。"方求生銜著一枝煙走過來,小朱起身將紙條子交給他說:"方場長,我有幾點意見,請你考慮。"方求生接過紙條一看,上面寫著:

方場長:

我以革命的名義,向你建議:

一、不要在黨參地裡立屋!

二、勒令地主分子立即回去!他們送的禮物沒收歸公!

三、停止鋪張浪費講排場!

方求生看著,猛吸兩口煙,臉上紅一陣白一陣,氣得手發抖。他瞪著朱正亮說:"照你說,我大不該搞了!"朱正亮正視著對方說:"這只是我的建議。"站在朱正亮身旁的林孟瀾衝口而出:"不是建議,是抗議!"伍堅拉了拉林孟瀾:"小林,態度好一點。"方求生聽說是抗議,揮著手喊道:"我遷房子,一是爲了工作需要,二是合乎國家政策,誰敢干涉?"朱正亮儘量讓自己平靜,說:"遷房子我們贊成,但時間、地點不對頭。"方求生又質問:"這麼說,屋不立了?"朱正亮說:"最好今天不立,研究好了我們給你突擊。"站在旁邊的譚伯,這時大聲支持說:

“我也是這個意見！”方求生這下火了，扯碎了手裡的紙條，用勁一摔：“好呀，你們聯合起來拆我的台。什麼天大的錯誤，今天立屋，立定了！”

喝足了酒，吃飽了飯的人都圍攏來相勸。這個說：“生米煮成熟飯了，立了屋再說吧。”那個說：“都是藥場的人，事情好商量。”伍堅也小聲勸朱正亮：“方場長是領導，算了吧。”朱正亮面對相勸的人，沉著堅定地大聲宣告：“同志們，這是兩條路線的鬥爭，我們不能放棄原則！”

方求生要立屋，但沒有人動手。來幫忙的人們中，有些在內心裡已經贊成朱正亮的意見。有些是原本不熱心，礙著面子來的。一兩個地富分子早懂得他們不宜在此種場合久留，一個個溜走了。要想立屋，大勢已去。

“早知今日，何必當初。羊肉沒吃到，反惹一身擸。花掉這麼多錢，這麼多糧，到哪裡去報銷！”劉尙高火上加油地對著方求生說。

“這都是向支書把他們慣壞了，”方求生突然生起支部書記的氣來。“今天表揚，明天誇獎，搞得這些城裡學生騎到我貧下中農脖子上來了！”他揮著手，對朱正亮和譚伯吼道：

“這台好戲，我看你們怎麼往下唱！”

<h1 style="text-align:center">四</h1>

白露節過去兩天后，下起雨來。天碑山上日日夜夜雲霧繚繞，風吹雨淋，氣溫顯著下降。知青分隊的黨參已趕在晴天搶收完畢，這是很令人高興的。並且還採挖了一部分牛夕，下雨的日子，便在家裡修剪根條，上炕烘烤。

方求生在藥材地裡立屋的事，引起了全場的議論。貧下中農稱讚小將們的造反精神，他們說：“到底是當過紅衛兵，敢打敢衝！"方求生現在總攬全場的工作，一天到晚很忙的樣子，自己立屋的事似乎丟下不管了。嶄新的屋架子一直躺在藥材地裡，日曬雨淋，也不說還要不要。而在這同時，不知從什麼角落裡，對知青分隊吹來了一股股冷風。

"知識青年是飛來的鳥，早晚要飛走的。子子孫孫在天碑山過日子的人，還是要靠老方！"這股風很陰毒，吹到群眾的耳朵裡，形勢就起了變化，漸漸地對方求生的議論和批評少起來了，和知青分隊的來往也不那麼密切了。

有一天晚上，周琴到貧下中農家裡去玩，回來時氣呼呼的。林孟瀾問她為什麼？她說，劉尚高看見她去了，故意在隔壁說話給她聽："尖子都招工上大學去了，一些沒人要的破爛推了下來，不照鏡子看自己的醜樣，還在貧下中農面前耍威風，沒得好下場！"

林孟瀾一聽氣壞了。起身往外跑："簡直是放毒，我去找他辯論！"朱正亮一把拉住他："別去，心急吃不得熱粥，我們要把這股風徹底搞清楚。"

朱正亮覺得，現在需要找方場長開誠佈公地談一談。譚伯在向知識青年進行階級教育時，曾經講過方求生的經歷。舊社會，他一家被地主逼得走投無路，討米來到荒涼的天碑山，找了個石洞住著，砍畬種包穀，挖野藥，只求一生。年年歲歲"辣椒當鹽，野菜當飯，一碗豆腐渣過大年"。若不是解放，方求生早已求生不得了。解放後，他翻了身，入了黨，當了幹部。但經不住糖衣炮彈的襲擊，為個人和小集體打算盤多，為革命為國家想得少。文化大革命初期曾對他進行了一點批判，因他根子正，又檢查了錯誤，很快又讓他擔負了領導工作。開頭一段時候很不錯，受到貧下中農的讚揚，後來又犯老毛病。大家都說，他有些忘本了，又吃了狗頭軍師劉尚高的虧。朱正亮想，這些問題，都要向他提出來。

　　方求生正在豬欄邊專心餵自己的兩頭肥豬，朱正亮走到欄邊說：“好壯的豬，樓都要壓垮了！”方求生低著頭帶著一種情緒說：“過年請你們吃肉。”朱正亮說：“方場長，現在我們有空了，幫你把屋立起來吧。”方求生停了餵豬問：“立在哪裡？”“立在劃定的屋場上，我們給你把那塊荒坡開大一些。”方求生聽說還是不給他那塊黨參地，又來了火：“不立了！”朱正亮說：“方場長，不是我們分隊捨不得那兩畝地，地雖不多，是路線問題。”方求生想：屁大的事也上綱上線。沒有答理。

　　朱正亮又誠懇地說：“方場長，你對我們知青的關懷，我們很感激。你抓生產的勁頭，勤勞的作風，我們要好好學習。但我們也看到了你的一些毛病。你對階級鬥爭、路線鬥爭不感興趣，像革命大批判這樣的大事抓得很少。聽信別人的壞主意，關心的只有藥材、收入，有些事只顧自己和小集體。這樣下去，多麼危險！”方求生聽到這裡，也忍不住了，大喊一聲：“對，我是走資派！”朱正亮說：“現在還不是，可在朝那個方向走。方求生挺立起來說：“文化大革命的場面我見過，你們來鬥吧！”朱正亮語重心長地說：“是的，文化大革命給我們的經驗教訓，我們永遠不能忘記！”方求生想，朱正亮真如劉尚高所說，要我貧下中農接受他的再教育了。氣沖沖地說：“謝謝你的教育，我當不了反革命！”一甩手，提著豬潲桶走了。

　　談話無法繼續下去，朱正亮只好告辭。

　　幾天以後，方求生召開全場生產會議，要劉尚高通知朱正亮參加。劉尚高跑到知青分隊對朱正亮撒謊說，今晚各分隊自己開會討論生產。朱正亮照辦了，沒有去參加場裡的會。劉尚高卻對方求生說：“我通知朱正亮來場裡開會，他說老向不在，懶得參加！”方求生很生氣，劉尚高又加一把火：“他們不承認你這個場長！”

　　第二天方求生來到知青分隊，一見朱正亮就放開了連珠炮：

"支部書記不在家,我連一個會都開不成器了。你對我個人有意見,不能不參加場裡的會呀。害得大家等了一個晚上,生產計畫也沒訂成,誤了季節你負責!"朱正亮說:"劉尙高通知說分隊自己開會。"方求生想:劉尙高明明說已通知你到場部開會,你懶得參加,便對朱正亮說:"你不承認我這個場長,我還是要管你這個分隊。先向你打個招呼,今年要多種牛夕,莫忙著種黨參了。"朱正亮問:"那是爲什麼?"方求生說:"種黨參花工多,費力不討好。改種牛夕才有出路,集體收入多,給國家貢獻大。"朱正亮說:"要完成國家的種植計畫啊!"方求生說:"國家的計畫都是留有餘地的,完成百分之幾十就行了。我告訴你,國家有國家的計畫,場裡還有場裡的計畫呢。"朱正亮感到奇怪:"場裡的計畫不就是國家計畫的一部分嗎?"方求生說:"不大一樣,我們要實現三個一。"方求生一口氣念道:"藥材畝產一千元,全場純收入一十萬元,每個勞動日得錢一元!"他臉上露出了一絲絲笑容,似乎不生氣了。

朱正亮壓制住心頭的怒氣問:"就爲了這個改種牛夕嗎?"方求生忘乎所以地說:"對,我們要叫天碑山滿坡滿嶺都是牛夕,都是金子銀子!"朱正亮說:"你這個計畫只要一個字。"方求生問:"一個什麼字?"朱正亮氣憤地說:"一個錢字,你把這個字寫到山頂上那塊天碑石上去吧,讓全藥場的人時刻望著它,爲它拼命!"方求生從如意算盤中醒過來:"你這是什麼意思?"朱正亮嚴正地說:"我不同意你的計畫!"方求生氣得臉上青筋直暴:"我知道你不會同意的,你不關心天碑山貧下中農的生活,你要鬧獨立王國!"朱正亮也控制不住了:"那你去告我的狀吧!"方求生說:"我不需要去告狀,大家都會反對你。"朱正亮光明正大的宣佈:"那我就去告你的狀,我要告你破壞國家種植計畫,告你佔用集體土地,告你喪失階級立場!"

"你要造反!"方求生的拳頭向桌子狠狠一擊。

「對，就是要造反！造資本主義的反，造修正主義的反，造一切舊思想的反！」朱正亮豪邁地說。

五

夜晚，北風呼叫不停。方求生聽見有人敲門，開門一看，是劉尚高。兩個人坐到灶前去，扒開沒燃盡的灰燼來烤。

劉尚高低聲說：「我來了個先斬後奏，用你的名字告了朱正亮一狀，寄往縣裡去了。」方求生說：「我講了不告狀的。」劉尚高說：「你不先告他，等他告了你，就被動了。」方求生一想，也有道理，點了點頭。劉尚高見方求生聽了他的，很得意地說：「我寫了四五條，都很厲害，夠得上敵我矛盾了！」

方求生從鍋裡摸出一碗臘豬頭肉，又摸來一瓶酒，放在灶上說：「為我的事，你花了不少心血，喝兩杯吧。這酒還是你上次放在這裡的，我沒捨得喝，今日一起乾了。」劉尚高打開瓶蓋，斟起酒來：「人家都說我是你的軍師……」

「你做我的軍師有什麼不好！」方求生說：「你不過犯了一點小小的錯誤，還是一個貧民成份嘛。要落實政策，要團結……」劉尚高可憐巴巴地說：「我是知道感恩的，不像有些人那樣不把領導放在眼裡。」這一句刺到了方求生的痛處，他氣憤地說：「城裡來的學生太欺人了！」狗頭軍師又挑撥道：「遠賊必有近窩，不是姓向的支持，諒他沒有這麼大的狗膽。」方求生歎道：「難鬥啊！」劉尚高咬牙切齒地說：「不要急，我發動了群眾，群眾力量大，再加上今天這張狀紙，馬上叫他們通通給我滾蛋！」

兩個人越喝越來勁，劉尚高喝得最多，早已醉成了一堆爛泥。

這時，在知青分隊的宿舍裡，完全是另一番景象。明亮的煤油燈下，他們聚精會神地學習馬列著作、毛主席著作。有的在寫一天的日記，有的在寫信。還有些人在排練節目，準備隨時給貧下中農演出。雖然北風在外面呼叫，宿舍裡卻那麼溫暖火熱。朱正亮準備向縣委寫信匯報方求生的問題，他又一次學習偉大領袖毛主席制定的黨的基本路線："……在社會主義這個歷史階段中，還存在著階級、階級矛盾和階級鬥爭。存在著社會主義同資本主義兩條道路的鬥爭，存在著資本主義復辟的危險性。……"黨的基本路線像燈塔一樣照亮了朱正亮的心胸，使他對藥場裡的鬥爭有了深刻的認識。應該如何來反映方場長的問題，也非常清楚了。他正要動手寫匯報，忽聽到外面有人吵嚷。

"學生伢子，你們豎起耳朵聽著！" 幾個人在門外喊道。朱正亮走到臺階上一看，他們打著火把，拖著木棒，擺出一副打架的樣子。大都是幾個資本主義思想嚴重和遊手好閒的傢伙。也有兩個老實社員。知青們聽到吵嚷也都出來了，面對面站著。朱正亮對吵嚷的人說："請到屋裡坐下講吧，外面風大。" 穿舊呢上衣和小腿褲的劉小高惡狠狠地說："我們不進你們的屋。" 他幾次外流被公安機關送回，不願老老實實勞動，又在學鬥雞。他向一個老頭努努嘴，那老頭小聲說："學生伢，我這天碑小山養不下你們金鳳凰，快些飛了吧。" 劉小高瞪了老頭一眼說："有話講不出。" 又向另外兩個人努嘴。那兩個人結結巴巴，好像背誦課文地說："學生伢，我們從前一個粑粑兩個人分；你們來了，一個粑粑七八個人分，還有，還有……劉小高，還有什麼？"

這時，住在知青分隊附近的一個四十來歲的貧農社員連忙趕來，看見劉小高聚眾鬧事，氣憤地說："劉小高，你們這是什麼搞法？知識青年是來白吃飯的？大家看到的，天碑山那片黨參地，原來是荒坡，他們開了出來。他們種的貝母、川芎、白術、大黃、牛夕，一擔擔往供銷社送。藥材地裡間作的玉米，他們吃不完，還存了幾千斤……" 劉小高不等那位貧農社員說完，一聲大吼，握起木棒衝過來說："學生伢子，趕快給我滾蛋！" 林孟瀾拖了一根扁擔衝到劉小高面前："你放屁！" 朱正亮急忙攔住林孟瀾說："讓他們把話都講出來。"

示威者發出了零零落落的喊叫："你們不讓種牛夕，要我們貧下中農受苦呀！""沒人要的破爛，賴在天碑山不肯走呀！""誰敢奪方場長的權，老子打斷他的狗腿！"

朱正亮面對示威者，堅定地說："社員們，我們是聽毛主席的話，到天碑山來接受貧下中農再教育的，我們不能走！"知識青年們一齊喊道："我們就是不走！"

這時，譚伯和許多貧下中農聞聲趕來了。他們對著示威者發出怒吼："毛主席派來的青年人，誰說下放無好貨！…'這些好後生，拿個金山來我也不換！'""你們破壞上山下鄉政策，胡說八道！"

譚伯像一棵蒼松，在臺階上一立，對下面說："知識青年上山下鄉，是我們黨的百年大計，千年大計。他們響應毛主席的號召，離開大碼頭，幾百里來到天碑山，和我們一樣，晴天一身汗，雨天一身泥，幫助我們改變山區面貌。毛主席教我們貧下中農熱情歡迎他們，對他們進行再教育。可你們現在造他們的謠，給他們安上一大堆罪名，拿起木棒趕他們，這是貧下中農幹得出來的嗎，肯定有壞人搞鬼！"譚伯說得心裡冒火，指著劉小高問道："劉小高，哪個要你來的？"貧下中農也一齊質問："哪個要你來的？"劉小高邪不敵正，小聲說："我自己來的。"譚伯又厲聲說："你好吃懶做，東流西串，專門走歪路。告訴你，再胡鬧就把你管制起來！"

"社員們，我不該來。"那個老頭低著頭往回走。又有兩個人說："我們不曉得是回麼事，有人喊我們來的。"也慢慢往回走。劉小高見陣勢不對，兩條腿不由得往後退。他一動便亂了陣腳，小隊伍嘩的散了。

六

藥場黨支部書記向家國從縣裡開會回來了。他扛著一包檔，一邊走一邊哼著剛學會的京戲唱段"我們是工農子弟兵"。每次出外，他都要學點新歌回來，這已成為習慣。快到場部時，方求生從辦公室裡迎出來，一見面便叫屈："老向，你可回來了。藥場翻了天，再不回來只怕你支部書記的大印都要丟了！"向家國笑道："沒關係，天碑山倒不了。"他走進辦公室，放下文件包，端起誰的一杯冷茶咕嚕咕嚕喝了。

方求生問："我的報告縣委收到了嗎？"向家國答："收到了，研究了。"方求生想問，朱正亮是不是真的告了他的狀，沒好開口，只說："場裡的問題，縣委都掌握了？"向家國說："都知道了，要我們自己在運動中解決。"他站起來向外走，說："老方，今晚我們開支委會，傳達縣裡開會的精神。"

晚飯前，向家國到了知青分隊。剛收工的青年們一齊圍了上來，像盼到久別的親人一樣親熱。有的搬來板凳，有的送上開水。林孟瀾笑著說："老向，你走後我們好危險，差點被大棒子趕跑了。"向家國早已從譚伯那裡聽到這一切了，望著知青們說："在關鍵時刻敢於頂住就不簡單，縣委要我轉告大家：縣委支持你們！"青年們聽說黨在支持他們，激動得跳了起來，一個個流出了熱淚。

鬥批改運動在天碑山上展開了。知青分隊成了運動中的一支有生力量。大批判的烈火越燒越旺，批判修正主義路線，批判資本主義道路。革命群眾的階級鬥爭覺悟和路線鬥爭覺悟迅速提高，紛紛揭發本場本隊的各種問題。

清理階級隊伍的工作聲勢浩大。貧下中農提出的可疑物件中，說得最多的是劉尚高。他自己講，解放前當過幾年雜貨店的學徒，因爲生病被老闆辭退了，到處流浪，解放時才討米來到天碑山。但從他的一貫表現來看，卻不像勞動人民而像剝削分子。黨支部把審查劉尙高的任務，交給了參加鬥批改辦公室工作的朱正亮。他訪問了全藥場的老人，尋找各種線索，決心搞個水落石出。

朱正亮告訴方求生，群衆都認爲劉尙高有問題，要他提高警惕。方求生說：「我看著他討米來的，你放心。」譚伯也提醒他不要上當。他總覺得劉尙高只是思想上毛病多，不會有大問題。近幾天，朱正亮發現了一個可疑的現象：劉小高總愛呆在黃老七家，黃老七外出時，劉小高也遠遠跟著。一天晚上，朱正亮想讓方求生看看劉小高的活動，約他去監視黃老七的家。

月亮被厚厚的雲層遮住了，只透出微薄的光，朱正亮和方求生潛伏在烏泡蓬後面。今晚劉小高在黃家坐到十來點鐘才出來，他走後，黃老七又幾次到門外東張西望。「看樣子今晚有戲看，」朱正亮想，格外精神抖擻。果然，半夜裡劉尙高來了。他賊頭賊腦地彎著腰，一步三退，左聽右看，鑽進了黃老七家。朱正亮和方求生從烏泡蓬後面出來，輕捷地跑到黃老七窗下，站在柴堆後面，監聽屋裡的動靜。裡面聲音很小，不易聽清，只斷斷續續傳出幾句：「……我不放心……怕外面來材料……參謀長……」方求生聽著出了一身冷汗。朱正亮要他去報告老向，自己繼續監視。不一會，劉尙高溜出門來，沿著房檐窺視，看是否有人聽到他們的密談。他的賊眼一轉，認出朱正亮，強裝鎮靜地說：「小朱，你真忙呀，這麼晚還在外面。」朱正亮說：「這麼晚你還在別人家裡，比我忙多了。」劉尙高冷笑一聲：「我這兩天生病，找黃老七要個單方。」朱正亮說：「沒有什麼藥方能救你們的命，必須老實向人民低頭認罪！」劉尙高見小朱已聽到他們的密談，順手掄起一根柴棍向他頭上擊去。朱正亮奪過柴棍打翻劉尙高，一腳踩住他的脊背。屋裡的黃老七拖一把鋤頭出來，正要從背後打向朱正亮。就在這時，方求生帶著民兵趕到，當場逮捕了兩個罪犯。

向家國和朱正亮就地審問罪犯，黃老七和劉尚高初步交待了他們的罪行。劉尚高原名蔣登高，是黃老七的遠親。年青時一起在上海讀書。吃喝嫖賭，臭味相投。後來黃老七回天碑山當鄉長，蔣登高去省城國民黨匪軍裡當團參謀長。蔣登高給黃老七送槍送洋貨，黃老七給蔣登高送鴉片送光洋。二人來往不斷。黃老七還將我們兩個地下黨員送交給蔣登高槍斃了。但蔣登高沒來過天碑山，這裡無人認識他。所以當蔣登高的偽軍被我解放大軍殲滅後，他就和黃老七暗地勾結，化裝來到天碑山，等待東山再起。蔣登高選取方求生作為搞垮天碑山的突破口，送酒送煙，花言巧語，妄想方求生成為他們的代理人。他盜賣藥材被知識青年抓住後，對他們恨得要死，陰謀把他們趕走。清理階級隊伍的運動使他們心神不安，他們剛才還在密謀：如果真情暴露，就殺人放火，逃奔他方！

這件事震動了天碑山，擦亮了群眾的眼睛。當然，得到教訓最深的是方求生了。他痛苦的向貧下中農檢查了自己的錯誤，表示了改正的決心。他和朱正亮作了一次深摯的長談，達到了新的團結。他的房子，也由知青分隊幫助他在劃定的地方蓋好了。

半個月後，又是天碑山上難得的好晴天。藍天無雲，金色的陽光把大地照耀得分外壯麗。知青分隊開始種植黨參了，做壟的做壟，栽參的栽參，你追我趕，好不紅火。

老向來了，走到朱正亮面前，熱情地說："小朱，我向你祝賀，上級黨委已批準你的申請，接受你為中國共產黨黨員！"朱正亮激動得說不出話來，一雙手只是握著老向的手緊緊不放。老向又向大家說："同志們，你們虛心接受貧下中農再教育，不怕風浪，敢於鬥爭，我們黨正是需要這樣的革命接班人。希望大家繼續努力，不斷前進！"

　　林孟瀾說：“我們決不辜負黨的期望！”周琴像宣誓一樣說：“我一定要把自己鍛煉成一塊純鋼。”伍堅挺了挺胸，用從來沒有過的堅定的聲音說：“請黨繼續考驗我！”

　　大家繼續種黨參，朱正亮和方求生在一起種，親熱的交談著。譚伯遠遠望著他倆，刻著粗大皺紋的臉上浮滿了笑容。

　　笑聲、歡語，震動了天碑山，在千山萬壑中回蕩。

（原載《湘江文藝》1974 年第 1 期）

幸　福

草　明

　　鑄造車間的"二次清砂組"來了十幾個女學員，全車間都轟動起來了。有的說："女工清砂，這是文化大革命的新氣象；真是婦女能扛半邊天啊。"有個老師傅說："這些小青年多幸福，念足了書，國家派她們來學手藝。我們當學徒那陣，挨打受氣就甭提了。"也有人："人家有文化的姑娘也來搞清砂，我們再也不能看不起這個工作了。"總之，清砂組這支姑娘隊伍的出現，是廠裡一次小小的革命。

　　姑娘們列著隊，雄赳赳地進入現場，氣勢軒昂，步伐整齊。由技術指導吳桂英師傅率領，一拉溜走過來十七位姑娘。打頭的是組長韓彬，後頭跟著的都是應屆初中畢業生。韓彬體格很棒，走起路來胸脯挺得老高，頭髮往工作帽裡一掖，就像個小夥子一樣。她對這個車間的人來說並不陌生；因為她本來就是鑄造車間扣箱組老模範宋師傅的大徒弟，進廠已經快三年了，當了團小組長，入了黨。工人們見是韓彬當組長，心裡很踏實，深深感到領導真會挑人。

　　到了現場，同車間的工人們走攏來歡迎她們。吳桂英師傅發話了："現在由組長向你們介紹這兒的情況。"韓彬謙虛地望著吳師傅，當她看見她嚴肅的眼光像一道命令，便挺身走出來，給學員們講了話，介紹了情況，最後她嚴肅地問學員們："同志們自願到清砂組來鍛煉，有志氣！可有人說，我們女同志幹清砂活

兒怕幹不了。不知同志們有信心沒有？"姑娘們響亮地回答："毛
主席說得好：時代不同了，男女都一樣。男同志能辦到的事情，
女同志也能辦得到。"

　　聽到這兒，來歡迎的工人心裡也熱乎乎的，都迅速走回自己
的工作崗位，埋頭幹活去了。只有"一次清砂組"的一個小夥子
叫做小關的，還遠遠的倚著鐵柱子，看著這支姑娘隊伍的一舉一
動，硬是看得出神。他的胳膊肘冷不丁地被人碰了一下，回過頭
來一看，原來是王維三。王維三瞅瞅左右沒有人，便擠著眼睛對
他說："小夥子哎，瞅見了沒有？再甭埋怨找不到物件了；看準
目標吧！"小關笑笑說："看你扯到哪裡去了。人家都是剛來學
徒的。"

　　王維三擺著一副關心的樣子體貼地說："交個朋友怕什麼。
爲自己的幸福生活做準備工作嘛。排第五個的叫小劉，你瞅她那
模樣，多俊氣……可是，清砂這活兒，咱男子都不願幹，瞧這些
姑娘們，就怕幹不長啊。"

　　小關覺得人家究竟比自己年紀大，比自己看得遠些；他留心
再看看那個小劉，的確長得可愛。他低了頭，不言聲，轉身走回
自己的崗位上去了。

　　第一天幹活，姑娘們都覺得挺好玩，那七八斤重的風把嘟嘟
嘟地一個勁兒叫喚，在手裡亂蹦；雖然那玩藝兒不聽自己的使喚，
但掌握好時卻是手到砂除，挺帶勁。三天以後，姑娘們臉上的笑
容逐漸消失了。一星期後，有的人用自己的左手托著右胳膊；休
息時，有的人乾脆靠著牆根懶得動彈。回到宿舍，姑娘們也不打
打鬧鬧了。那個叫小劉的，組裡數她歲數小，才滿十七。她一回
到宿舍就躺到床上，用左手捶著右肩，慢聲細氣地拖長嗓音叫"媽
— 呀"，逗得大家直樂。韓彬把這一切都看在眼裡，她從自己
的經驗中知道，'要咬咬牙，這些姑娘們才能順利地闖過這個勞
動關。於是，她像以前師傅帶她那樣，在現場，自己搶著帶頭幹；

休息時，她起勁地給大家講故事，逗樂子；回到宿舍，她給大家打洗臉水，倒洗腳水。吳桂英師傅也經常撂下家務事，到她們宿舍來問寒問暖，給她們捏肩膀解乏。但姑娘們還是累得提不起勁來。韓彬十分體貼大家，手幫口教，見困難就上，只是有一條，勞動紀律抓得很緊，在現場就得好好幹活。小劉就怕這個年紀只比自己大兩三歲的小小的組長，到外頭去她都跑著步。有一回她從外頭往回走，正好碰著"一次清砂組"的小關。小關很關心地對她說："幹嘛跑步呀，幹咱們這種活得注意身體，身體是革命的本錢，細水長流嘛。"

劉和小關素不相識，但她看見小關像個大哥哥似的關心她，把經驗告訴她，便放慢腳步，和他稍稍保持一段距離，怯生生地問他道：

"你出師好多年了吧？"

小關故意走慢點，緩緩地、有禮貌地回答說："我進廠也不過兩年，什麼出師不出師，清砂這活兒，一學就會，就數咱們這工種沒技術。人家說得好，'念了九年書，弄個嘟嘟嘟' —— 唉，咱們的前途，還有多大奔頭？"他盼和小劉攀談已有好多天了，今天見了面，沒頭沒腦地把王維三給他說的話抖了出來，連他自己也莫名其妙。他有很多話要說，可是已到了地方，也就住了嘴，只深情地望了她一眼。小劉默默地回到了現場。她沒有注意小關的表情，只是"念了九年書，弄個嘟嘟嘟"這句話，一下子就印到她的腦海裡去了。與其說這句話說來順口、好玩，不如說它觸動了她頭腦中的某種情緒。那句話很快就在宿舍裡傳開，成了當天晚上姑娘們爭論的話題。有個人說，"就數咱們倒楣，分配到這麼個工種，還有多大前途。"經過文化大革命鍛煉的韓彬一聽，立刻覺得有人向她們吹陰風，從黨的多次教導中，她認識到，凡是在困難的時刻，就會有人煽風點火。為了教育這些心地單純正要過勞動關的姐妹們，她耐心開導著說："奔社會主義呀，怎能說沒有前途！我大伯過去在三條石當童工，被資本家敲斷了一條腿，成了個殘廢；可我們趕上新社會，長到七八歲，國家送咱們上學；念了九年書，國家送我們到工廠；哼，還不知足，我們身在福中不要忘記幸福是怎樣得來的呵。」

「老一輩過的是老黃曆啦。可我們不是生活在新社會嗎？我們該享這份福嘛。」七嘴八舌，大家爭論不休。

年輕的組長躺在床上睡不著覺。她冷靜地分析了一下，認爲大家的情緒還是健康的，對幸福啦、理想啦，認識不清也不奇怪，還是按著支部的指示，要抓緊進行階級教育。她下決心明天請教吳師傅去。

韓彬年紀雖小，但是在學校、在工廠都有點小小的名氣。那是好幾年前的事了。她在學校時，是她班裡的第一個紅衛兵，在天安門前接受過毛主席的檢閱。初中一年級時，文化大革命的烈焰映紅了全中國，在革命高潮中，她和兩個同班的紅衛兵學習了一套戰地包紮技術，要去越南前線當護士，支援那兒的抗美救國戰爭。她們向老師提了出來，請老師協助她們。老師婉言勸阻，說她們志氣很大，年齡可還小，要她們好好學習，將來好響應社會主義祖國的召喚。這幾個小姑娘聽了，一甩袖就走了。第二天，她們帶了幾件衣服和一些乾糧，背著家長和老師便出發。但是她們花了一天工夫，步行六十里到了豐台，就給家長和老師接了回來。這一回老師和家長做了大量的工作，韓彬的思想算是通了，安下心來復課鬧革命。從此，韓彬不論學習、宣傳和參加鬥、批、改，處處走在頭裡。她初中畢業，被分配到機床廠來了。領導把她分配到木工細作工段。她進現場一看，那兒乾乾淨淨，活兒細緻輕巧。她立刻到支部去，請求把她調到最艱苦的工段。領導上便分配她到鑄造車間的又熱、活又重的扣箱組來；並叫老模範宋師傅帶她。宋師傅看見她幹活積極，不怕髒、不怕累，對別人說，「這是棵好苗。」他更著力地幫助她，鼓勵她。然而使她在廠裡出名的,卻是挖防空洞的那一回。

那一回挖防空洞,她是夜班。到了吃夜宵的時間,她為了多弄幾鍬土,不願去吃,便托人帶兩個花捲兒。宋師傅值勤,也不去吃,師徒倆便競賽似的使勁挖土方。冷不防洞口右牆的土鬆動起來,眼看要塌方了。宋師傅搶前一步,一把拉開了韓彬。韓彬定了定神,這才發現宋師傅是承擔了風險而把她推到比較安全的地方。她手疾眼快,搶前一步,使勁把宋師傅一拉,讓宋師傅處在較安全的地位。正在這時刻,土方傾瀉而下,把韓彬埋了半截子……同志們聞訊趕來,幫著宋師傅很快把韓彬救了出來。從此,韓彬捨己救人的事蹟便在廠裡許多壁報上出現了。……

第二天天還沒亮,韓彬就起了床,給姐妹們打好了洗臉水。她跑到車間,想把生產準備工作提前做好,免得姐妹們上班時忙亂。剛走到清砂組,小韓便聽見了嘟嘟嘟的聲音,她心裡納悶,再往裡走,現場早已準備就緒,有條不紊。風把聲響處,有個身影在那兒清理著大件裡的砂。── 這是我們國家的重要的活兒,大打礦山之仗,機床廠目前的急活就是趕做各種礦山機器的母機。小韓高興地、激動地高叫道:

"吳師傅,你早來啦!"她看見吳桂英並沒有停下手裡的活件,只回過頭來說:"你起這麼早幹什麼呀,小韓?"韓彬繞到吳師傅的前面,看見吳師傅雖然眼不看活,但飛剌嗖嗖地全飛了,活件平整滑亮,和泥鰍背一樣光溜。她心裡默默地驚歎佩服,目不轉睛地看著老師傅熟練的技術。這位以廠為家的老師傅的形象在小韓眼裡是多麼有吸引力啊。看,吳師傅什麼時候都整整齊齊,哪怕工作服洗得發白了,手套已補了七八層,可是一到她身上,就那麼服貼整潔。別看她年紀已四十,個子又小,幹起活來可衝得很;她的面貌神態很溫和,可是堅持原則一點也不含糊。

師徒倆找了兩塊木頭,並排坐了下來。吳桂英看了看這個直爽的年輕人的眼睛,捏了捏她的胳膊,問道:"吃得消麼?"

　　韓彬笑著趕快回答說：“我進廠都兩年多了，扣箱比清砂輕巧不哪兒去，這點活還能對付。只是姐妹們，我瞅著她們就愁得慌。她們吃飯也不香了，辮子也懶得梳了，有的頸脖子一圈都是黑的，雙手更甭提了，個別人也傳著怪話了——”

　　吳師傅又像提問又像補充地說：“你知道她們為什麼不梳辮子，脖子也洗不淨？——她們有幾個人胳膊都腫了，胳膊肘彎不過去。我都一個一個看過了。不過這一關很快就會過去的。”

　　韓彬佩服吳師傅觀察事物細心，對大家體貼，這幾天一閑下來，吳師傅就給她們捏膀子鬆筋骨。她懇切地說：“師傅，您有一部慘痛的家史，給我們講一講，進行階級教育好嗎？我們年輕人，生活在新社會，沒吃過苦，沒有比較，不知道幸福是怎麼來的。您說說，從兩個不同制度的社會來看，幸福的意義有什麼不同，我們應該奔什麼樣的前途，抱什麼樣的理想，好嗎？”

　　“你真抓得緊，出了這麼一大堆題目。”

　　“這就算說定了。”韓彬的信心增強了，高高興興地和師傅迎著姐妹們來上班。

　　一天小關在鍋爐旁打開水時碰見小劉。小關又是膽怯地，但又迫切地在找詞兒。她急促地關心地說：“哎呀，看你的手粗得像把刷子啦。明天我送你一盒油膏，勤點塗上，皮膚就能油潤些。女孩兒家要保護好雙手呀。”

　　小劉認為小關說話大驚小怪，便冷冷地回了他一句：“手還分什麼男女，像把刷子就像把刷子，你真是孔夫子腦袋瓜！”

　　小關沒想到對方會頂撞他，為了替自己辯護，以免這個姑娘日後看不起自己，便正裡八經地說：“哎，誰是孔夫子腦袋？我是說要保護手。恩格斯不是說過勞動的雙手創造了人嗎！我們當然要保護好勞動的雙手啊。”

　　小劉聽了，覺得小關說話還蠻有點理論根據的，只怪自己書念得少。但是他說怕手變成刷子，要用油膏來保護雙手這點卻不對。她毫不讓人地反問道："是誰怕咱們的手變成刷子，叫用油膏保護的？"她不等他回答，提起水壺就走。一路走一路忍不住笑。她想像得出那個小夥子一定在那兒發窘找詞兒哩。

韓彬每到星期天就外出做家訪的工作，瞭解每個姐妹的情況，自從聽了"念了九年書，弄個嘟嘟嘟"以後，她就特別關心小劉，經常接近她，生活上照顧她，多次去她家串門，瞭解到小劉的父親是個電工，由於她是個獨生女，母親什麼都將就她，未免有點嬌慣。她在學校是個聰明的學生，老師、同學都喜歡她。她也沒什麼大毛病，只是有些嬌氣。韓彬瞭解到這些以後，對小劉更加留心了，處處像大姐似的關照她。那一天休息，小劉約韓彬一塊兒到書店去買書。韓彬要買歌曲，以便休息時大家學些歌子，活躍活躍空氣。小劉想買一本恩格斯的著作，查一查勞動的雙手創造了人，這個問題是怎麼講的。到了書店，為了節省時間，她倆分頭去買。小劉來到馬列主義書籍櫃檯前，對售貨員說："你給拿一本恩格斯的著作。"

售貨員問："你要的是哪一本？是《自然辯證法》還是《反杜林論》？"

小劉手舉得高高的，往書架上一指說："就是那兩本，我先要翻翻目錄。"

售貨員見這兩本書的樣書都有人在看，又見小劉伸著只灰黑的手火急火燎的，便溫和地笑著說："你說準書名，我給你拿得啦。大家都翻書皮，書皮弄黑，誰還買這本書哩。"

售貨員還在笑嘻嘻地盯著小劉的手，小劉莫名其妙。聽說怕把書皮弄黑，她才注意看看自己的手，手果然有點灰黑。她來買書本來是有心弄清恩格斯怎麼講勞動的雙手的問題，偏偏遇到售貨員不肯拿書讓她翻看，這好比給她潑了一瓢冷水。她一賭氣，噘著嘴找韓彬去了。這時韓彬剛買好歌曲，正哼著歌兒轉身來找小劉，卻見小劉氣鼓鼓地空著手跑來。韓彬自從和小劉接近以來，覺得她有進步，思想也開朗，今天又特地來買馬、列的書，她更替她高興，怎麼現在卻又生氣了哩。她迎上去問道：“那本書沒有麼，小劉？”

小劉沒好氣地說：“人家嫌我的手黑，不讓我翻。哼，當個清砂工，連**翻翻**書都沒資格。”

韓彬一聽也不大痛快，想立刻找那售貨員說她幾句；但覺得自己應冷靜一些，先作調查研究。她詳細問了小劉當時的情況。聽了之後，覺得情況並沒那麼嚴重，便拉著小劉的手說：“來，你跟我來。”她倆走到那位售貨員跟前，韓彬向售貨員說：

“同志，請你拿恩格斯的那兩本著作給我。”她故意把自己有點灰黑的手高高舉起，向書架指著。

售貨員還認得小劉，她看了看這兩個姑娘，從書架上取了兩本書，放在她倆面前。小劉拿起一本就**翻**目錄，韓彬不知小劉要查看什麼，只好隨意翻看著。售貨員溫和地有禮貌地對韓彬說：“我建議你們買書前把手洗一洗，怕只怕書皮弄黑了，別的同志就不願買，這對國家不能不是個損失。剛才我沒有把話說完全，那位同志可能誤會了。”

韓彬見售貨員把問題挑明瞭，倒覺得痛快，便也耐心解釋說：“我們是翻砂工，你別看我們手皮有點黑，洗半天洗不掉，其實很乾淨。你知道，要是沒有**翻砂**這工作，書根本印不出來啊—— 印刷機誰來做哩。”

售貨員也是個青年，她看見這姑娘是個痛快人，就笑著點頭道：“哦，謝謝你，我又多學了點知識；我的觀察還表面了點。”

小劉從《自然辯證法》中找到了她需要的材料，便趕快付錢，拉著韓彬就走了。她抱怨韓彬說：“你太文雅了，不訓她幾句，看她還敢看不起我們翻砂工不？”

韓彬推了她胳膊一下，笑著說：“人家是從愛護國家財產著眼，動機是好的嘛。你今天怎麼啦，一肚子火似的；來，我請你吃根冰棍壓壓火。"

小劉伸出自己那只右手一裡一外地翻看著，喃喃自語道："哎呀，幸福、前途的問題還沒鬧清楚，又出了個手的問題。手呀，翻砂工的手呀，有人說你重要，要塗油膏，爲的是叫你不要像把刷子；有人嫌你黑，瞧不起你，連翻翻書都沒資格。好吧，快回宿舍看看恩格斯他老人家是怎麼說的吧。"

韓彬一聽，覺得小劉的話裡面有文章，追問了一句："誰說翻砂工的手像把刷子不好看？"

小劉鼓著腮說："哼，還不是翻砂工自己說的，還是個男的哩。 —— "

"誰？咱們分析分析他說這話是什麼用意？世界上只有小姐、太太的手最滑溜，她們不勞動呀。咱們工人瞧不起那個。恩格斯一貫主張人的手是用來勞動的，恩格斯說人的手本來就是勞動的產物。手不勞動幹嗎使？咱們聽恩格斯的，不聽邪門歪道的。勞動人民的手還能不結老繭？"

大街上人很擁擠，可這兩個姑娘卻激昂地談論著。一個在防範著自己的同伴受資產階級思想侵蝕；一個還在急於追求真理，弄清是非。小劉越聽越覺有理，便把小關兩次的談話原原本本地端了出來。韓彬聽後，覺得自己肩上的擔子很重，今後更應好好地抓思想工作。

在那邊哩，小關卻成天琢磨王維三向他描繪的那個將來的幸福家庭。"但是，怎樣才能和小劉進一步接近？"他認爲這群女孩子中小劉是最溫柔美麗的。但打開水那天的談話，卻叫他很怵頭。現在小劉看見他遠遠就躲開了。他不知道自己哪一點得罪了她。

小關正在犯愁，王維三見是個機會，便湊了過來。作古正經地問他："怎樣啦，小夥子，有進展嗎？"

"你別開玩笑了，誰看得上我？再說，我和她還年輕！"小關瞅了他一眼。

王維三深思地歎息道：「你太老實了，辦法太少了。明兒我找兩本談戀愛的書借你看看，學學人家。總之，要速決戰。你沒瞅出來？她們眼紅胳膊腫的，長得了嗎？婦女總是婦女嘛，聽說領導上早就叫散攤啦，就是底下有人逞英雄要搞出個名堂來唄。有一天散架了，她們調走了，廠子那麼大，你上哪個車間找她們去？」

別的話他不在意，這句話小關聽進去了。他也聽人議論過，這些姑娘是頂不住的，早晚得散。他本想請王維三參謀參謀，可是不好意思開口。

王維三似乎替他著急，摸著下巴思忖了一陣，問他：「你會照相嗎？照相倒是個好法門。星期天，挎上個照相機，公園裡一逛，嗨，美美地玩上一天。」

小關忍不住說道：「那玩藝兒太貴。」

王維三笑笑說：「誰買那玩藝兒，這是過渡手段，借用幾天就得啦。」

「沒處借啊，借來也不會照。」小關搖了搖頭。

王維三不慌不忙地說：「前幾天我親戚有架進口的照相機叫我修理。你要用，我可以加夜班拾掇出來，還可以教教你怎樣照法。」

小關暗暗高興，但他仍然裝成不在意的樣子，輕輕誇了他一句：「嗨，原來你還有這一手。」

「收音機、半導體、手錶什麼的，壞了你儘管拿來叫我修。」王維三來了勁，又補上一句說，「不瞞你說，清砂這玩藝兒搞不長，太耗身體了，過兩天我去當照相工人去。」於是他大擺照相的技術，一邊講一邊在砂子上面畫圖，比劃著，唾沫星子往四面噴射。

不久，照相機拿到手了，小關試照了一卷膠捲，經王維三沖洗後，居然有一兩張能看出個模樣來。他信心增強了，便繼續練習，單等和小劉說話的機會。

支部委員吳桂英和韓彬一塊參加了支委擴大會。韓彬向支委會詳細匯報了"二次清砂組"最近的一些思想情況，支委會認為對新學員應加強路線教育，要弄清兩種不同的世界觀對"幸福…'前途…'理想"的不同理解，黨和團組織務必引導青年一代在毛主席的革命路線上健康地前進。

吳桂英也匯報了她所作的調查：小關是老工人的後代，一貫表現還好，就是最近為了找物件受了某些壞人的影響，思想起了變化。支委會對小關最近的言行作了分析，判斷他的錯誤思想的來源不是小關本人，而是受了資產階級思想的侵蝕。同時大家也注意到，有人想搞垮我們的姑娘隊。一句話，是同無產階級爭奪年青的一代。一致認為對青年人的階級教育、路線鬥爭教育都要抓緊進行。韓彬自告奮勇請求去做小關的思想工作，務必揪出壞人，幫助小關。支部就把這個任務交給了她。她首先從小關媽媽那兒瞭解了詳細情況。晚上，韓彬去看小關。小關覺得有點突然，但當他看見韓彬態度誠懇坦率，也就不介意地和她隨便談笑了。韓彬單刀直入地問他道："小關，聽說有人借給你照相機，還教給你什麼交朋友的秘訣，這是怎麼回事呀？"

小關一聽有點緊張，他和小劉的來往十畫還沒有一撇，怎麼借照相機的事已傳到"二次清砂組"組長的耳朵裡了呢？他沉默著不回答。韓彬見他不說話，開導他說："小關呀，怎樣對待生活，這是個大問題。經過批林整風，我們要擦亮眼睛，警惕階級敵人來腐蝕我們年輕人，千萬不能麻痹上當啊。"

小關見韓彬一開口就聯繫到階級鬥爭，心裡不禁有點著急，但也拿不定主意，只好含糊地說："上當不上當有時候很難說，不能拿人家說幾句話就說人家反動。"

韓彬用實事求是的態度分析道："這倒是，我們不能根據一個人的幾句話來給他下結論，有時好人也會說錯話嘛。但是造謠生事，說反動落後的話，把人往邪路上引，那就要警惕了。"

小關心裡開了竅，邊聽邊點頭，於是把王維三的所作所為，和歷次對他說的話都抖了出來。韓彬耐心地和他一起逐條分析，使小關心服口服。他想到韓彬和自己一般年紀，但她卻樣樣走在前面，而自己遠遠地落後了，這是什麼原因呢？他越想越慚愧。韓彬鼓勵他要為工人階級爭氣，勇敢地鬥爭；並囑咐他目前對王維三暫時不要動聲色，不要打草驚蛇。有情況及時告訴她。小關一答應了。小韓和保衛科聯繫，進一步瞭解王維三的歷史情況。

韓彬向吳師傅匯報了她所進行的工作情況，並要求吳師傅快點對大家進行階級教育。吳桂英硬是喜歡這個年輕的組長那種朝氣勃勃的鬥爭精神。她感動地說："小韓，咱們每走一步前面都有障礙，夠咱們鬥爭的啊！"她沉默了一會兒，又問小韓道，"小韓，我這個人沒上過學，沒看過幾本書，可聽人說過：馬克思說，幸福就是鬥爭，你敢情讀過這本書吧？你給我講講。"

這個年輕人聽見老師傅提起馬克思對幸福的解釋，高興得攢著她的手說："師傅，你說得太及時了，真是把馬克思的話運用到節骨眼上了。對呀，幸福就是鬥爭。那不是一本書，那句話是馬克思回答女兒問他對幸福的理解時說的。文化大革命初期，紅衛兵把馬克思這些格言都印出來，我們都學習過。師傅，你是不是說，今天的幸福，是革命先輩鬥爭得來的；為了無產階級子孫萬代的幸福，我們還得繼續鬥爭，是嗎？"

吳桂英點了點頭，說："我領會馬克思的話的意思是，幸福只能從鬥爭中得來，所以，幸福就是 ——"

小韓搶著說："師傅，咱們要解放全人類啦，實現共產主義啦，都得靠鬥爭，因此鬥爭就是幸福，對嗎？"小韓越說越激動，把心裡想的一發說了出來，"啊，咱們有毛主席帶領著，什麼艱險也不怕，鬥吧，鬥它半個世紀吧。"小韓使勁摟著師傅的肩膀，半天也不鬆手。這時，她更深刻地領會到老工人對年輕人手把著手地教，手牽著手地往前走的那股滋味。

吃罷晚飯，吳桂英早早就來到了姑娘們的休息室。所謂休息室，就是樓上走廊的一塊寬闊的地方。姑娘們找了個舊乒乓球桌子，當中架了一根小竹竿，就練起球來。開會，當然也在這裡了。吳桂英也參加進姑娘們的"球賽"中去了。看她球拍捏得緊緊，張開兩臂，一下子跳到左邊，一下子跳到右邊，打得不是路數，卻十分認真，因之偶然有個把子球叫內行人也招架不住。在這樣的時候，大家都給她鼓掌打氣。她也不曉得記分，已經打輸了一盤，還一個勁兒打下去。旁邊等著接球拍的姑娘只在一旁抿嘴笑。打出了一身大汗，她才嚷著說："我打不過你，輸了，輸了。"她撂下球拍，她的對手也撂下了球拍。姑娘們都圍了過來，有誇讚她打得好的，有遞過手絹給她擦汗的，也有端過來開水的，她自己湊趣說："你們看我打球，比看世界冠軍比賽還好看吧？"逗得大家哄堂大笑，笑聲還沒有落音，姑娘們才發現吳師傅是戴著舊手套打的球，這太稀奇了。

"這真是國際比賽中也沒看見過的。"

"吳師傅，你的手套沒有十層也有八層了，打起球來它聽你指揮麼？"

吳師傅擦了汗，喝了兩口水，便溫和地回答姑娘們說："你們不知道，我的手掌特嫩，手心那塊皮比我小八歲。"

她的話更稀奇了，引起了姑娘們的好多問號，有人搶著問她為什麼那麼奇怪，有人爭著給她摘手套看個究竟。只有小劉聽了心一沉，在一邊想："得，又是手，說不定今天的討論會要批評我。唉，我真倒楣！為什麼那個小夥子偏向我耳邊吹風！"

"你們要我講手掌的故事，那我就講講吧。"吳桂英沉重而蕭穆的語調把大家的嘻笑聲都壓下去了。大家紛紛坐好靜聽。

"我是瀋陽西郊農村的人，地無一壟，我媽給老財當老媽子，父親是皮革工人，我七歲上，媽媽活活被老財給折磨死了，不到半年，我爹也病死了，撇下我孤零零的一個人。一個堂姐把我收留了，她家也窮得叮噹響，叫我給附近的有錢人幫忙，人家多少給點玉米麵，我就給那家人打水、抱孩子……

「關外數九天氣多冷啊。我一早要把他們兩隻水缸打滿水，那兒用的是井水。那天天氣太冷，大清早，井上的搖把給凍住了。我力氣小，弄不動，回去向我堂姐哭著。堂姐哄了我幾句，叫我使開水去澆搖把。我依她說的做，回去先燒一壺開水，把搖把上結的冰化開。我這才把水打了上來。打了兩小桶就往回拎。等出來再打水時，搖把又凍上了，搖不動。我兩手緊握著搖把使勁搖，還是搖不動。半天，搖把上的手拔不起來了。我急得直淌眼淚，跺著腳叫媽，可是有誰聽得見呀。在舊社會，天也是那麼高，地也是那麼寬，可有誰來理睬一個苦孩子呀！我哭叫了半天，沒人來救我，手越沾越結實了。我看呆在井邊不是個辦法，便下了狠心使勁把雙手一拔，一陣鑽心痛，手拔起來了。手掌全是紅的。我跑回家去，撲在堂姐懷裡哭得好傷心。堂姐怎麼哄我我也止不住哭。後來她發現我的手掌全是血，驚叫道：『皮呢，你手上的皮呢，你手掌上那層皮呢？』看見了血，我一陣嘔心，暈倒了。後來堂姐領我到井邊去看，原來那搖把上沾了一層白色的皮，皮的上頭有幾點血水，已結成冰，我姐摟著我也哭了起來……」吳師傅講著，有些姑娘聽得已掉眼淚了，有個姑娘撲在吳師傅的腿上，嗚嗚地哭出聲來。

「窮人家沒錢治病，我堂姐向窮街坊討了點香油，和了點香灰，給我敷到手掌上……」

吳桂英的眼睛也閃著淚花，用那雙刻著階級仇恨的雙手輕輕拍著撲在自己腿上哭著的姑娘，低沉堅毅地說：「不要難過，我現在的手不是好好的嗎？看見這塊新皮，我忘不了對剝削階級的深仇大恨呀！解放後，經過黨的教育，我逐漸懂得了，我這雙手，不僅要好好建設社會主義，還要爲解放全人類出力啊！"

有個姑娘說："我明白了，吳師傅，怪不得你一幹活就不知道累，怪不得你千方百計節約，創造了許多模範事蹟。原來你是苦水裡泡大的，你懂得怎樣當新中國的主人。你的手 ——"

小劉早已聽得眼淚都掛在睫毛上了，她想起爸爸說過他小的時候奶奶領著他去要過飯。她推開同伴，擠到吳師傅跟前，捧起她的手掌，撫摸了一陣，用自己的臉貼著吳師傅的手掌，喃喃自語說："階級姐妹的關心，救下了這雙手！吳師傅聽毛主席的話，用這雙手來改造自然、改造社會。這才是地地道道的勞動的手，是恩格斯贊成的手哩！可是現在，還有人說清砂沒前途，怕手變成刷子！"

韓彬今晚上一直注意觀察小劉。她看見她沉默深思的眼神，看見她被吳師傅的手引起的激動的表情，現在又見她提到手的問題，她認爲這是個引導大家討論"幸福"、"前途"和批判錯誤思想的極好機會，便緊接上茬說："小劉，你就把有人怕手變成刷子的問題給大家講講，看他求的是什麼幸福，奔的是什麼前途？"小劉還在沉思、激動，沒有回答。韓彬便一五一十地把那些錯誤觀點說了出來。

在平時，說句怕手變成刷子的話，也許不惹人注意，可今兒個聽了吳師傅講完手的故事之後，再聽小夥子那個觀點，就特別叫人反感了。姑娘們一聽，像一鍋燒開了的水那樣沸騰起來，狠狠地批起那個小夥子來。有人說他落後，有人說他奔的不是社會主義光明大道，有人說他求的是資產階級個人幸福……大家爭著說話，尖尖的嗓子像要把整個樓道都刺破了似的。

只因吳師傅一席話，大家的情緒激發起來了。韓彬用十分欽佩的目光盯著吳桂英師傅。她真想走上前去，緊緊挽著吳師傅的胳膊，表示自己的敬愛。但是，她覺得更重要的還是要趁熱打鐵，利用吳師傅創造的這個好機會，及時引導大家把那兩個問題討論透徹。她笑著招呼小劉說：“小劉，你說說，我們該奔什麼樣的幸福，奔什麼樣的前途才對哩？”

　　小劉思潮澎湃，情緒活躍，胸中像煉好的一爐鋼，不倒盡爐膛裡的鋼水便鬧騰得慌。組長小韓冷丁點她的名，她對她提出的這個問題倒沒有認真地想過。可是最近通過學習，她對馬克思和毛主席講過的一些話，倒是恭恭敬敬地想過。這時她不含糊地回答道：“馬克思和毛主席都講過，只有解放全人類，才能最後解放無產階級自己。現在我也是無產階級的一分子哪，解放全人類就是我的理想，奔這個前途就是幸福！吳師傅說她的雙手要用來解放全人類，我要學吳師傅。”

　　韓彬緊接著說：“爲了求得幸福，就得鬥爭啊！幸福不會從天上掉下來，要我們去鬥爭。”

　　嘩啦一聲，大家一陣鼓掌。掌聲表示對小韓、小劉的讚揚，也彷彿表示她們的話說出了大家的心意。

　　吳師傅聽了小韓和小劉的回答，又高興又激動，她拍了一下自己的膝蓋說：“好姑娘！你們走的是毛主席的革命路線。求解放求幸福就得鬥爭。可有些人就要舒舒服服地幹革命。我們組長小韓是個好樣的，自願到艱苦的環境中去鍛煉，敢於鬥爭；她已嘗到了緊隨毛主席革命路線走就是幸福的甜頭，成長很快，我們要向她學習，那些奔個人的小日子的人，很容易滑到修正主義路線上去。問題不在於手會不會變成刷子，繡花工人、精密儀器工人的手就得細滑些；問題是要看我們的手爲哪個階級服務，爲哪一條路線服務呀！咱們走哪一條路線得搞清楚，不搞清楚就容易犯錯誤。”

　　有個姑娘說：“那個小夥子走的是資產階級路線。”

　　吳師傅糾正說：“我說那個小夥子呀，就是走路不看線，很容易上當受騙，咱們要幫助他走毛主席的革命路線。”

　　小韓緊抓著這個時機，附在管學習宣傳的小於耳朵邊說：

"咱們組搞個大批判專欄吧,你提出來給大夥說說怎麼樣?"

小於高興地聳聳雙肩,使勁地嚷著:"咱們出大批判專欄好不好?這一期就拿什麼是幸福、什麼是理想這兩個題目做內容好了。要求一個人寫一篇呀。"

"真抓得緊呀。"吳師傅樂呵呵地小聲說。

"聽說要寫批判稿,大家又吵吵嚷嚷起來。韓彬此時站起身,可著嗓子壓住了大家的吵嚷聲,說道:"咱們討論了半天,得有個表示,我建議我們向'一次清砂組'挑戰,條件是:一、搞好革命大批判;二、這一季度攻下八百大關。不知同志們有信心沒有?"

"好哇。"

"有信心。"

"小于、小劉起草挑戰書,說幹就幹。"大夥齊聲說。

吳桂英疼愛地望著小韓,又自言自語地說了句:"瞅她,簡直就是在前方打仗的連長哪!"

夜深了,上中班的人已下了班,機器轟隆聲也停止了,但是姑娘們還是鬧鬧騰騰的,回宿舍的路上,她們簇擁著吳師傅,一面走一面商量怎樣搞技術革新來完成任務。

姑娘們的大批判專欄一貼出來,各個車間不斷有人來看,都說辦得好。小關看了感觸很大,心想,要是沒有韓彬的幫助,沒有團支部的幫助,自己差點跟王維三不知走哪兒去了。他激奮地也拿起筆來參加大批判。姑娘隊向他們下了挑戰書;還計畫兩個組聯合起來開個批判討論會。

小劉經過那次會的啟發,和小韓同她的多次談心,想的問題更多了。她覺得自己身上的擔子很重,幹活不能怕苦,學習要走在頭裡;她還覺得自己有責任去幫助小關。說也奇怪,動機目的明確了,勇氣也就有了,辦法也想出來了。晚飯後在球場外邊,小劉招呼小關說:"你在大批判專欄上的文章寫得挺好呀!什麼時候我向你學習學習好不好？"

　　小關聽小劉表揚自己，卻很意外。他羞慚地歎了口氣說："別說了，你路線鬥爭覺悟那麼高，我該向你學習。"

　　小劉坦率地說："我對有些問題和你是有不同意見的，比方勞動的雙手問題，你硬要拉恩格斯的話來給自己的錯誤觀點做擋箭牌，這也太隨便啦。"

　　小劉收斂了一下鋒利的言詞，緩和了一點說："我也有許多糊塗認識，那回聽了'念了九年書，弄個嘟嘟嘟'這句話，我也為自己的前途多少抱點委屈。這是中了劉少奇的'讀書做官論'的毒呀。資產階級路線認為工人是下賤胚，讀了書就不該當工人羅。毛主席的革命路線是叫我們當一個有覺悟、有文化的社會主義勞動者。你瞅，兩條路線不是區別得一清二楚嗎？我也參加了大批判了。我恨不得把那些假馬克思主義者批得越臭越徹底越好，省得它再來毒害我們。本來嘛，翻砂、車、鉗、鉚、焊，缺一樣機床都出不來，怎能說翻砂沒前途？我呀，要是我知道是誰放的毒，非揪他出來不可。勇敢地捍衛毛主席的革命路線，才是我們青年人的真正前途；勇敢地和壞人壞事做鬥爭，我們青年人才有真正的幸福呀。"

　　小關覺得小劉的進步是飛快的，他也感到青年人生活在新中國，有毛主席領路，是多麼幸福啊！他想著想著，覺得還有許多問題要和她討論，但小劉說天黑了要回去，轉身便走。她走得很快，他也就不往前趕了，只是用感謝的聲音在她後面喊道：

　　"我從你那兒學到很多東西，請你以後多幫助我。"他看見小劉走遠了，只伸出右胳膊在薄暗裡掄了個圈兒。

　　從結果來看，他們兩個小組合開的批判討論會開得很成功。在會上，大家以毛主席的路線為綱，批判了劉少奇、林彪的反革命修正主義路線。同時也批判了他們在前進中遇到的一些錯誤觀點；小關還主動揭發了反革命分子王維三造謠生事和腐蝕毒害青年的大量事實。大家聽到小關的揭發，十分憤慨，都說要揪鬥這個暗藏的反革命分子王維三。這時韓彬正好押著王維三到了會場。韓彬指著低頭站著的王維三憤怒地說："這個傢伙是三青團的區隊長，二十多年來，他假裝改造自己；文化大革命中他又搞鬼，和牛鬼蛇神興風作浪；就是在最近，他們還拉攏青年，上某某人家裡，吹拉彈唱，演奏一些壞曲子，看壞書，講鬼故事。他們妄圖搞黑俱樂部，腐蝕我們青年 — "

沒等韓彬說完，大家火冒三丈，有狠狠批判這個壞傢伙的，有叫他交代怎樣造謠挑撥，怎樣腐蝕青年的。開始這傢伙還想支吾抵賴，小關上前一步，憤怒地把膠捲向地上一擲，又把一本黃色小說向他面前一甩，喝道："王維三，這是什麼！這是你想腐蝕我們青年人的罪證！經過文化大革命和批林整風，咱們再不上你的當了！"

工人們根據事實，著實批判了這個狡猾的敵人；吳師傅和韓彬還根據群眾的建議，決定要求上級對王維三進行嚴肅處理。大家從這個反面教員身上看到階級敵人拼命和無產階級爭奪青年，想方設法使青年離開毛主席的革命路線的罪行。

韓彬看了大家一下，用堅定沉著的聲調說："同志們，咱們別認為這是借兩本壞書，唱支壞歌子的問題；這是敵人妄圖向無產階級爭奪青年一代，好為林彪一類野心家復辟資本主義效勞啊。"

工人們聽了都吼叫起來，有人高呼道："堅決粉碎資產階級的進攻，誓死保衛無產階級文化大革命的偉大成果！"這活生生的階級鬥爭，使大家看見劉少奇、林彪一類騙子的陰魂遠沒有散，敵人沒有睡大覺，時刻還想搗亂……。

開完會，小劉很高興，小關的轉變有她一分功勞，但使她更高興的是，她以為誰也不知道她找過小關。她現在不是怕別的，只不過想學習雷鋒那樣，做了好事也不讓人家知道罷了。

其實，韓彬早就把小劉幫助小關的大膽行為瞅在眼裡，並且已向支部委員吳桂英稱讚過她。經過這一次鬥爭，這位年輕的組長不論在思想上和領導工作經驗上都更加成熟了，她看到小劉、小關的進步，想到姐妹們能夠幸福地在黨的關懷和指引下，健康地在鬥爭中成長，在鬥爭中飛躍前進，心裡很是激動。現在，她的腦子裡，正醞釀著一個計畫：如何與姐妹們一道，好好學習馬列著作和毛主席著作，在批林整風中繼續提高路線鬥爭覺悟，開展技術革新活動，進一步推動生產躍進。

（原載《解放軍文藝》1974 年第 1 期）